Liberté

프랑스
혁명사
10부작

02

1789
평등을
잉태한
자유의 원년

Liberté — 프랑스 혁명사 10부작 제2권
1789 — 평등을 잉태한 자유의 원년

2015년 12월 14일 초판 1쇄 발행
2019년 12월 10일 초판 2쇄 발행

지은이 ㅣ 주명철
펴낸곳 ㅣ 여문책
펴낸이 ㅣ 소은주
등록 ㅣ 제406-251002014000042호
주소 ㅣ (10911) 경기도 파주시 운정역길 116-3, 101-401호
전화 ㅣ (070) 8808-0750
팩스 ㅣ (031) 946-0750
전자우편 ㅣ yeomoonchaek@gmail.com
페이스북 ㅣ www.facebook.com/yeomoonchaek

ISBN 979-11-956511-0-8 (세트)
    979-11-956511-2-2 (04920)

이 도서의 국립중앙도서관 출판시도서목록(cip)은 e-CIP 홈페이지(http://www.nl.go.kr/ecip)에서
이용하실 수 있습니다(CIP 제어번호: 2015031353).

• '리베르테Liberté'는 '자유'라는 뜻으로 혁명이 일어난 1789년을 프랑스인들이
  '자유의 원년'이라고 부른 데서 따온 시리즈명입니다.
• 여문책은 잘 익은 가을벼처럼 속이 알찬 책을 만듭니다.

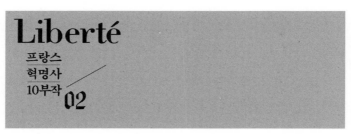

Liberté

프랑스
혁명사
10부작 **02**

주명철 지음

1789

평등을
잉태한
자유의 원년

여문책

차

례

시작하면서

          혁명기 사람들은 1789년을 '자유의 원년 l'an 1 de la liberté'이라고 생각했다. 앙시앵레짐 시대에는 '자유'가 특정 신분이나 단체가 누리던 '특권'과 같은 뜻을 지녔으며 사회적 평등이란 존재하지 않았다. 하지만 1789년에 사람들은 개인적 자유를 인간과 시민의 기본 권리로 인정하면서 새로운 질서를 만들기 시작했다. 그러므로 '자유의 원년'은 앙시앵레짐의 마지막 해이기도 하다. 1302년에 처음 생긴 전국신분회가 베르사유 궁에서 17세기 초에 모인 뒤 175년 만에야 다시 모였다. 그때 제3신분 대표가 중심이 되어 국회를 선포하면서 앙시앵레짐 시대의 특권을 뜻하던 '자유'는 개인의 자유로 바뀌었으며, 그와 함께 정치적 자율성을 지닌 시민이 탄생했다. 그러므로 이 책을 '시민혁명'의 의미를 톺아보면서 시작하기로 한다.

    독자 가운데에는 고등학교 시절 "프랑스 혁명은 전형적인 시민혁명"이라고 배운 사람이 있을 것이다. 물론 무조건 그렇다고 외워야 했지 왜 그렇게 정의하는지 설명을 듣지는 못했으리라. 먼저 '전형'이라는 말의 뜻을 생각해보자. 자연과학 분야에서도 관찰자의 위치와 가설이 달라지면 결과가 달라질 수 있는데, 어찌 나라마다 다른 형태로 일어나는 혁명에 전형을 얘기할 수 있을까? 이것은 독특한 역사관을 반영한 말이 분명하다. '전형'이라는 말은 같은 부류의 특징을 가장 잘 나타내는 본보기라는 뜻인데, 프랑스 혁명이 각 나라마다 다른 맥락에서 일어난 혁명의 특징을 모두 갖추었다고 판단할 근거는 무엇인가? 이 말에 대답하기 어렵다면 이제 '전형적인 시민혁명'이라는 말로 넘어가 다시 한번 물어보자. 프랑스 혁명이 시민혁명의 특징을 가장 잘 나타내는 본보기인가? 그렇다면 '시민혁명'이란 무엇인가?

유감스럽게도 세계사 교과서에 그 말을 쓴 저자들은 시민혁명의 뜻을 분명히 밝히지 않았다. 그럼에도 그들은 '시민'을 '부르주아'라는 뜻으로 이해하는 듯하다. 다시 말해 마르크스(주의자)가 말하는 '부르주아 혁명'을 우리말로 '시민혁명'이라고 간단히 옮겼다는 인상을 지우기 어렵다. 마르크스(주의자)가 부르주아 혁명이라고 말할 때에는 별문제가 없었다. 그것을 시민혁명이라고 번역할 때 문제가 발생했다. 부르주아를 시민이라고 옮길 수 있는가? 그럴 수 없다면 우리는 부르주아 혁명과 시민혁명을 구별해야 한다.

부르주아를 강조하는 것은 사회혁명의 성격을 강조한다. 따라서 정치혁명의 성격이 두드러진 시민혁명을 부르주아 혁명과 다른 의미로 보고 싶다. 부르주아 혁명이건 시민혁명이건 역사는 사료를 떠나서, 또 역사적 사실을 떠나서 연구할 수 없으므로 역사적 사실에서 출발하자. 프랑스 혁명이 시작된 1789년부터 사람들은 서로를 '시민citoyen'이라고 불렀다. 그들이 부르주아라는 말을 몰랐기 때문에 시민이라고 불렀을까? 그렇지 않다. 그러므로 그들은 시민이라는 말로 부르주아를 뜻하지 않았음이 분명하다. 그 실마리를 장 자크 루소의 저서에서 찾아보자.

정치사상가 루소는 부르주아라는 말이 존재하는 줄 잘 알면서도 자신의 저서에 굳이 "제네바의 시민 장 자크 루소citoyen de Genève Jean-Jacques Rousseau"라고 서명했다. 그는 자신이 공화국의 구성원이었음을 자랑했던 것이다. 루소가 생각한 시민이란 무엇인가? 루소는 『사회계약론Le Contrat social』에서 이렇게 말했다.

"이 공적인 신체personne publique를 옛날에는 도시국가cité라 불렀으며, 이제는 공화국république 또는 정치체corps politique(국가)라 부른다. 그리고 그 구성원들은 국가를 세 가지로 구별해서 부른다. 수동적인 경우état, 능동적인 경우souverain(주권자), 그리고 다른 나라와 비교할 경우puissance를 구별하는 것이다. 게다가 국가와 결합한 사람associés을 집단적으로 인민peuple이라 부르며, 주권을 행사하는 경우 시민citoyens, 국가의 법률에 복종하는 경우 신민sujets(국민)이라 부른다."

이것이 프랑스 혁명을 왕이 만든 법률에 수동적으로 복종하던 '신민'이 국회를 만들어 정치적 권리를 행사하는 '시민'으로 탄생하는 과정이었다고 이해하는 근거다. 그런데 '시민혁명'이라는 말을 '부르주아 혁명'이 아니라 "정치적 권리를 행사하는 시민"을 낳는 혁명으로 이해할 수는 있지만, 그렇다고 '전형적인'이라는 말을 함부로 붙이기도 어렵다. 배경이 저마다 다른 일회성인 역사적 사건에 전형이라는 말을 어떻게 붙일 수 있단 말인가? "봉건적인 사회에서 부르주아 계급이 자기 이익을 구현하는 보편적인 성격"을 상정하지 않고서 '전형'이라고 표현하기란 어렵다. 앞으로 보게 되듯이 1789년 5월에 모인 전국신분회가 6월에 스스로 국회임을 선포하면서 프랑스의 신민(수동적 국민인 '쉬제sujet')이 주권을 행사하는 시민(능동적 국민인 '시투아엥citoyen')으로 태어나는 과정은 사회적 의미보다는 정치적 의미에서 '시민혁명'의 시작이었다.

프랑스 혁명을 '부르주아 혁명'이라고 규정하는 사람은 그 나름의 논리적 근거를 가진다. 프랑스 혁명을 통해 제3신분 가운데 '부르주아 계층'이 주도권을 잡았다는 말은 사실에 바탕을 두었기 때문이다. 또 그것을 '시민혁명'이라고 규정하는 사람도 마찬가지로 그 나름의 논리를 따른다. 프랑스 혁명은 정치와 거의 관계가 없던 사람들이 정치적 주체인 '시민'이 되어 직간접으로 자기 자신의 운명을 결정하는 세상을 만들었기 때문이다. 그러나 부르주아 혁명을 시민혁명과 같은 것이라고 생각하는 사람은 사회적 개념인 부르주아와 정치적 개념인 시민을 혼동한 셈이다.

이 책에서는 전국신분회가 모인 시점부터 정치적 앙시앵레짐과 사회적 앙시앵레짐을 파괴하고 문화적 앙시앵레짐에서 벗어나는 과정을 다루려 한다. 그러므로 1789년 5월이 출발점이다. 전국신분회가 모인 뒤 제3신분이 주도권을 쥐고 국회를 선포하고 나서 바스티유 정복과 도시와 농촌에서 일어난 혁명으로 국회는 더욱 힘을 얻었다. 루이 16세는 입법권을 잃고 그저 행정부의 우두머리로 남아 거부권을 행사하다가 10월 초 파리에서 베르사유로 쳐들어간 여성 시위대에게 끌려 베르사유 궁을 영원히 떠난다. 그는 베르사유 궁을 떠나기 전날 밤에야 헌법과 인권선언을 승인했다. 혁명은 다시 한번 도약의 발판을 맞이했다. 이제 그전의 제도를 '앙시앵레짐'이라 부르기 시작할 만큼 구제도는 회생하기 어려울 정도로 파괴되었다. 아직 평등을 국회의 의사일정에 올리지는 못했지만 자유는 모든 사람이 추구할 수 있는 현실이 되었다.

이 책에서 이용한 가장 기본적인 사료는 다음과 같다.

1. *Archives parlementaires de 1787 à 1860: Recueil complet des débats législatifs & politiques des chambres françaises*, tome 1-100, Paris, 1868.

『1787년부터 1860년까지 의회기록』은 전국신분회가 모이기 전의 프랑스 역사를 정리하고, 1789년 5월부터 국회가 탄생하는 과정을 비롯해 국회의원들의 헌법과 법률 제정 과정에서 오간 발의·제안·투표 과정을 자세히 보여주는 중요한 자료다.

2. *Histoire parlementaire de la Révolution française, ou Journal des Assemblées nationales, depuis 1789 jusqu'en 1815*, tome 1–40, Paris, 1834.

『프랑스 혁명기 의회의 역사』는 위 자료의 내용과 비슷하거나 다른 부분을 담고 있기 때문에 두 사료를 함께 참조하면서 균형을 잡아야 한다.

3. *Actes de la Commune de Paris pendant la Révolution, par Sigismond Lacroix*, 1er série 9 volumes et 2e série 8 tomes, Paris, 1894.

『혁명기 파리 코뮌의 의사록』은 1682년부터 1789년까지 정치적 수도의 지위를 잃었던 파리가 1789년 베르사유에 전국신분회 대표로 모여 국회를 선포한 의원들과 호응해 혁명 초기의 주도권을 잡고, 1789년 10월 6일 이후 국왕을 파리로 데려다놓은 뒤 정치적 수도의 지위를 되찾고 국회와 함께 정치적 흐름에 가장 영향력 있는 세력으로 떠오르는 과정을 보여준다.

4. A. Aulard (éd.), *La Société des Jacobins: Recueil de documents pour l'histoire du club des Jacobins de Paris*, 6 volumes, Paris, 1889.

파리 대학교 프랑스 혁명사 강좌를 처음 개설하고, 첫 강좌주임교수가 된 올라르는 『자코뱅 클럽의 역사를 위한 자료 모음』을 총 여섯 권으로 발간했다. 이 자료에서 우리는 자코뱅 클럽이 어떻게 활동했는지 엿볼 수 있다.

그 밖에 프랑스 혁명사 개설서는 일일이 적기 어려울 만큼 많다. 참고로 서지학적 정보를 담은 책을 언급하는 것으로 그치겠다.

5. A. Fierro, *Bibliographie de la Révolution française, 1940–1988*, 2 vol., Paris, Références, 1990.

국회의
탄생

제 1 부

농업국가에서 가뭄은 치명적이다. 특히나 1788년의 프랑스가 그랬다. 샘과 우물이 말라 먹을 물도 부족했다. 여름에 우박이 떨어지기도 했다. 하루 벌어 하루 사는 노동자 계층이 죽어났다. 정부가 적자를 인정하고 명사들에게 회계검사를 허락하면서 도움을 청할 지경이었으니, 무역이 위축되고 자금줄이 메마르며 제조업과 상거래가 차례로 시들었다. 소규모 장인들도 일거리가 없었고 식량마저 바닥났다. 1788년 가을부터 1789년 봄까지 전국적으로 반란이 289회나 일어났다.

1788년 12월 31일, 물이 끓는 온도를 80도로 정한 레오뮈르 온도계로 파리의 기온은 영하 18도를 기록했다. 이 온도를 섭씨로 환산하면 영하 22도가 넘을 것이다. 11월 24일부터 얼기 시작한 센 강은 26일에 완전히 얼었다. 얼음이 녹을 때는 아주 위험했다. 예를 들어 1782년 2월에는 선착장에 묶어둔 세관감시선이 유빙과 함께 떠내려가면서 크고 작은 배를 부숴버렸다. 세관감시선의 선원들이 상갑판에 올라가 살려달라고 울부짖었고 생활필수품을 실은 크고 작은 배가 산산조각 났다. 다행히 1789년에는 이런 일이 일어나지 않았지만 아무튼 혹독하게 춥고 배고픈 겨울이었다.

1788년 11월 23일에 정부는 아메리카의 곡식을 웃돈을 주면서 수입하도록 특별히 조치했고, 1789년 1월 11일에는 유럽 여러 나라에서 똑같은 방식으로 곡식과 밀가루를 수입했다. 4월 20일에는 웃돈이 두 배로 올랐다. 4월 23일에 투기꾼을 단속하는 왕령을 반포했다. 이런 상황에서 1788년 전국신분회 소집 공고가 나가고 1789년 1월 24일에 선거법으로 다단계 선거를 치르면서 프랑스인은 5월 전국신분회가 열리기를 손꼽아 기다렸다.

1789년 5월 1일, 베르사유에 도착한 전국신분회 대표들은 5월 2일에 루이 16세를 알현했다. 신분의 차이 때문에 제3신분은 세 시간 이상 기다려야 했다. 마침내 차례가 와서 왕 앞에 고개를 숙이면 그만인 것을. 그럼에도 제 3신분 대표 700여 명 가운데 브르타뉴 지방의 농민 출신 제라르는 특별히 왕의 다정한 눈길을 끌었다. 미셸 제라르(1737~1815)는 누구나 쓰는 가발도 없이 대머리를 그대로 보여주었다. 루이 16세는 그에게 "영감, 안녕하시오?"라고 했다 한다. 그의 모습은 5월 5일 전국신분회 개최 장면을 그린 그림과 6월 20일 죄드폼(실내 테니스장)의 맹세 장면을 그린 그림에서 쉽게 확인할 수 있다. 그는 두 그림에서 모두 두 손을 모으고 있다. 전국신분회는 앙시앵레짐의 격식을 좇아 모였지만, 곧 왕의 손에서 주권을 되찾아 국민에게 돌려주고 자유를 안겨주었다.

1
파리의
전국신분회 대표 선거

여기서 잠시 파리에서 전국신분회 대표를 뽑는 과정을 뒤따라가 보기로 하자. 파리의 전국신분회 대표 선거는 4월 13일자 왕령으로 시작되었다.

"전하는 착한 파리 시민들이 슬기로운 정신과 선량한 의도를 가지고 전국신분회를 개최하는 데 필요한 모든 준비를 마지막까지 더욱 쉽고 원활하게 만들고, 국민의 행복·국가의 번영·왕의 영광을 가져다줄 신중한 결정을 내려주기 바라신다."

파리 문밖에서 4월 18일에 투표가 시작되었고 파리 문안의 선거는 21일에 시작되었다. 파리 전체가 들썩이는 모습은 완전히 다른 세상이 된 것 같았

소락청(므뉘 플레지르)에서 왕이 주재한 전국신분회.
맨 앞에 제3신분이 검은 옷을 입고 앉아 있는데,
뒤편에 선 사람 가운데 얼굴을 왼편으로 살짝 돌린 사람이 미라보 백작이며,
앞줄 가운데 양손을 모으고 앉은 대머리 영감이 바로 제라르다.
붉은 옷을 입은 사람 편에 종교인, 그 맞은편 관중석 아래에 귀족이 있다.

1789년 6월 20일에 있었던 〈죄드폼의 맹세〉(자크 루이 다비드 그림).
그림 한가운데 오른손을 높이 들고 맹세하는 이가 국민의회 의장 장 실뱅 바이이이며,
그의 앞에서 얼싸안은 세 사람은 종교인의 화합을 상징한다.
그들의 오른쪽 의자에 앉은 이가 시에예스 신부, 노란색 옷을 입고 바이이를 보는 이가 로베스피에르,
검은 옷에 모자를 든 이가 미라보 백작, 둘 사이에서 손을 모으고 있는 이가 제라르 영감이다.
양쪽 창가에 몰려들어 박수나 야유로 의사를 전달하는 군중을 통해
정치가 이미 공개적인 활동이 되었음을 잘 표현하고 있다.

미라보 백작

기요탱

카미유 데물랭

"왕 만세, 조국 만세, 우리도 모두 제3신분 출신이다."
(판화 작자 미상, 파리 카르나발레 미술관 소장)

1789년 6월 30일 저녁 모임, 〈팔레 루아알 모임에 바침〉.

파리 민중은 생제르맹 아베 감옥에 갇힌 프랑스 수비대 병사들을 구출한 뒤
팔레 루아알 정원에서 그들을 환영하는 잔치를 벌여 적들의 관심을 쏠리게 만드는 동시에
시민 대표단을 베르사유로 파견해 왕에게 그들의 사면을 간청하게 했다.

팔레 루아얄의 산책(드뷔쿠르 그림을 판화로 제작).

팔레 루아얄에서 연설하는 카미유 데물랭
(프리외르 그림, 베르토 판화, 파리1대학 프랑스혁명사연구소 소장).

다. 모든 주민이 준비를 갖추고 거리와 광장을 메웠다. 사람들은 저마다 여기저기서 일어난 일을 전해 들었고 소책자를 돌려보고 팔레 루아얄에 모여 여러 가지 안을 내놓았다. 툭하면 질서가 무너졌기 때문에 순찰대가 이리저리 바삐 돌아다녔다. 심지어 총알을 지급받은 군인들이 파리 중앙시장(레알)을 포위했다. 사람들은 위험한 상황에서 벗어나려고 이곳저곳의 교회로 피신했다. 민중이 흥분한 상태에서는 자극을 조금만 받아도 곧 걷잡을 수 없는 사태가 벌어지기도 했으니, 그 대표적인 사례가 1권에서 살펴본 레베이용 벽지공장 노동자들의 시위 사건이었다.

파리에서는 전국신분회 대표를 뽑는 선거구district를 60개로 나누었다. 프티 오귀스탱 선거구le district des Petits-Augustins의 회의록을 참고해 파리에서 어떤 식으로 대표를 뽑았는지 살펴보자. 오전 9시에 이 구역의 제3신분 대표 318명이 교회에 모였다. 옛날 시 행정관을 지낸 포셰Pochet가 왕의 편지와 전국신분회 소집에 관한 왕령을 낭독하고 회의를 이끌었다. 그가 글을 다 읽자 선거인들은 곧 의장과 서기를 자유롭게 뽑을 권리가 있음을 주장했다. 또 어떤 사람은 투표권을 정하는 세금 기준이 너무 높다고 항의했다. 그들은 포셰의 답변도 듣지 않고 저마다 자기가 바라는 사람의 이름을 적어 교회 중앙에 있는 투표함에 넣었다. 이렇게 해서 127표를 얻은 과학아카데미의 다르세d'Arcet를 누르고 에르망 드 클레리Hermant de Cléry가 165표를 얻어 의장으로 뽑혔다. 변호사 스코르브랭은 만장일치로 서기가 되었다.

에르망 드 클레리는 의장석에 앉자마자 마침 그들을 방문한 프티 페르 선거구le district des Petits-Pères의 귀족 대표들을 맞이할 위원 네 명을 임명했다. 귀족 대표로 방문한 사람은 파리 고등법원 심리부 판사 베르젠Vergennes과 라모트La Motte였다. 베르젠은 교회로 들어가자마자 귀족이 제3신분과 함께 의논하기를 바란다는 취지로 연설했다. 귀족이건 제3신분이건 모두 파리의 부르주아bourgeois de Paris 자격을 갖추었기 때문이다. 베르젠은 자기 구역의 귀족이 전국신분회 소집방식의 불법성에 항의했으며, 파리 내 모든 선거구의 제3신분 회의에 대표단을 파견하면서도 시간이 없기 때문에 임무를 명시한 문서를 갖추지 못해서 미안하다고 말한 뒤 앞으로 귀족의 진정서를 한 부 보내고 계속 접촉하겠다고 약속했다. 베르젠이 떠난 뒤 프티 오귀스탱 선거인 모임은 진정서를 작성하기 시작했다. 그러나 다른 선거구의 귀족 대표단이나 제3신분 대표단이 아무 때나 방문했기 때문에 일이 더뎠다.

이처럼 파리에서는 제3신분이나 귀족이 모두 왕령의 부당함을 먼저 지적하고 어느 정도 자율적인 분위기를 유지하면서 대표를 뽑았음을 알 수 있다. 그리고 그들은 부지런히 오가면서 협조체제를 구축하려고 노력했다. 오텔 드 빌(파리 시청) 선거구에서는 진정서를 작성할 위원회를 여섯 개 설치하고 위원장 여섯 명을 임명했다. 여섯 개 위원회가 부지런히 임무를 수행하는 동안 오텔 드 빌 선거구에도 다른 선거구의 귀족이나 제3신분 대표단이 방문했다. 어떤 선거구의 귀족들은 신분이나 사회적 조건을 따지지 말고 인권을 규정하자고 제안하기도 했다. 이 같은 과정을 거쳐 진정서를 작성한 뒤에는 회의에서 심의하고 표결에 부쳤다.

오텔 드 빌 선거구는 진정서를 모두 8개 장으로 구성했다. 제1장은 전국신분회의 형식에 반대하고, 제2장은 국민헌장과 헌법, 제3장은 조세와 재정, 제4장은 사법을 각각 다루었다. 제5장은 성직자 문제를 다루었다. 고위직 성직자의 주거를 제한하고 성직록을 여러 개 받지 못하게 하자고 제안하면서 사제와 부제들의 권익을 보호하라고 주장했다. 제6장은 교육, 제7장은 상업, 제8장은 파리의 정치적 조직을 개편하는 문제를 각각 다루었다. 파리의 60개 선거구는 이런 방식으로 선거인을 뽑았다.

파리의 세 신분 선거인단은 26일에 파리 주교관에서 모였다. 이곳은 나중에 국회가 베르사유에서 왕을 따라 파리로 옮길 때 회의실로 쓰게 될 곳이다. 대표들의 자격심사가 끝나자 제1신분과 제2신분은 각자 자신들의 회의실로 자리를 옮겼다. 제3신분 대표들은 그 자리에 남아 의장과 서기를 뽑았다. 변호사 타르제가 의장, 변호사 카뮈가 부의장, 천문학자 바이이가 서기, 의사 기요탱이 부서기가 되었다. 곧바로 그들은 회의를 시작했다.

첫 번째 문제는 제3신분의 모임에서 귀족을 대표로 뽑느냐 하는 것이었고 귀족을 뽑지 않기로 결정했다. 두 번째 문제는 제3신분 선거인 수가 선거법에서 규정한 300명을 훨씬 넘으니 줄여야 하지 않느냐는 것이었지만 다른 선거구의 결정을 존중해 그대로 두기로 했다. 세 번째 문제는 성직자와 귀족들과 함께 진정서를 작성하느냐를 결정하는 것이었다. 함께 작성하지 않는 방향으로 결정하고 곧 진정서를 작성할 위원 36명을 임명했다. 이날부터 선거인 대표들은 5월 19일까지 전국신분회에 보낼 파리 대표를 뽑았으며, 그들을 감시하고 그들의 요구에 대응할 목적으로 앞으로도 필요할 때면 모이되, 다음에는 6월 7일에 모이자고 의결했다.

이날부터 파리 선거인단은 전국신분회를 개최하는 날 이후에도 계속 모였다. 파리의 대표를 뽑는 일이 5월 19일에야 비로소 끝나기 때문이다. 그들은 전국신분회에 보낸 대표들의 행동을 감시하고 파리의 의견을 그들에게 신속히 전달하려는 목적으로 계속 모이기로 했다. 이처럼 파리의 선거구는 전국신분회 대표를 선출하면 곧 사라져야 했음에도 전국신분회가 열린 뒤에도 계속 모이면서 파리 주민들의 소통의 장이 되었다. 왕은 앙시앵레짐 시대의 형식을 갖추어 전국신분회를 소집하고 거기에 맞는 역할만 주려고 생각했지만 그가 예상했던 것과 전혀 다른 결과가 나왔다. 소집을 발표하자 곧 인구비례와 개인별 투표 문제로 수많은 논란이 일어나면서 제3신분이 국민을 대표한다는 자의식이 싹텄다. 제2신분과 달리 훨씬 수가 많았기 때문에 다단계 선거로 투표인단과 대표를 선출하면서, 특히 파리의 제3신분은 일종의 상설회의체를 운영했던 것이다.

2
파리 제3신분의
진정서

파리의 귀족 대표와 성직자 대표는 모두 자기 신분의 진정서를 가지고 베르사유 궁으로 갔다. 제3신분도 마찬가지다. 그들은 진정서에서 무엇을 바랐는가? 지방마다 미묘한 차이가 있고 도시와 농촌의 차이도 있겠지만, 파리의 진정서에서 우리는 1789년 사람들의 희망을 볼 수 있으리라.

진정서는 파리의 대표들이 국민의 주권을 행사하기 시작한 자유로운 시민들의 존엄성을 해칠 일을 단호히 거부하도록 명령하면서 다음과 같이 인권선언을 했다.

모든 정치사회에서 모든 사람은 평등한 권리를 누린다.

모든 권력은 국민으로부터 나오며, 오직 국민을 행복하게 하는 데만 사용해야 한다.

일반의지가 법률을 만든다. 공공의 힘이 법률을 실행할 수 있게 보장해준다.

국민만이 국가에 대한 보조금을 허용할 수 있다. 국민은 보조금의 비율을 결정하고, 그 기간을 정하며, 분할하고, 그 일을 맡기고, 회계를 요구하고, 공표하도록 명령할 수 있다.

법률은 시민 각자에게 재산의 소유권과 신체의 안전을 보장해주는 목적을 가지고 존재할 뿐이다.

모든 재산권은 침해받지 않는다.

법적 판결을 내리지 않는 한, 어떤 시민도 체포하거나 벌할 수 없다.

모든 시민, 심지어 군인이라도 재판을 받을 권리를 가진다.

모든 시민은 모든 공직과 직업에 제한을 받지 않는다.

모든 사람은 자유롭게 태어났고, 시민으로서 또는 종교적으로 자유롭다. 그는 신체의 안전을 보장받고, 법률을 제외한 그 어떤 권위에도 절대적으로 의존하지 않는다. 그리하여 그의 의견·말·글·행위가 공공질서를 혼란스럽게 만들지 않는 한, 또 다른 사람의 권리를 침해하지 않는 한 소추할 수 없다.

이처럼 우리 대표들은 국민의 권리를 선언하면서 그 어떤 배상금도 지불하지 않고 개인적 예속관계를 폐지할 것, 그러나 재산상의 예속상태는 소유권자에게 일정액을 배상하고 폐지할 것, 강제군역과 모든 특별법정, 사신검열, 발명가를 제외한 그 어떤 사람이 누리는 특권을 폐지할(지적재산권만 보호해주고 기존의 특권을 모두 폐지한다는 뜻) 것을 분명히 요구한다.

이 같은 원칙을 좇아 저자가 자기 이름을 밝히는 경우 그리고 인쇄업자가 그 사실을 확인하고 어느 한편이 출간 뒤에 일어나는 일에 책임을 지는 조건으로 인쇄출판의 자유를 보장해야 한다.

이처럼 자연권과 시민의 정치적 권리선언은 전국신분회에서 심의의결을 거쳐 국민헌장이 되는 동시에 프랑스 정부의 기초가 될 것이다.

그러고 나서 헌법문제, 재정문제, 농업·상업·상업재판소 문제, 종교·성직자·교육·병원·풍속 문제, 입법문제, 그리고 파리에 한정된 문제를 6개 부문으로 나누어 차례로 다루었다.

"프랑스 군주정에서 입법권은 국민에게 속하며 왕과 함께 나눈다. 왕만이 법을 집행할 수 있다. 국민만이 세금을 신설할 수 있고 전국신분회는 3년마다 열리며 해산하기 전에 반드시 다음에 모일 날짜와 장소를 정한다. 신분회 대표를 선출하는 기초의회도 자동적으로 모인다. 군주는 신성하고 침해할 수 없는 존재다. 왕위는 왕실의 장자상속법을 지켜 세습한다."

재정문제는 대체로 세금에 관한 내용이다. 무엇보다도 당시의 제도를 불법으로 규정해 무효화하지만 앞으로 전국신분회에서 결정할 때까지 임시로 존속하게 한다. 국왕의 재정상태는 회계검사를 거친 뒤에 국가의 빚으로 선포한다. 파리 주민들은 입시세 같은 특권을 분명히 포기한다고 선언한다. 소비세와 소금세 같은 가혹한 세금을 폐지하고 담배전매제도를 폐지하는 대신다른 세금으로 대체한다.

농업문제는 귀족과 왕실의 특권을 폐지하고 공동소유권을 확보해 생산력을 높이고자 했다. 공동소유권을 보장하고 농업생산을 개선하며, 소택지를 메우고 농사를 망치는 비둘기 사육권을 폐지하는 방법을 찾아서 해결하려 했다. 수렵지구가 400제곱리외(1리외는 4킬로미터) 이상이라서 농사에 언제나 큰 골칫거리였다. 그것은 자유와 소유권을 침해했다. 사람보다 짐승을 더 보호했고 결국 자연이 인간에게 주는 혜택을 거스르는 제도가 되었다. 그러므로 파리의 대표들은 수렵지구를 완전히 폐지해달라고 강력히 요구한다.

상업문제는 수출을 늘리고 수입을 제한하면서 해결하고자 했다. 프랑스와 외국이 맺은 여러 가지 통상조약을 전국신분회에서 검토해 프랑스에 불리한 조약이 무엇인지 알아내고 균형을 맞춘다. 앞으로 모든 조약을 체결하기 전에 그 계획을 반드시 왕국의 모든 상업회의소와 전국신분회에 통보하고 의견을 들어야 한다. 수출상품에는 관세를 매기지 않고 수입상품에는 성격과 가치를 평가해 관세를 매긴다. 국내 산업에 필요한 원료를 수출하지 못하게 하며 외국에서 원료를 수입할 때 관세를 매기지 않는다.

종교·교육·풍속 문제에서 양심의 자유를 규정하면서도 프랑스의 지배적인 종교를 가톨릭으로 규정했다. 그러나 초기 기독교의 순수한 가르침을 따라야 하는 것이 프랑스 국교회가 누리는 자유의 기초라고 했다. 종교재판권은 어떤 방식으로든 세속의 문제에 간섭할 수 없다. 200가구 이상의 마을에는 소학교에 남녀 교사를 한 명씩 두어 남녀 어린이를 무료로 가르치게 하고 수녀가 환자를 돌보게 한다. 교사와 수녀의 봉급, 학교에서 쓸 책과 종이, 가난한 사람에게 무료로 나눠줄 약값은 전국의 교회에 나눠주는 운영자금에 포함시킨다. 모든 종류의 노름집과 복권판매소는 미풍양속을 거스르고 사회의 전 계층에 해롭기 때문에 폐지한다. 전국신분회의 대표는 누구나 앞으로 3년 동안 자신이나 자녀를 위해 그 어떤 기부금이나 연금을 받을 수 없다.

입법문제는 원칙부터 확인하면서 해결하려 했다. 모든 법률의 목적은 자유와 재산권을 보장해주는 것이다. 법률을 완성하는 일은 인간이 마땅히 해야 할 일로서 정당하고 분명하고 보편적인 일이며 미풍양속, 국가 성격과 단

짝을 이룬다. 법률은 모든 신분과 계급의 시민들을 똑같이 보호하며 그 누구도 공공질서나 개인의 권리를 침해하지 못하게 막는다. 그러므로 전국신분회는 판사, 법학자, 계몽된 시민으로 위원회를 하나 이상 구성해 이제까지 나온 법률을 모두 검토한 뒤 새로 만들도록 한다. 민사와 형사의 법률이 보편적인 성격을 갖추게 하여 제반 문제를 다루고 프랑스의 모든 개인과 재산권을 지배하게 한다. 전국신분회는 무엇보다도 이 위원회들에 민형사상의 재판절차를 개혁하고 간소화하도록 권유한다.

3
전국신분회 개최

5월 2일부터 전국신분회 대표들은 베르사유에 모여 왕을 알현했다. 대표를 뽑은 바이아주 순서가 아니라 신분별로 알현했다. 왕은 귀족과 성직자는 집무실에서 만났지만 제3신분은 침실에서 만났다. 아직 '파리 행정관구와 자작령prévoté et vicomté de Paris'의 대표를 선출하지 않았기 때문에 왕을 처음 알현하는 영광은 베르망두아 바이아주 대표들에게 돌아갔다. 왕은 5월 5일 전국신분회를 정식으로 개최하는 날에도 그들을 맨 앞에 앉으라고 허락했다.

5월 4일(일요일), 대표들은 예복을 입고 아침 일찍 노트르담 성당에 모였다. 왕은 10시에 왕비와 두 동생 부부, 왕족, 대신들을 거느리고 성당으로 들어섰다. 그들은 〈오소서, 성령이여veni creator〉를 부르고 기도한 뒤 11시에 근처의 생루이 교회로 행진했다. 프란체스코파 수도사들이 맨 앞에 서고 베르사유의 2개 교구 성직자들이 그 뒤를 따랐다. 제3신분 대표, 귀족 대표, 성직자 대표가 차례로 따라갔다. 그런데 성직자 대표는 하위직 성직자가 앞에, 고위직 성직자가 뒤에 섰다.

그리하여 주교들은 파리 대주교가 모신 성체의 닫집 바로 앞에서 행진했다. 전국신분회에 나간 주교는 모두 50명 이상이었지만 이날은 32명만 행진했다. 추기경의 장포제의를 입은 루앙의 대주교가 상석을 차지했다. 대군들(왕의 동생 프로방스 백작과 아르투아 백작)의 시종무관들이 성체의 닫집을 들고 갔다. 닫집의 네 귀퉁이에 늘인 술은 대군들과 앙굴렘 공작과 베리 공작이 들었다. 성체 바로 뒤에 왕이 왕족과 대귀족들을 오른쪽에, 왕비를 왼쪽에 거느리고 갔다. 왕비의 뒤로 공주, 오를레앙 공작부인, 랑발 공작부인이 따라갔다. 이 행렬에 참가한 사람들은 저마다 커다란 초를 한 자루씩 들었다.

도핀 광장, 거리, 발코니, 지붕에서 사람들이 이들의 행진을 지켜보았다. 검고 소박한 옷을 입은 제3신분 대표들이 지나갈 때 사람들은 "제3신분 만세!"를 외쳤다. 귀족은 우아하고 눈부신 옷을 입었지만, 사람들은 싸늘한 태도를 보여주었다. 그들은 오직 한 사람에게만 환호했다.

"오를레앙 공작 만세!"

성직자가 지나갈 때도 사람들은 싸늘하게 대하다가 왕을 보고 다시 환호했다. 그러나 왕비에 대해서는 쑤군거리는 사람들이 있었고 "오를레앙 공작 만세!"를 계속 외쳐대는 사람도 있었다.

생루이 교회는 루이 16세가 태어난 이튿날(1754년 8월 24일) 완공되었기 때문에 기념미사를 올릴 때에는 루이 15세를 비롯해 왕실이 참석하지 못했는데, 이제 국가의 중대사를 앞두고 루이 16세를 비롯해 전국신분회 대표가 모이는 장소가 되었다. 생루이 교회의 입장 순서는 신분제 사회의 서열을 거꾸로 반영했다. 제3신분이 맨 처음 입장하고 귀족과 성직자가 차례로 들어간 뒤 성체를 앞세운 왕, 왕비, 왕족, 조신이 들어갔다.

모두가 자리에 앉자 당시 주교 라 파르La Farre가 긴 설교를 했다. 종교색보다 정치색이 짙었기 때문에 이튿날부터 왕당파 신문은 주교가 전국신분회에 가장 필요한 화합과 통일을 강론하는 대신 왕실의 사치와 조신들의 전제정, 군주들의 의무, 인민의 권리에 대해 속된 웅변이나 늘어놓았다고 비난했다. 그리고 주교는 무려 1시간 45분이나 설교를 늘어놓았으니 얼마나 듣기 힘들었을까! 그러나 왕은 한숨 잘 자고 깨어났다.

드디어 5월 5일. 전국신분회는 소락청l'hôtel des Menus-Plaisirs(므뉘 플레지르)에서 열렸다. 1권에서 살펴보았듯이 앙시앵레짐 시대의 왕에게는 '큰 즐거움'과 '작은 즐거움'이 있었는데, 전자는 사냥이고 후자는 오페라나 연극, 불꽃놀이 같은 것이었다. 그러므로 전국신분회가 열린 장소는 오페라와 연극의 무대장치나 소품을 보관하는 곳이었다. 전국신분회를 소집하면서 곧바로 이 회의실을 마련하느라 몇 달이나 걸렸다. 3,000명을 받아들이도록 준비하면서 퐁텐블로와 콩피에뉴에서 긴 의자와 개별의자를 수백 개 옮겨가고 실내를 밝은 색으로 칠했다. 일꾼이 두 명이나 죽고 여섯 명이나 다쳤으며 공사를 마무리할 때까지 공사비로 20만 리브르를 썼다.

이 소락청에 마련한 회의실은 넓이 57자에 길이 120자, 다시 말해 대략 가로 18미터에 세로 38미터짜리였다. 회의실은 3칸으로, 중앙홀과 양옆 방을 구분하는 경계선에는 고대 그리스의 이오니아식 기둥이 받침대 없이 죽 늘어섰다. 중앙홀의 천장 한가운데는 달걀 모양의 창을 뚫어서 햇빛을 받아들이게 했다. 그러나 창 아래에 흰색 천막을 쳐서 햇빛을 부드럽게 퍼뜨렸다. 입구 쪽과 가장 안쪽의 양끝에도 햇빛을 받아들이는 창이 있었다. 1,200석을 마련한 중앙홀 양옆의 회랑에는 여러 단의 참관인석이 있었고 벽 위쪽의 2층에도 참관인석이 있어서 2,000여 명이 지켜볼 수 있는 구조였다.

왕은 중앙홀의 맨 안쪽 가장 높은 곳에 앉았다. 중앙홀의 바닥에서 무대까지는 큰 차이를 둔 3단을 올렸다. 그리고 무대 위에 또다시 층계를 놓고 그 위에 옥좌와 닫집도 설치했다. 그의 왼편에는 한 단 아래 왕비의 팔걸이의자를 놓고 왕의 동생이나 왕족이 앉을 걸상을 놓았다. 걸상에는 등받이나 팔걸이가 없었다. 옥좌의 오른편 한 단 아래에는 국새경이 팔걸이 걸상에 앉았다. 왼쪽과 오른쪽에 각각 접이식 걸상을 놓고 왕의 시종장을 앉혔다. 무대에서 홀 바닥까지 차례로 국무비서들, 대신들, 파리 고등법원 심리부 판사 20명이 각각 서열에 맞게 자리를 잡았다. 왼쪽에 놓은 긴 의자에는 지방의 군장관과 법관들이 앉았다.

중앙홀에서 왕을 마주 볼 때 왼편에 종교인 대표들, 오른편에 귀족 대표들, 가운데에는 제3신분 대표들이 앉았다. 홀 바닥에는 아주 훌륭한 양탄자를 덮어놓았다. 종교인은 고위직과 하위직을 구별할 수 있는 옷을 입어야 했다. 추기경은 붉은색 장포제의를 입고 대주교와 주교는 소백의rochet, 흰색 어깨 망토camail, 긴 옷(수단soutane)을 입었으며 수도원장, 대성당 연장자와 참사회원, 사제는 수단과 긴 외투를 입고 각지고 챙 없는 모자를 썼다.

모든 귀족은 검은 천의 외투에 금색 천으로 장식을 달았다. 속에는 금빛 조끼, 검은 반바지를 입고 흰색 양말을 신었다. 레이스 넥타이를 매고 흰 깃털로 장식한 앙리 4세식의 모자를 썼다. 그러나 반드시 금단추를 달아야 하는 것은 아니었다. 제3신분은 누가 봐도 우중충하게 입었다. 모두 검은색 옷에 검은 양말을 신고 짧은 외투를 걸쳤는데 간혹 비단으로 만든 것도 있었다. 그리고 모슬린 넥타이를 매고 세모난 모자를 썼다. 세모꼴 모자의 챙은 모두 말아 올렸으며 띠나 단추 장식을 달지 않았다.

대표가 상복을 입어야 할 경우가 있는데 그것도 신분마다 달랐다. 종교인 대표의 경우, 대주교나 주교는 검은색으로 지은 수단과 어깨 망토를 걸쳤다. 수도원장, 대성당 연장자와 참사회원, 사제는 나사천으로 지은 상복의 가슴에 흰색 장식을 달고 검은 상장을 허리에 맸다.

귀족은 검은 나사천 상복에 모슬린 넥타이를 매고 나사천을 뒤집은 외투를 걸치고 검은 양말을 신었다. 은제 허리띠 장식과 칼을 차고 흰 깃털로 장식한 모자를 썼다. 모직물 상복을 입을 경우는 검은 나사로 지은 조끼, 반바지, 외투를 걸치고 검은색 허리띠 장식과 칼을 차고 흰색 삼베 넥타이를 맸다. 모자에는 깃털 장식을 달지 않았다.

제3신분의 상복은 예복과 비슷했다. 단지 외투를 비단으로 지을 수 없었다. 소매 끝단의 실을 풀고 흰 허리띠 장식을 했다. 만일 모직물로 상복을 지어 입는다면 허리띠 장식을 검은색으로 하고 흰 삼베 넥타이와 소매를 달았다.

세 신분 대표는 이른바 '3신분 회의실Salle des Trois Ordres'에 정오가 거의 다 되어서야 비로소 자리를 잡았다. 곧 나팔수가 왕이 도착했음을 알렸고 대표들과 모든 참관인이 자리에서 일어섰다. 왕이 들어서자 모든 사람이 기뻐서 박수를 치고 "왕 만세!"를 외쳤다. 왕이 옥좌에 앉고 그 뒤를 따르는 왕비와 왕의 형제 가족과 대소 귀족이 자기 자리를 찾아 앉았다. 의전담당관 브레제 후작le marquis de Brézé이 예고한 대로 루이 16세가 연설을 시작했다.

"여러분, 내가 진심으로 고대하던 날이 마침내 왔습니다. 이 회의실에서 나를 둘러싼 국민의 대표들을 보니 아주 영광스럽습니다."

이렇게 운을 떼고 나서 왕은 곧 선대에서 물려받은 빚더미가 자기 치세에 더욱 늘어났다는 점을 상기시켰다. 명예로운 전쟁을 치르느라고 돈이 많이 들었기 때문에 세금을 걷었지만 불평등하게 걷었기 때문에 재정이 악화되었다고 했다. 만일 슬기롭고 온건한 의견을 한시바삐 모으지 않으면 사회가 더욱 불안해질 것 같아 전국신분회를 소집하지 않을 수 없었다고 했다.

"사람들은 현재 불안합니다. 그러나 국민의 대표들은 지혜를 모아 신중한 결정을 내리리라 믿습니다. 대표들은 스스로 결정을 내리겠지요. 대표들이 내리는 결정은 언제나 왕을 사랑하는 너그러운 국민의 정서에 부합할 것입니다.

대표들이여, 이 회의가 화합의 분위기 속에서 진행되어 부디 왕국의 행복과 번영에 영원히 잊지 못할 시대를 열어주기 바랍니다."

왕은 왕국의 조화와 행복을 언급하고 번영을 얘기했지만 이미 왕과 제3신분 대표 사이의 거리만큼 귀족이나 성직자의 특권층과 평민 사이의 거리도 좁힐 수 없는 것임을 회의실에 모인 사람들의 예복으로 확인할 수 있었다. 2,000명 정도의 참관인은 중앙홀에서 일어나는 연극 같은 장면이 앙시앵레짐의 모습을 그대로 담고 있음을 알았다. 그러나 그 모습 속에서 이미 변화가 일어나고 있었다. 참관인은 연극이 아니라 실제로 일어나는 정치를 지켜보고 있었다. 이처럼 앙시앵레짐 시대에는 전혀 불가능했던 일이 일어나고 있었다.

그날 이후 프랑스의 정치는 대중에게 공개될 것이다. 대중은 입법가들의 활동을 지켜보고 여론으로 그들을 지지하거나 압박하면서 정치적 바람을 일으킬 것이다. 그날 이후 혁명기 정치 장면을 그린 그림에서 우리는 정치가뿐만 아니라 대중의 모습도 볼 수 있다. 6월 20일 '죄드폼의 맹세'를 묘사한 그림에서 창에 붙어 의원들을 내려다보는 사람들은 앞으로도 계속 입법활동을 직접 참관할 것이다.

왕이 연설을 끝내자 파리 고등법원의 변호사 출신으로 국새경인 폴 바랑탱Paule Barentin이 왕의 의도를 설명했다. 그는 왕이 그동안 명사회를 소집한 경위를 설명하고 전국신분회를 소집하면서 제3신분의 요구에 성실히 응했음을 강조했다. 그러면서 제3신분이 왕의 입으로 직접 듣고 싶었던 말을 슬쩍 끼워 넣었다.

"개인별 투표를 한다 해도 결국 단 한 가지 결과를 얻을 수 있겠습니다. 이 새로운 형식은 전체의 바람을 더 잘 알 수 있는 장점을 가졌기 때문에 전국신분회 대표들이 자유롭게 합의하여 전하의 허락을 받아 실시할 수 있습니다."

세 신분 대표들이 '자유롭게' 논의하고 왕의 허락을 받으라고 한 것은 제3신분의 요구에 응하긴 했지만 결국 특권층의 반발을 더 많이 의식한 것이 아닐까? 그러면서도 이렇게 요구할 수 있는 것일까?

"국민의 대표 여러분, 옥좌의 아래서, 여러분의 통치자의 품에서, 애국심에 불타는 여러분의 영혼은 오직 국가의 행복을 바라는 불길로 타오른다고 맹세하십시오. 그리고 여태껏 여러 달 동안 프랑스를 불안하게 만들고 공공의 안정을 위협하던 저 생생한 미움을 엄숙히 버리십시오, 마음에서 벗어버리십시오. (……)

전하께서는 여러분이 내일부터 의원자격심사를 빨리 마치시기 바랍니다. 그리하여 전하께서 여러분에게 분부하신 중요한 사안에 한시라도 빨리 전념하기를 바라십니다."

바랑탱의 목소리는 뒤에까지 잘 들리지 않을 정도로 작았다. 그래서인지 아니면 내용이 감동을 주지 못했는지 그가 연설을 마친 뒤 박수보다는 정적이 흘렀다. 아무튼 바랑탱의 연설에서 눈여겨볼 만한 대목이 있다면 그것은 루이 16세를 15세기 말 전국신분회에서 '백성의 아버지'라고 칭송한 루이 12세와 국론을 통합한 앙리 4세의 장점을 모두 갖춘 인물로 칭송했다는 점이다. 당시 사람들 가운데 '루이 12세+앙리 4세=루이 16세'라고 믿고 싶어 하는 사람들이 있었고 바랑탱은 그 점을 강조했던 것이다.

잠시 후 네케르가 연설을 시작했다. 당시에 제일 큰 인기를 누리던 재무총재가 왕국의 현실을 대표들에게 알리는 연설문을 조금 읽다가 농학회 사무총장인 브루소네Broussonet에게 원고를 넘겨주었다. 네케르 이름으로 읽은 보고서는 세 시간 분량이었지만 거기에는 어떠한 개혁의 계획도 담겨 있지 않았다. 수입과 지출을 상세히 설명한 원고를 다 읽은 뒤 네케르는 직접 그 내용을 요약했다. 한마디로 전국신분회에서는 총수입 4억 7,529만 1,000리브르에 총지출 5억 3,144만 4,000리브르 때문에 생기는 연간 결손 5,615만 3,000리브르를 메우고 앞으로 재정문제를 개선할 방안을 마련해야 했다.

네케르가 보고서를 요약한 뒤 왕이 일어나 자리를 떴다. 회의실에서는 또다시 "왕 만세!" 소리가 잇달아 들렸다. 대표들도 뒤따라 자리를 떴다. 그때가 오후 4시 반이었다. 그날 파리에서는 네케르의 연설에 헌법이라는 말이 한 번도 나오지 않았다는 사실에 비난 여론이 일고 있었다. 벌써부터 환멸을 느끼는 사람들이 있었던 것이다.

역사를 공부하다 보면 우리가 이미 아는 결과에 대한 원인을 그 일이 벌어지기 전의 상황에서 찾아 예언하고 싶은 때가 자주 생긴다. 1789년 5월 5일 전국신분회를 개최하는 날도 한 가지 사례다. 왕, 바랑탱, 네케르는 대표들에게 국가재정 문제를 해결해달라고 호소했지만 막상 가장 큰 희생을 감수해야 할 제3신분의 요구사항에 대해서는 제대로 대답해주지 않고 넘어갔다. 개인별 투표 문제는 전국신분회를 개최하겠다고 공고한 직후부터 제3신분의 큰 관심사였으며 이미 '개인주의'에 물든 사람들의 염원이었음에도 단지 '세 신분이 자유롭게' 논의하되 '왕의 승인'을 받아야 한다는 말로 본질을 흐리려 했던 것이다. 왕은 이튿날부터 대표들의 자격심사를 하라고 명령하고 자리를 떴으며, 제3신분은 세 신분이 함께 자격심사를 하자고 주장했다. 특권층은 분열했다. 절대다수의 귀족이 제3신분과 대화를 거부했지만 종교인은 하위직 성직자들의 영향을 받아 대화를 하자는 축이 거의 3분의 2나 되었다. 그리하여 제3신분이 정국의 주도권을 잡기 시작했다.

4
국민의회 선포와
죄드폼의 맹세

5월 6일 제3신분 대표들은 회의실에 모여 아침부터 오후 2시 반까지 다른 두 신분 대표들이 나타나기를 기다렸다. 제3신분 대표들은 전날 바랑탱이 한 말—'자유롭게' 논의하라는 것이 전하의 뜻—을 세 신분 대표들이 한자리에 모여서 의논하라는 말로 해석했다. 그러나 나머지 두 신분 대표들은 각각 배정받은 회의실에서 회의를 열었다. 이처럼 제3신분 대표들은 베르사유 궁에서 루이 16세를 알현할 때부터 그날까지 닷새 동안 앙시앵레짐의 신분제도라는 장벽을 뛰어넘지 못했다. 그들이 그것을 뛰어넘지 못하면 영원히 현실을 인정하게 될 것이었다. 그들은 이제부터 '평민의 대표les représentants des Communes'라고 자칭하면서 특권층을 상대로 목청을 높였다. 만일 귀족이 평민에게 양보하거나 굴복하면 새 시대가 쉽게 열리는 것이었고, 만일 평민이 양보하거나 굴복하면 전통을 그대로 지켜야 했다. 그러므로 5월 초부터 특권층과 평민은 팽팽하게 대립했다.

평민은 대표의 자격심사부터 함께하자고 특권층을 압박했다. 미라보 백작은 "자격심사를 하지 않는 이상 합법적인 대표라 할 수 없으므로 이러한 상황에서 아무런 활동도 하지 않고 가만히 있어야 한다"고 주장했고, 평민은 그의 의견을 좇아 며칠 동안 아무런 결정도 내리지 않았다. 귀족은 평민을 무시했지만 종교인은 평민에게 우호적인 그레구아르 신부와 그를 따르는 하위직 때문에 분열했다. 여론도 평민 대표들의 편이었다. 5월 12일 라보 드 생테티엔Rabaud de Saint-Étienne과 르 샤플리에Le Chapelier는 종교인과 귀족에게 다음과 같이 알리자고 제안했다.

> 프랑스의 평민 의원들은 (……) 오직 전국신분회 총회에서 구성원들이 임명한 위원들의 자격심사를 거친 대표들만 합법적인 대표로 인정할 것이다. 왜냐하면 사사로운 단체와 마찬가지로 국가의 단체에서 의원 각자가 자격을 갖추었는지 판단하는 일이 중요하기 때문이다. 그리고 국회는 함께 의논하는 기구이기 때문에 (……) 전국신분회가 열린 뒤에는 모든 대표가 어느 한 신분이나 지방의 대표가 아니라 국민의 대표다.
> 따라서 평민 의원들은 지난 8일 동안 기다리던 회의실에서 교회와 귀족 의원들이 합류하도록 촉구한다. 그리하여 국민 대표들의 자격을 함께 심사하자고 촉구한다.

평민은 합동 자격심사에 대비해 자체적으로 명단을 점검하기 시작했다. 귀족은 처음부터 합류할 생각이 없었기 때문에 자기 회의실에서 따로 회의를 했으며, 종교인은 분열하기 시작해 13일 3명, 14일 6명, 16일 10명이 평민과 합류했고 호명에 대답했다. 그럼에도 그동안 종교인과 귀족은 그 나름대로 큰일을 했다. 5월 20일 종교인은 조세상의 특권을 포기하는 데 그치지 않고 조세상의 평등 원칙도 받아들였다. 이틀 뒤 귀족도 종교인의 선례를 따랐다. 세 신분 대표들은 합동으로 회의를 하는 문제를 두고 계속 협상했지만 큰 성과를 얻지 못하고 각 신분별로 회의를 진행해나갔다.

6월 4일 왕세자가 일곱 살에 죽고 그의 동생이 네 살에 왕세자가 되었다. 그날 네케르는 세 신분의 화합을 촉구하는 안을 제시했는데 종교인은 그 안을 받아들였지만 귀족은 거부했다. 6월 10일 제3신분 대표는 시에예스의 의견을 좇아서 단독으로 세 신분 대표들의 자격을 심사하기 시작했다. 6월 15일 시에예스 신부는 "자격심사가 끝났으니 한시바삐 의회를 구성하는 데 전념해야겠습니다"라고 제안했다. 의원들은 전국신분회 대신 쓸 이름을 놓고 토론을 시작했다. 시에예스는 "프랑스 국민이 인증한 대표들의 의회Assemblée des représentants connus et vérifiés de la Nation française"를 제안했고, 미라보는 좀더 직접적으로 "프랑스 인민의 대표들Représentants du peuple français"로 짓자고 주장했다. 무니에Mounier는 "국민의 대표 가운데 소수를 제외하고 절대다수가 활동하는 합법적 의회Assemblée légitime des représentants de la majeure partie de la Nation, agissant en l'absence de la mineure partie"라는 복잡한 이름을 제안했다. 베르가스는 시에예스의 안에 찬성했고 르 샤플리에는 시에예스의 안을 조금 바꿔서 "프랑스 국민이 합법적으로 증명한 대표들의 의회"를 제안했다.

16일 베리의 대표 르그랑이 발언권을 신청했을 때 수많은 사람이 반대했지만 르그랑은 전혀 다르고 새로운 사상을 담은 안을 발의하겠다고 주장하면서 마침내 발언권을 얻었다.

"의회는 다음과 같은 사항을 고려합니다.

1. 왕국의 전국신분회라는 이름은 국민을 대표하도록 소집된 시민들의 세 신분과 관련된 이름이며, 현재 상황에는 적용할 수 없는 이름입니다. 종교 인과 귀족의 대표는 대부분 다른 신분의 대표들과 합류해 자격심사를 받으려 하지 않기 때문입니다.

2. 이 두 특권층은 그 자체로 국민이 아니라 국민에 속하는 계급입니다.

3. 국민은 여러 계급의 시민들을 포함하고 있기 때문에 특권 계급의 대표들이 참석하지 않았다고 해서 국민을 형성할 수 없다는 논리에 동의하지 않습니다."

르그랑은 의회의 이름을 마땅히 '국민의회Assemblée nationale'로 정해야 한다고 제안했다. 대표들은 박수로써 그를 지지했다. 그 뒤에도 무니에와 미라보가 계속 자기주장을 꺾지 않고 다른 사람들의 주장을 반박했다. 마침내 시에예스가 자신이 발의한 내용을 대폭 수정해 르그랑이 제안한 '국민의회'를 지지한다고 했다. 몇 사람이 새로 토론해야 하는 문제라고 주장했고 다른 사람들은 당장 표결에 부치자고 주장했다. 16일 자정까지 토론을 거듭한 끝에 국민의회가 다수의 지지를 받아 탄생했다.

국민의회라는 말은 이미 전국신분회가 열렸을 때부터 쓰이던 말이었다. 예를 들어 네케르는 5월 5일에 재정적자를 메울 수 있게 협조해달라고 호소할 때 이 말을 썼다.

"우리의 은인이신 루이, 그리고 그를 둘러싼 국민의회의 덕택으로 우리는 우리의 안녕을 보장해주는 법률과 제도를 가질 수 있습니다."*

네케르는 국민의회라는 말을 전국신분회의 세 신분 대표들이라는 뜻으로 썼다. 그러나 이 말은 며칠 사이에 완전히 새로운 말이 되었다. 오직 법이나 왕에게 복종만 하는 국민sujets으로 이루어진 신분사회의 대표들이 모이는 신분회가 아니라 '전체 국민'의 대표들이 주축이 되어 국가의 문제를 능동적으로 해결하는 기관을 지칭하는 말이 되었다. 그러므로 이제부터 '국민의회' 대신 오늘날 우리가 사용하는 개념인 '국회'로 쓰겠다. 더욱이 제3신분은 평민commues이라는 말을 쓰기 시작했고, 이제 자신들이야말로 국민의 절대다수이기 때문에 특권층이 없이도 국민을 대표한다고 공표했다. 이로써 세 신분 대표들은 6월 17일에 공식적으로 국회의원이 되었다.

> 국회는 의원자격심사를 마친 후 이 의회는 이미 국민의 96퍼센트가 직접 보낸 대표들로 구성되었음을 인정한다. (……)
> 더욱이 국민의 희망을 구성하는 데 참여하는 것은 오직 자격을 인정받은 대표들뿐이며, 그들은 이 의회에 있어야 하기 때문에 국민의 일반의지를 해석하고 제시하는 일은 오직 국회의 임무라는 결론을 내리지 않을 수 없다. 그리고 왕과 이 의회 사이에는 그 어떤 거부권도 존재할 수 없다.
> 국회라는 명칭만이 현 상황에서 우리의 회의체에 적합하다. 왜냐하면 국회 구성원들만이 합법적으로 또 공식적으로 자격을 인증받은 대표들이기 때문이며, 그들은 거의 전체 국민이 직접 파견한 대표이기 때문이며, 끝으로 대표성은 하나이고 나눌 수 없는 것이므로 그 어떤 계급이나 단

---

* 원문은 다음과 같다. "C'est à Louis, notre bienfaiteur, c'est à l'Assemblée nationale don't il s'est environné, que nous devons les lois et les institutions propices qui garantissent notre repos."

체에서 뽑힌 대표라 하더라도 현재 의회와 별도로 직무를 수행할 권리를 갖지 못하기 때문이다. (……)

그날 종교인과 귀족 가운데 여전히 신분별 회의를 고집하는 사람들이 있었지만 이제 정통성을 확보한 국회의원들은 법적 혁명을 시작했다.

"국회는 현안의 토의 내용과 모든 동기를 계속 기록하여 왕과 국민에게 제출할 것을 결의한다."

그들은 앞으로 자신들을 소집한 왕뿐만 아니라 자신들을 대표로 뽑은 국민에게 책임을 질 것이며 계속 활동하겠다는 의지를 분명히 밝혔다. 그리고 귀족이 국회에 대표단을 보내서 자신들이 결정한 내용을 통보하자 의장은 분명히 대답했다.

"나는 이 공동의 회의실에 자리 잡은 국회의 이름으로 대답합니다. 국회는 이미 귀족 의원들을 일일이 호명했고, 자격심사를 함께하자고 청했으며, 국회에 합류해달라고 요청했습니다. 국회는 아직도 귀족 대표들이 이곳에 합류하시길 바라며, 특히 국가를 지금의 비참한 현실에서 구해줄 방법을 함께 논의하기를 바랍니다."

국가재정에 가장 크게 이바지하면서도 권력과 재화의 분배에서 언제나 소외되었던 계층이 제 목소리를 내기 시작한 것은 대표수가 두 배로 늘어난 덕택이라고 생각해도 좋다. 재정위기에 특권층이 협조를 하지 않자 왕이 제 3신분의 힘을 인정해주고 그 힘을 빌리려는 책략을 쓴 결과 상황이 달라졌던 것이다.

6월 17일 국회가 탄생한 날은 초여름 날씨로 더웠기 때문에 의사 기요탱 Guillotin은 그날 저녁 회의에서 발언권을 얻어 위생문제를 거론했다.

"이 회의실에 꼭꼭 들어 찬 3,000명이 숨을 쉴 때마다 독기를 내뿜기 때문에 모든 의원의 건강이 치명적으로 나빠질 수 있습니다."

의원들의 건강을 위해 정기적으로 충분히 환기시키면서 회의를 해야 한다고 주장하는 기요탱의 말에서 우리는 초여름날 회의실의 분위기를 느낄 수 있다. 귀족의 대표단이 국회를 방문할 때 평민 의원의 수에도 압도당하겠지만 그들이 회의하는 과정을 지켜보는 방청객의 시선에도 압도당했을 것이 분명하다. 국회는 왕과 국민을 모두 섬긴다고 하면서 회의장 안팎에 모인 국민의 지지를 얻었다. 국민의 대표들을 국민의 일부가 직접 응원하고 있었다. 왕이 특권층과 함께 신분별 회의와 투표를 지지한다고 하더라도 이처럼 대세는 국민의 편으로 기울고 있었다.

평민 대표들은 국회를 선포한 뒤 곧바로 기존의 세금을 폐지하면서 힘을 과시했다. 그러나 왕과 귀족, 일부 종교인은 아직도 그 사실을 인정하지 않았다. 왕은 군대를 배치해 평민 대표들을 압박하고 6월 22일 직접 회의를 주재하려는 계획을 세웠다. 그를 부추긴 것은 그 누구보다 왕의 측근인 왕비와 귀족 대표들이었다. 6월 18일은 성체첨례일이라 성체 거동 행사에 참가하느라 쉬고 6월 19일에 제3신분 대표들이 각각 배정받은 회의실에 모였을 때 귀족과 종교인은 전혀 다른 결론을 냈다. 귀족 대표 270명은 대체로 자신들의 특권을 지키려고 노력했다. 그들은 왕에게 호소문을 보내기로 하고 크로이 공작이 초안을 잡았다. 그들은 제3신분의 처사를 못마땅하게 생각했다.

"제3신분의 대표들은 세 신분이 함께 협력하고 전하의 재가를 받아야 함에도 전국신분회의 권위를 오로지 자신들에게만 집중할 수 있다고 믿었습니다. 그들은 자신들이 만든 명령을 법률로 바꿀 수 있다고 믿었습니다. 그들은 그것을 인쇄하고 각 지방에 보내 널리 홍보하게 했습니다. 그들은 모든 세금을 폐지하고 새로운 세금을 만들었습니다. 그들은 왕의 권리와 세 신분의 권리를 독점할 수 있다고 생각한 것이 분명합니다. (……)

우리가 지키려는 것은 우리의 이익만이 아닙니다. 전하, 우리가 지키려는 것은 전하의 이익이기도 합니다. 그리고 국가의 이익과 더 나아가 프랑스인의 이익이기도 합니다."

종교인들은 의원자격심사를 따로 하자는 제안에 귀를 기울였다. 그러나 국회에서, 다시 말해 평민들과 함께 자격심사를 하자는 안에 과반수인 149명이 찬성했다. 291명 중 귀족 종교인을 빼고 하위직의 평민 사제가 200명이었기 때문에 개혁의 성향이 승리하기 좋은 조건이었다.

6월 20일 왕의 의지에 평민 대표들이 맞서는 날이 왔다. 평민 대표들은 아침에 소락청의 회의실로 갔지만 병사들이 문이 잠그고 아무도 들어가지 못하게 지키고 있었다. 의장은 경비대장을 불렀다. 바상 백작이 나타나 왕이 회의를 주재할 계획이므로 회의실을 꾸미는 동안 아무도 들어가지 못하게 지키라는 명령을 받았다고 하면서, 만일 안에 있는 회의록이 필요하다면 가져갈 수는 있다고 말했다. 과연 소락청 안에서는 공사를 하고 있었다. 대부분의 의자를 치워놓았고 방을 붙여놓았다.

"전국신분회에 고함. 왕 전하는 22일 월요일 전국신분회를 주재하려고 결심하시고 그날까지 세 신분에게 할당한 회의실을 고치도록 명령하셨다. 전하께서 22일 전국신분회에 납시는 시간은 다시 알리도록 하겠다."

왕은 여전히 '국회'를 인정하지 않고 '전국신분회'를 직접 이끌어가려는 의도를 분명히 드러냈다. 평민 대표들은 소락청 근처에 있는 죄드폼으로 갔다. 무니에는 타르제, 르 샤플리에, 바르나브의 동의를 얻어 의견을 발표했다.

"전국신분회 회의실을 군인들이 점령하는 이상한 일이 일어났습니다. 그러면서도 국회에 아무런 장소도 제공하지 않은 일은 더욱 이상합니다. 게다가 의장은 왕의 명령을 직접 받지도 못했습니다. 이 같은 상태에서 겨우 의전담당관 브레제 후작이 편지를 보내 22일 왕이 직접 회의장에 납시겠다고 알리고, 국민의 대표들에게는 방을 붙여 그 사실을 알리는 것도 이상합니다. 그리하여 우리는 우리가 수행할 과업을 중지하지 않으려고 죄드폼에 모일 수밖에 없었습니다. 국민의 대표들은 권리와 권위에 큰 상처를 입었고, 왕에게 비극적인 조치를 취하도록 압력을 넣는 악착같은 음모세력이 있다는 사실을 알았습니다. 그리하여 우리는 엄숙하게 맹세함으로써 나라를 구하고 조국의 이익을 도모해야 한다는 사명을 확인해야 합니다."

그리고 타르제가 제안한 내용을 모든 대표가 박수를 쳐서 승인했다. 의장과 총무들이 먼저 맹세하고 나머지 의원들이 뒤따라 맹세했다.

"국회는 왕국의 헌법을 제정하고, 공공질서를 회복시키며, 군주정의 진정한 원리를 유지할 임무를 띠고 이곳으로 불려왔다고 생각하면서, 그 무엇도 국회가 회의를 할 수 없게 방해할 수 없으며, 강제로 대표들을 쫓아낸다 할지라도 그들이 모이는 곳은 어디건 국회임을 밝힌다.

그리하여 이 의회의 모든 구성원은 일치단결하여 왕국의 헌법을 제정하고 튼튼한 기반 위에 확립할 때까지 결코 헤어지지 않으며, 필요하다면 어디서나 모일 것임을 엄숙히 맹세한다. 모든 구성원은 일단 맹세를 한 뒤에 서명함으로써 이 확고한 결심을 확인한다."

맹세가 끝나고 난 뒤 아프거나 다른 사정으로 회의에 불참한 사람과 반대자 한 사람만 빼고 모든 의원이 서명했다. 의장인 천문학자 바이이는 국회의 이름으로 6월 20일의 보고서를 인쇄하여 돌리겠다고 알렸다. 카뮈가 말했다.

"국회에 보고합니다. 카스텔 노다리 출신 마르탱 도시 의원은 반대했습니다."

의장 바이이는 반대한 이유를 들어보자고 했다. 마르탱 도시는 이렇게 말했다.

"나는 왕의 재가를 받지 않은 결정사항을 실행하겠다고 맹세할 수 있다고 믿지 않기 때문에 반대했음을 분명히 밝힙니다."

의장이 말했다.

"국회는 이미 봉답문과 결의사항에 이 같은 원칙을 밝혔으며, 모든 의원의 마음과 정신으로 헌법과 입법에 관해 내린 모든 결정을 왕의 재가를 받아야 한다는 사실을 인식하고 있습니다."

마르탱은 의장의 말을 막고 자기 이야기를 계속하려 했지만 의장이 의견의 자유를 인정하는 선에서 마무리 지었다. 그날 회의가 끝나기 전에 바르나브와 구이 다르시가 각각 똑같은 내용을 제안했다.

"만일 왕이 회의를 주재한다면 회의가 끝난 뒤에도 우리 의원들은 그대로 남아 회의를 계속하고 일상업무를 합시다."

마르탱은 회의가 끝나고 나갈 때 참관인들의 위협을 받았지만 의장 바이이의 보호를 받으면서 무사히 회의장 밖으로 나갈 수 있었다. 우리는 혁명기 화가인 자크 루이 다비드가 남긴 역사화 〈죄드폼의 맹세〉의 오른쪽 구석에서 의자에 앉아 양팔을 교차해 맹세를 거부하는 마르탱 도시의 모습을 확인할 수 있다. 그 앞에 한 의원이 마르탱 도시에게 남들처럼 오른손을 들어 맹세를 하라고 다그치자 그의 뒤에 선 의원은 입술에 손가락을 대고 반대할 의사도 존중해야 한다는 몸짓을 하고 있음을 볼 수 있다. 화가 다비드는 이 그림에서 의원들이 강압적으로 맹세하지 않았음을 잘 표현했다.

5
루이 16세,
당신만 신성한가?

6월 22일 평민 대표들은 그동안 회의장으로 쓰던 죄드폼으로 모였다. 그러나 죄드폼은 잠겨 있었다. 지난 17일에는 소락청을 고치겠다고 외부인의 출입을 막더니 이번에는 죄드폼을 이용하지 못하게 하는 것은 무슨 까닭인가? 왕의 작은 동생 아르투아 백작이 공을 친다고 회의실 출입을 막았던 것이다. 국회의 활동을 지지하고 주시하던 사람들은 아르투아 백작을 공공의 적으로 생각했다. 나중에 살생부 명단에 그의 이름이 맨 앞에 오를 만한 이유를 그 스스로 제공한 셈이다.

화가 난 대표들은 성프란치스코회 수도원으로 갔다가 종교인 대표들이 마련해준 생루이 교회로 회의 장소를 옮겼다. 평민 대표들은 왕의 전령이 가져다준 편지로 왕이 23일에 회의를 주재한다는 소식을 들었다. 의장은 지난 20일의 맹세에 서명하지 못한 사람들에게 서명할 기회를 주었다. 오후 2시에 종교인 대표 149명이 평민 대표들의 회의장에 나타났다. 그들은 함께 자격심사를 받겠다고 결의한 사람들이었다. 평민 대표들은 종교인 대표들을 열렬히 환영했다. 이렇게 해서 평민 대표들은 23일 왕이 주재하는 회의에서도 기가 죽지 않을 만큼 용기를 얻을 수 있었다.

6월 23일 루이 16세는 절대군주의 권위를 되찾으려고 단단히 결심했다. 그는 거의 두 달 전의 일을 잘 기억하고 있었다. 5월 5일 전국신분회를 처음 열던 날, 대표들의 두 배나 되는 사람이 참관했다. 왕은 그날 이후 회의를 지켜보는 사람들이 큰 영향을 받는 데 그치지 않고 그들이 오히려 대표들에게 큰 영향을 준다는 사실을 깨달았다. 그래서 그는 거의 두 달 만에 앙시앵레 짐 시대의 관행으로 시곗바늘을 되돌리려고 생각했다. 그는 회의를 예정보 다 하루 늦추면서 군대를 불러들이고 세 신분 대표들을 설득할 문안을 작성 했다. 프랑스 수비대, 스위스 수비대, 파리 행정관구 수비대와 기마대에게 파 리와 연결된 대로와 회의장 근처의 크고 작은 길을 막고 일반인을 통제하도 록 했다.

세 신분 대표들은 비가 내리는 가운데 회의장인 소락청으로 모여들었다. 수비대는 일반인을 한 사람도 들이지 않은 채 첫 두 신분을 차례로 입장시켰 다. 평민 대표들은 한 시간 이상 밖에서 비를 맞으며 계속 툴툴거렸다. 총무 두 명이 의전담당관에게 가서 평민 대표들, 아니 국회 대표들을 너무 무례하 게 대한다고 항의했다. 의전담당관 브레제 백작이 나타나자 의장이 왕에게 공식적으로 문제를 제기하겠다고 말했다. 마침내 평민 대표들도 회의장에 들어갔다. 그들이 의전담당관에게 당당히 불만을 말할 수 있을 만큼 힘을 가 졌다는 점이 두드러졌다.

왕은 그 나름대로 전통을 지키리라고 결심했다. 그날도 그는 여느 때처럼 다른 사람들을 오랫동안 기다리게 만들고 나서 11시가 되어서야 수많은 일 행을 앞뒤로 거느린 채 회의장에 도착했다. 소락청으로 행차하는 방식이 사 냥의 행차와 닮았다. 그는 매부리들, 시동들, 방패잡이들, 4개 근위대를 앞세 우고 소락청에 도착했다. 왕이 안으로 들어서자 세 신분 대표들이 모두 일어 섰고 왕이 앉자 그들도 앉았다. 그의 오른쪽에 종교인 대표, 왼쪽에 귀족 대 표가 앉고, 가운데에 '국회의원들'이 자리를 잡았다.

그러나 재무총재인 네케르의 빈자리가 눈에 크게 띄었다. 왕이 소집한 회 의에 재무총재가 참석하지 않은 것은 무엇을 뜻하는가? 사실상 그는 해임되거나 사임하지 않은 어정쩡한 상태였다. 그는 제3신분에게 더 많은 기회를 주고 싶은 사람이었다. 조세상의 평등을 선언하고 공직에 아무나 취임하며 전국신분회에서 개인별로 투표하게 만들고 싶었지만, 외국인인 데다 평민 출신이었기 때문에 귀족 대신들의 반대에 부딪혔던 것이다.

재무총재가 참석하지 않은 것을 두고 말이 많았다. 마리 앙투아네트는 네케르가 왕을 배반했으며 비겁한 범죄인이라고 생각했다고 침전상궁 캉팡 부인은 전한다. 네케르는 왕비가 마담 드 폴리냑의 딸의 지참금 80만 리브르를 마련해주도록 승인하고 불행한 사람들을 위해 애쓰면서 왕과 왕비의 환심을 샀던 사람이었지만, 그동안 사사건건 구체제의 근간인 특권을 보호하기보다는 평민의 편을 들었기 때문에 배반자로 보였음이 분명하다.

"네케르는 건강한 치료약을 독약으로 바꿔놓았다."

왕은 회의를 소집한 목적을 부드럽게 말했다. 그러나 그는 점점 단호한 의지를 보여주었다. 자신이 프랑스인의 아버지로서 전국신분회를 소집한 목적을 대표들에게 상기시키면서 대표들은 지난 두 달 동안 원래 목적에 맞게 일하지 않았다고 야단쳤다.

"여러분, 과인은 여러분이 다시 한번 과인을 중심으로 뭉치기를 바라오. 과인은 모든 백성의 아버지로서, 또 왕국의 법을 지키는 사람으로서 갖추어야 할 진정한 정신을 되찾을 것이며 그것을 침해하는 모든 행위를 단호히 응징하겠소.

그러나 여러분, 과인은 세 신분이 각각 누리는 권리를 분명히 존중해주었소. 첫 두 신분에게 바라노니 지금은 조국을 위한 열성을 다해 과인을 중심으로 도와주기를 기대하오. 또 국가의 시급한 병폐를 인식하고, 전반적인 행복과 관련된 모든 문제에서 국론과 감정을 통일하는 일에 앞장서주기를 기대하오. 그리하여 과인이 현재 왕국이 겪는 위기를 극복하기에 반드시 필요하다고 생각하는 것, 국가를 구하는 일에 앞장서주기 바라오."

왕은 종교인과 귀족이 제3신분('평민')에게 휘둘리지 않고 자신에게 충성해준다면 '평민'을 고립시키고 원래 목적대로 전국신분회의 기능을 되살려 체제를 유지할 수 있으리라고 계산했다. 그리하여 그는 6월 23일에 군대를 집결시켜 힘을 과시하고 회의실에 일반인을 들이지 않은 채, 다시 말해 평민 대표들을 고립시킨 채, 그날을 위해 준비한 각본을 국무대신으로 하여금 대표들에게 읽도록 했다.

전국신분회의 현 상황에 대해

제1조. 왕은 국가의 세 신분을 구별하는 전통이 왕국 헌법의 본질이므로 그 전통을 그대로 보전해야 한다고 생각한다. 또한 왕국의 세 신분의 자유로운 투표로 뽑힌 대표들이 신분별로 할당받은 회의실에서 의사를 결정하고 군주의 승인을 받아야만 세 신분이 함께 의논할 수 있다는 원칙만이 국민 대표들의 단체를 구성하는 원칙이라고 생각한다. 따라서 왕은 제3신분 대표들이 지난 17일에 결정한 사항, 그리고 앞으로 그들이 내릴 결정은 모두 불법인 동시에 헌법을 위반하는 것이므로 무효라고 선언한다.

제2조. 왕은 각 신분의 의원자격심사권이 유효하다고 선언한다. 그렇기 때문에 아무도 그 권한에 대해 이의를 제기해서는 안 된다. 왕은 세 신분이 그 권한에 대해 서로 의견을 주고받기를 바란다. 각 신분이 이의를 제기할 수 있는 자격심사권에 대해서는 다음과 같이 정한다. (……)

제3조. 전국신분회 의원들의 자유를 방해하고 권리를 제한하는 일, 그리

고 세 신분의 분명한 의사표시로써 세 신분이 따로 또는 공동으로 내리는 모든 형태의 결정을 방해하는 일은 전국신분회 소집명령서와 국익에 반대되는 일이며 헌법을 위반하는 일이므로 그렇게 결정된 사항을 모두 파기하고 무효화한다.

(제4조와 제5조에서 왕은 전국신분회 대표들의 입법권을 부인하면서 대표들에게는 오로지 "시급한 국가 현안에 대해 결정하는 데 참여하고, 그에 대해 의견을 제출할 수 있다"는 점을 인정해주었다. 제6조에서 루이 16세는 '평민'이 국회를 선포할 권리가 없음을 분명히 했다.)

제6조. 전하는 (……) 진정서나 위임장을 절대적인 것으로 생각할 수 있다는 사실을 받아들이지 않을 것이다. 왜냐하면 그것들은 대표들의 양심과 자유로운 의사에 맡긴다는 단순한 지침서에 지나지 않기 때문이다.

제7조는 단 이번 회의만 "전하는 국가를 위기에서 구원하기 위해 세 신분이 국가 전체에 유익한 사항을 공동으로 토의하도록 권고하면서 다음과 같은 방식으로 전하의 의도를 깨닫기 바라신다"고 한 뒤, "세 신분의 전통적이고 헌법적인 권리와 관련된 사항"은 공동으로 결정할 수 있는 사항이 아니라고 명시했다.

또 제8조는 "앞으로 모이게 될 전국신분회의 구성방법, 전통적으로 영주에 속한 재산권, 첫 두 신분에게 유익한 권리와 그들의 명예에 관한 특권"도 건드리지 못한다고 했다.

제9조는 종교인을 배제하고 종교적 결정을 해서는 안 된다고 하여, 1국가 1종교 원칙(가톨릭이 국교)과 함께, 그 자신이 "가장 독실한 기독교도"임을 확인하고, 제10조에서는 기득권을 지키는 원칙을 옹호했다.

제10조. 세 신분 대표가 권력의 문제에 대해 결정할 때 다수결의 원칙을 적용한다. 그러나 만일 세 신분 중 어느 한 신분의 3분의 2가 전체 회의에서 결정한 사항을 반대한다면 왕이 그 문제를 최종 결정한다.

결국 제13조에서 "3신분의 3개 회의실은 각각 적당하다고 판단하는 대표들을 임명하여 위원회를 구성"한다고 명시함으로써 전국신분회가 국회로 나아가는 길을 다시 한번 인정하지 않았다. 모두 15개 조항의 선언문은 루이 16세가 그동안 절대군주로서 잃었던 체면을 되살리려는 의지를 확실히 보여주었다.

'평민'은 왕의 말에 술렁거리고 불만을 표시했다. 그들은 지난 두 달 이후 일치단결하여 국민의 대표임을 천명하고 자신들의 행동을 막으려는 방해공작에 맞서 장소를 옮겨가면서 "어느 곳이나 자신들이 있는 곳"이 국회이며 헌법을 제정할 때까지 흩어지지 않겠다고 맹세하지 않았던가? 그들은 이미 루이 16세가 즉위하기 전부터 그리고 그 뒤에도 고등법원이 왕의 의지를 어떻게 거스르는지 보았고, 특히 1788년의 저항으로 왕이 전국신분회를 소집하게 만드는 과정을 지켜보지 않았던가? 왕은 고등법원이 단호히 "아니"라고 말하자 뒷걸음질치지 않았던가? 그렇다면 그 과정을 보고 학습한 '평민'은? 그들은 엄숙한 갈림길에 있었다. 15개조의 '선언문'을 들은 전국신분회 대표들 가운데 귀족과 고위성직자 일부는 환영하고, 하위성직자와 '평민'은 불만스러워한다는 사실을 알고, 루이 16세는 자기 의지를 다시 한번 고집했다. 그는 두 번째 연설을 했다. 그는 '어버이'의 심정으로 전국신분회 대표들에게 호소하면서 마지막에 가서는 그들에게 일종의 선전포고를 했다.

"과인은 과인이 백성에게 베푼 여러 가지 은혜를 여러분이 대신 보여주기를 바랐소. 그렇다고 해서 과인이 테두리를 그려놓고 그 속에 여러분의 열의를 가두려는 의도는 없소. 왜냐하면 전국신분회가 다른 모습의 공공행복을 제안할 때 기꺼이 받아들이려 하기 때문이오. 과인은 이제까지 국민을 이렇게 행복하게 해준 왕이 없었다는 것과, 그것은 과인의 환상이 아니라는 사실을 말할 수 있소. 그러나 과인의 생각에 프랑스 국민보다 더 그런 왕을 가질 만한 자격이 있는 국민은 없다고 말할 수 있소! 그러므로 과인은 다음과 같이 감히 말할 수 있소. 과인이 백성을 위하여 어버이처럼 은혜를 베풀려는 의도를 제대로 실천하지 못하도록 지나치게 요구하거나 터무니없이 방해하는 사람들은 프랑스인으로 대접받을 만한 자격도 없을 것이오."

왕은 자기 의지를 거스르는 사람을 자기 백성으로 취급하지 않겠다고 하면서 막다른 지점까지 몰고 갔다. 왕이 군대와 함께 단호한 의지를 가지고 '평민'을 제3신분으로 되돌릴 수 있다면 괜찮겠지만, 만일 제3신분 병사들이 장교의 말을 듣지 않고 왕 자신도 전처럼 우유부단하다면 왕은 스스로 절대군주정을 건 도박에서 패배하게 될 것이다. 두 번째 연설이 끝나고 다시 '왕의 의지 선언문' 35개조를 낭독했다. 이번의 35개조는 먼젓번 선언문의 15개조와 성격이 달랐다. 전국신분회는 재정상태를 면밀히 검토하고 모든 정보를 요구할 수 있으며(제4조), 특권층에게 일부 특권을 버리라고 하고(제9조), 타이유세를 폐지하고 5퍼센트세나 토지세에 합치고, 신분과 지위를 따지지 않고 공정하고 평등하게 과세할 것이며(제10조), 영주권은 계속 존중해야 한다고 강조했다(제12조). 종교와 풍속, 시민들의 명예를 존중하는 한 인쇄출판의 자유를 누리도록 할 것이며(제16조), 그리고 악명 높은 소금세를 완화하겠다고 했다(제26조). 소비세와 그 밖의 세금의 장단점을 검토하겠으며, 국가수입과 지출의 균형을 정확히 판단해서 개선하겠다고 약속했다(제27조). 부역도 없애고(제30조), 프랑스에 농노의 권리를 상속하지 못하게 한 제도*를 완전히 폐지한다(제31조)고도 했다. 특히 제34조는 직접 옮길 만큼 중요하다.

왕은 공공질서와 백성에 대한 모든 배려가 오늘 전국신분회 대표들 앞에서 왕의 권위로 재가한 것이며, 특히 신체상의 자유와 조세상의 평등, 지방신분회 설립과 관련된 배려는 세 신분이 따로 회의를 거쳐 동의하지 않는 한 결코 바꿀 수 없기 바란다.

왕은 단호하게 연설했지만 35개조에서는 앞선 15개조의 내용보다 훨씬 완화된 내용을 말했다. 이렇게 다른 성격을 어떻게 받아들여야 할까? 그는 마지막으로 다음과 같이 연설을 한 뒤 회의실을 떠났다. 이 연설로써 그는 절대군주로 남을 수 있을 것인가, 아니면 이 연설이 절대군주로서의 마지막 연설이 될 것인가?

여러분은 방금 과인의 배려와 견해를 들었소. 그것은 과인이 국가와 백성을 행복하게 만들려는 강력한 욕망에서 나온 것이오. 만일 여러분이 과인과 달리 생각하고 또 과인을 외면한다면, 과인은 백성의 행복을 위해 혼자서라도 일하겠소. 과인은 오직 과인만이 백성의 진정한 대표라고 생각하겠소. 여러분이 제출한 진정서가 무엇을 바라는지 잘 알고 있으

---

* 이 제도는 농노가 영주의 재산을 이용하다 죽을 때 그 자식은 영주와 새로 계약을 맺도록 한 것이다. 앙시앵레짐 말기 프랑스 왕국에 농노는 전체 인구의 1퍼센트 정도(20만에서 30만 명 사이)였고 그것도 동부 지역에만 존재했다.

며, 국민이 가장 바라는 것과 과인의 호의가 완전히 일치한다는 사실을 잘 아는 과인은 이처럼 이루기 어려운 조화를 전적으로 신뢰하오. 그래서 과인은 용기를 가지고 단호하게 목표를 향해 나아가겠소.

여러분이 제아무리 훌륭한 계획을 내놓고 처리한다 해도 과인의 특별승인을 받지 않고서는 법적 힘을 가질 수 없음을 명심하시오. 그러므로 과인은 여러분의 소중한 권리를 보호해주는 사람이며, 국가의 모든 신분은 과인의 공평함과 공정함에 의지하고 있다는 사실도 잊지 마시오.

여러분이 어떤 식으로든 의혹을 갖는다면 그것은 아주 부당한 일이오. 아직까지는 백성을 행복하게 만드는 일은 모두 과인의 몫이오. 백성이 군주의 호의를 받아들이게 만들기 위해 그들을 합의하도록 만드는 것만이 군주의 유일한 야망이라는 것은 아마도 이 세상에서는 찾아보기 어려운 일이라고 하겠소.

여러분에게 명하노니, 이제부터 곧바로 해산하고 내일 아침 신분별로 마련해준 회의실로 가서 회의를 시작하시오. 의전담당관에게 명하노니, 회의실을 신분별로 잘 준비하시오.

전국신분회를 소집했으니 다른 마음은 먹지 말고 오로지 전국신분회의 역할에만 충실할 것이며 그렇지 않으면 프랑스인이 아니라고 말할 때, 루이 16세는 어떤 심정이었을까? 말을 듣지 않는 백성이 있다면 군대의 힘으로 억눌러 다시금 프랑스인으로 만들겠다고 생각했을까? 1788년 말부터 급격히 정치화된 프랑스인의 정신세계를 이해하지 못하고, 그 정도면 절대군주정을 유지할 수 있으리라고 낙관했던 것일까? 그가 베르사유 궁을 떠나 잠시 마를리 궁으로 갔던 것도 현실감각에 중요한 역할을 했을까? 그는 소란스러운 베르사유 궁에서 벗어나고 싶었을 것이다. 그러나 어떻게 보면 가장 중요한 사건—국회 선포, 죄드폼의 맹세—이 급박하게 일어나는 현장에 가까이 있는 대신, 마를리 궁에서 왕비와 정신廷臣, 거물급 귀족에 둘러싸여 한쪽 말만 들은 것이 그나마 부족한 현실감각을 더욱 뒤떨어지게 만든 요인이 아니었을까? 19일에 사제 149명이 국회에서 '평민'과 함께 자격심사를 하겠다고 결의했을 때, 파리 대주교는 루앙 대주교 추기경과 함께 마를리 궁으로 가서 루이 16세를 만나 되돌릴 수 없는 일이 일어났다고 고했다. 왕은 사제들을 힘으로 막아 제3신분 대표들과 합류하지 못하게 하려고 결심했다. 주위 사람들은 전국신분회를 해산하라고 권했지만 왕은 직접 회의를 열어 자기 의지를 밝히기로 결심했고 그대로 했다. 그러나 '평민'이 절대군주를 인정할 것인가, 아니면 입법부를 구성하면서 행정부와 대등한 지위로 올라갈 것인가?

왕이 자리를 뜨자 귀족과 고위직 성직자 일부가 합동회의장을 빠져나갔다. 그러나 국회 대표들과 사제들은 자리에서 꼼짝도 하지 않았다. 그들은 전날 결의한 대로 실천하고 있었다. 만일 왕이 군대를 들여보내 강제로 해산시켰다면 어떻게 되었을까? 역사적 사실에 가정법을 적용한들 아무 소용이 없겠지만, 루이 16세는 스스로 막다른 골목까지 가놓고서도 상황을 자기 의지와 다른 방향으로 나아가도록 방치했음을 강조하고 싶다. 왕이 자리를 뜨고 나서 잠시 후 의전담당관 브레제 후작이 의장에게 다가가서 말했다.

"여러분은 왕의 의도를 들었습니다."

미라보 백작이 일어나 화난 목소리로 말했다.

"그렇습니다, 우리는 사람들이 왕을 부추겨서 발표하게 한 의도를 잘 들었습니다. 그런데 당신은 전국신분회에서 왕의 의사를 전달하는 공식기관이 될 수도 없을 뿐만 아니라 여기 앉을 자리나 발언권도 없습니다. 그런 당신이 우리에게 왕의 연설을 상기시키다니 이게 무슨 일이란 말입니까? 그러나 모호한 상황을 피하고 시간을 지체시키지 않기 위해서 나는 이렇게 선언합니다. 만일 당신이 우리를 여기서 내보낼 임무를 띠고 왔다면, 당신은 무력을 동원할 수 있는 명령을 내려달라고 요청해야 합니다. 왜냐하면 오직 총칼의 힘을 빌려야만 우리를 이 자리에서 몰아낼 수 있을 것이기 때문입니다."

모든 의원이 미라보의 말을 따라 외쳤다.

"이것이 국회의 결심이다."

이것은 반란이었다. 의전담당관이 물러가고 국회는 침묵에 휩싸였다. 카뮈가 일어났다. 파리 고등법원 검사의 아들로 일찍부터 교회법을 연구하고 성직자 단체의 변호사로 활약한 경력이 있는 카뮈는 전국신분회가 열린 뒤 의원자격심사위원회에서 일한 사람이다.

"이 의회를 구성하는 대표들의 자격은 충분히 확인을 거쳤습니다. 이제 자유로운 국민의 동의를 받지 않으면 그 자유를 구속할 수 없음도 분명히 확인했습니다. 따라서 여러분은 마땅히 해야 할 일을 하셨습니다. 만일 우리가 첫걸음을 내디딜 때부터 멈춰야 한다면, 앞으로 무슨 일을 할 수 있겠습니까! 우리는 무조건 버텨야 합니다. 우리가 이제까지 결의한 것을 모두 지켜야 합니다."

바르나브가 일어났다. 그르노블 출신으로 스무 살인 1781년에 변호사가 된 그는 도피네 지방에서 무니에와 함께 가장 명석한 인물이었다. 1788년에 그르노블 고등법원 판사들을 귀양 보내려는 왕의 시도에 맞서 기왓장 사건을 이끌었다. 미라보 백작보다 훨씬 잘생겼으며 그에 못지않은 웅변가였다.

"여러분의 행동은 여러분의 상황에 맞춰야 합니다. 여러분의 결정은 오로지 여러분에게 달렸습니다. 여러분은 자신이 누구인지 선언했습니다. 여러분이 그 선언을 승인받을 필요는 없습니다. 조세의 결정권도 오로지 여러분에게 달린 문제입니다. 헌법을 제정하라는 국민의 명령을 이행하려고 이곳으로 파견된 여러분은 선거인들의 이익을 지키는 데 필요하다고 생각하는 만큼 오랫동안 헤어지지 말아야 합니다. 국회의 이름을 지키는 것은 여러분의 존엄성에 관한 문제입니다."

렌 출신 글레젠Gleizen이 말했다.

"조국을 위해 죽어야 합니다. 여러분은 현명한 결정을 내렸습니다. 그 어떤 권위도 여러분을 겁박할 수 없습니다."

시에예스 신부는 "오늘의 우리는 어제의 우리와 같은 사람입니다. 우리 결의합시다"라고 하여 페티옹 드 빌뇌브, 뷔조, 가라 에네, 그레구아르 신부의 열렬한 호응을 끌어냈다. 시에예스 신부는 계속해서 말했다.

"비록 가끔 먹구름이 낀다 해도 우리는 언제나 우리를 이끌어줄 빛을 가지고 있습니다. 우리가 무슨 권한을 행사하고 무슨 임무를 수행하려고 프랑스 방방곡곡에서 여기 모였는지 스스로 물어봅시다. 우리는 단지 명령을 받은 사람입니까, 왕의 관리란 말입니까? 그렇다면 우리는 복종하고 물러나야겠지요. 그러나 우리는 인민이 보낸 사람입니다. 그러므로 우리는 용기를 내서 자유롭게 우리의 임무를 수행합시다. (……)

우리는 맹세했습니다. 그리고 우리의 맹세는 헛되지 않을 것입니다. 우리는 프랑스 인민의 권리를 되찾아주겠다고 맹세했습니다. 인민은 우리에게 헌법을 요구합니다. 우리가 없으면 누가 헌법을 만들 수 있겠습니까? 우리가 아니면 누가 헌법을 만들겠습니까? 여러분의 선거인들을 대표할 권리를 그 어떤 힘으로 빼앗을 수 있단 말입니까?"

시에예스 신부의 말이 끝나자 우레 같은 박수가 터졌고 국회는 이미 결의한 내용을 지키겠다는 의지를 만장일치로 채택했다.

이제 미라보 백작이 나섰다. 경제학자인 미라보 후작의 아들이며 아버지와 사이가 별로 좋지 않던 그는 포르노그래피 성격의 글도 쓰고, 때로는 경찰에 협력하기도 하고, 또 외국에 첩자로 파견되기도 하다가 1789년을 맞았다. 그는 귀족 대표로 뽑히지 못하고 제3신분 대표로 뽑혀 전국신분회로 나아갔다. 그가 그때까지 살던 방식을 보면 국회에서 활약하면서 왕과 국민의 대표를 화해시키려는 중개자 역할을 한 것은 자연스럽다. 그는 정치적 감각이 뛰어난 데다 특히 웅변의 천재였다. 그는 자서전에서 이렇게 자랑했다.

"내가 쩌렁쩌렁한 목소리로 연설을 하면 그 누구도 감히 막지 못했다."

사실 그는 한때 호통을 쳐서 왕의 의전담당관을 죄드폼 밖으로 내치지 않았던가?

"오늘 나는 국회 안에서 자유가 아름다운 열매를 맺는 것을 보면서 자유를 축복합니다. 우리가 이룬 과업을 굳건하게 만들도록 합시다. 우리 전국신분회의 대표들은 신성한 존재임을 선언합니다. 우리는 두려워해서는 안 됩니다. 확신을 가지고 행동하자는 뜻입니다. 왕좌를 둘러싼 격렬한 충고에 제동을 걸려는 뜻입니다."

국회는 미라보가 발의한 안건을 잠시 토론을 거친 뒤 반대 34표, 찬성 493표로 통과시켰다.

"국회의원은 신성한 존재임을 선언한다. (그 누구라도 국회의원을 해치는 사람이 있다면) 국회는 필요한 수단을 모두 동원하여 그렇게 행한 자와 사주한 자를 철저히 조사·추적·처벌할 것이다."

6월 23일 루이 16세는 절대군주정의 원칙으로 되돌아가려고 막다른 골목으로 스스로 들어갔다. 나중에 의전담당관이 그에게 회의장에서 쫓겨난 이야기를 보고했더니 루이 16세는 대수롭지 않은 듯이 이렇게 말했다.

"남을 테면 남으라지."

루이 16세가 약해진 것인가, 아니면 제3신분이 강해진 것인가? 『전국신분회 신문Bullétin des Etats-Généraux』에 실린 편지에서 그 실마리를 찾아볼 수 있다. 이것은 브로이 원수가 콩데 공에게 쓴 편지다.

내가 항상 예상했고, 각하께 전에 말씀드렸듯이 국민의 대표들은 대부분 굶주린 늑대처럼 희생자를 찾고 있으며, 귀족이 그들의 희생자가 될 것입니다. (……) 제3신분은 우리가 인정해준 것보다 훨씬 강해졌습니다. (……) 숫자가 많기 때문에 우리는 그들을 짓누르고 기를 꺾지 못할 지경입니다. 그러나 나는 기꺼이 부하 5만 명으로 이 우쭐대는 인간들과 그들의 말에 귀를 기울이고 박수치면서 용기를 북돋우는 멍청이들을 해산시키고 싶습니다. 대포 한 방, 소총 사격이면 이 논쟁가들을 곧바로 흩어버리고, 그들이 차지해버린 공화주의 정신을 박살내어 절대권을 되살릴 수 있을 것입니다. 그러나 위험의 한가운데서 잠이 들면 안 되겠지요. 유능하고 의지가 확고한 사람들이 소집단으로 혁명에 힘쓰고 실천해야 할 것입니다. 그렇게 하면 그 어떤 음모도 쓸모가 없어지겠지요.

그런데 루이 16세는 브로이 원수가 지휘하는 병력 2만 명을 베르사유에 집결시켰음에도 그들에게 명령하여 국회를 해산시키지 않았다. 브로이 원수는 기꺼이 무력을 동원할 준비를 갖추고 명령만 기다리고 있었는데, 왜 루이

16세는 명령을 내리지 않았을까? 한 가지 이유를 생각해볼 수 있다. 민중은 회의장 밖에 모여 의원들이 안에서 토론하고 결정한 결과를 전해 듣기를 목을 빼고 기다렸다. 한편 네케르가 해임되었다는 소문이 퍼졌다. 소락청에 남아 있던 의원들이 회의를 마치고 해산한 뒤 민중은 술렁거리더니 베르사유 궁으로 달려갔다. 군인들은 꿈쩍하지 않았다. 프랑스 수비대는 총을 쏘라는 명령을 받고서도 복종하지 않았다. 민중은 네케르의 아파트로 가면서 그의 이름을 계속 외쳤다.

네케르는 그때 베르사유 궁에 불려갔다가 나왔다. 그는 사람들에게 자신이 해임되지 않았다고 말했고, 의기양양한 민중은 그를 호위해 집무실로 데려갔다. 그날 밤 사람들은 불꽃놀이를 했고 저마다 횃불을 들고 다녔다. 귀족을 만나면 모욕했다. 네케르를 해임하라고 건의했다는 혐의를 받은 파리 대주교는 마차에서 황급히 내려 생루이 교회로 피신했다. 왕은 이러한 상황에서 국회를 섣불리 건드리기 어려웠을 것이다.

이렇게 볼 때 제3신분이 국회를 선포하고 주도하면서 왕의 의지를 꺾은 것은 큰 의미를 가진다. 더욱이 그들은 "루이, 당신만 신성한가? 우리도 신성하다"라는 듯이 의원의 면책특권을 결의했다. 이로써 국회가 스스로 자신의 지위를 높였고 왕은 즉각 대응을 하지 않았지만, 그때부터 '혁명'은 아직도 수많은 사건과 함께 흘러간다. 아무도 예측하지 못한 일이 하나하나 일어났고, 또 이후로도 그런 일을 겪으면서 얼마간의 세월이 지난 뒤 돌이켜보았을 때 비로소 "우리가 이런 일을 겪었고 해냈던가?"라고 깜짝 놀라는 그런 것, 그것이 바로 혁명이다. 그리고 혁명은 예전의 신성한 권력을 부정하면서 새로운 권력을 만드는 것이다. 전국신분회의 제3신분이 국회의 '평민'이 되었고, 왕처럼 '신성한 존재'가 되면서 혁명의 중요한 첫걸음을 내디뎠다. 이로써 정치적 앙시앵레짐은 6월 23일로 죽었다.

6월 24일 종교인 대표가 다수의 '평민 대표들'에게 투항했다. 25일에는 오를레앙 공작, 뒤포르, 라 로슈푸코 공작을 포함해 귀족 47명이 국회에 합류했다. 6월 27일에 왕은 종교인 대표 라 로슈푸코 추기경과 귀족 대표 뤽상부르 공작에게 각각 편지를 써서 제3신분과 합류해 회의를 하라고 명령했다. 평민이 주도권을 잡은 국회에 다른 두 신분이 마지못해 참가하게 된다는 것은 시곗바늘을 원점으로 되돌리기 힘든 상황이 되었음을 보여준다. 이것은 평민의 완전한 승리였고 절대군주정은 옛 시대 유물이 되었다. 이것은 개혁을 바라지 않는 귀족과 종교인 선거인단이 자기네 대표에게 준 강제위임장을 왕이 무효화시킨 중대한 의미를 지닌 사건이다. 라 로슈푸코 추기경이 종교인 대표들을, 뤽상부르 공작이 귀족 대표들을 이끌고 평민의 회의실로 들어섰다. 라 로슈푸코 추기경이 말했다.

"여러분, 우리는 왕을 사랑하고 존경하기 때문에, 평화를 바라기 때문에, 국가의 행복을 열망하기 때문에 이곳에 왔습니다."

뤽상부르 공작이 그 뒤를 이어서 말했다.

"여러분, 귀족 신분은 오늘 아침 국민의 회의실에 합류하기로 결의했습니다. 그리하여 왕에게 존경을 표시하고, 국민에게 우리의 애국심을 보여주려고 이 자리에 왔습니다."

이렇게 해서 열흘 만에 국회가 완전히 구성되었다. 국회는 6월 30일부터 공식적으로 활동하기 시작했다. 그럼에도 반혁명을 꿈꾸는 세력은 눈을 똑바로 뜨고 사태를 지켜보면서 모든 수단을 동원할 태세를 갖추었다.

바스티유
정복

제 2 부

1
혁명의 중심지 파리

"혁명을 일으킨 것도 파리요, 혁명을 망친 것도 파리다."(루이 세바스티앵 메르시에, 『새로운 파리Le Nouveau Paris』, 제2장)

혁명과 반혁명의 관계를 따지는 것은 부질없는 일처럼 보인다. 마치 달걀과 닭의 관계를 따지듯이. 그럼에도 혁명을 얘기하다 보면 모두가 혁명을 찬성하고 능동적으로 가담하는 것처럼 보이기 때문에 거기에 저항하는 세력이 존재한다는 사실을 상기할 필요가 있다. 수구세력은 어떠한 개혁도 싫어한다. 이 같은 사람은 기득권을 잃어가는 과정에서 개혁세력을 증오하게 된다. 개혁도 바라지 않는데 하물며 혁명까지야. 그런 사람은 진정한 반혁명anti-révolution의 성향을 보여준다. 1789년 프랑스에서 일어나는 사건이 자신에게 불리하기 때문에 도저히 참고 살 수 없다고 생각하는 사람들은 7월부터 보따리를 싸들고 외국으로 나갔다. 왕의 작은 동생 아르투아 백작이 대표적인 사례다. 엄밀히 말해 이러한 수구세력은 혁명을 증오한다.

그러나 혁명세력이 '애국자'라는 이름을 얻고 반대세력을 억압하는 상태에서 외국으로 가지 못하는 사람은 혁명의 흐름에 억지로 끌려간다. 예를 들어 루이 16세는 1789년 5월 이후 개혁에 기꺼이 찬성하지 않았으며 그 흐름을 막거나 완화시키려고 자신이 할 수 있는 일을 했다. 그는 반동세력의 중심이었다. 이렇게 해서 반동혁명contre-révolution을 생각할 수 있다. 이처럼 반혁명과 반동혁명의 두 가지 뜻을 분명히 구별할 수 있겠지만 앞으로 두 말을 구별하지 않고 반혁명으로 부르겠다.

반혁명의 현실은 복잡하다. 한때는 혁명을 함께 논하면서 경쟁하던 사람들이 혁명을 진행하거나 마무리하는 일에서 합의를 보지 못하고 권력투쟁을 하게 될 때 서로 반혁명주의자라고 비난했다. 결국 권력을 잃은 사람이 반혁명주의자가 되어 탄압을 받는 사례를 혁명기 국회, 파리 코뮌, 파리와 지방도시 또는 농촌에서 무수히 찾을 수 있다. 그럼에도 혁명과 반혁명의 관계를 따지는 일은 어느 정도 시간이 지나면서 가능해졌다. 왜냐하면 오늘날 우리가 주목하는 6월 17일부터 27일 사이의 국회도 기묘한 모습을 보여주었기 때문이다. 국회는 왕의 명령을 거역하지만 왕의 존재 자체를 거부하지는 않았다. 한마디로 1789년의 5월과 6월은 절대군주정과 혁명이 공존한 시기였다. 1789년부터 1794년 테르미도르 반동까지 무사히 살아남은 사람이 자신을 돌이켜보며 자신도 어느 시점에서는 반혁명주의자였다고 생각했을 법하다.

루이 16세야말로 반혁명세력의 우두머리요 중심이었다. 그는 국회를 마지못해 인정했지만 틈만 나면 사태를 거꾸로 돌리거나 지연시키려고 노력했다. 그럼에도 그는 6월 23일에 자기가 한 말―전국신분회 대표가 자기 임무에 충실하지 않는다면 그는 프랑스인이 아니다―을 제3신분 대표들이 무시한다는 보고를 받고서도 "남을 테면 남으라지"라고 말하고, 또 6월 27일에 귀족과 종교인 대표들에게 국회에 합류하라고 한 것은 무슨 속셈이 있었기 때문일까? 그가 결단력이 부족하고 망설인 것은 틀림없는 사실이다. 그럼에도 이미 보았듯이 왕은 6월 23일부터 병력을 베르사유와 파리에 불러 모았다.

1789년 왕의 병력은 모두 16만 명 정도였다. 그들은 거의 직업군인으로 104개 연대를 구성했다. 이 가운데 외국인 연대가 23개로서 스위스인 부대가 11개, 독일인 부대가 8개, 아일랜드인 부대가 3개, 리에주인 부대가 1개였다. 그리고 병사의 3분의 1 정도가 16년 이상 근무한 싸움꾼들이었다. 외국인 부대는 왕에게 충성하는 부대였지만 프랑스 수비대 병사들 가운데 말을 듣지 않는 사람이 생겼다. 왜 그랬을까? 물론 불만 때문이고 그 원인은 여러 가지였다.

신병에 대해 알아보면 당시의 총을 자유롭게 다룰 만큼 키가 크면 클수록 좋겠지만 1.65미터 이상 건강한 남자면 뽑힐 수 있었다. 신병은 1년에 120리브르 정도 받았다. 하루 6.6수 정도였다. 나이가 열여덟 살이나 열아홉 살이면 90, 95 또는 100리브르 정도를 주기로 하고 뽑았다. 계약기간은 최소 4년에서 최대 8년이었다. 일단 복무계약서를 쓰면 용모를 기록했다. 키, 얼굴의 특징, 혈색과 눈동자 색깔까지 자세히 기록했다. 헌병이 탈영병을 추적할 때 이 자료를 이용했다.

병사들 가운데 가장 많이 받을 수 있는 하루 급료는 8수였는데 그 돈을 가지고 식량, 속옷, 신발을 스스로 해결해야 했다. 1789년에 병사들은 보통 하루치 빵(735그램)을 사려고 급료의 반을 썼다. 그래서 근무가 없을 때는 밖에서 일자리를 찾아 부족한 돈을 벌었고, 장교들도 이를 못 본 체해주었다. 더욱이 8년 동안 복무해야 했으니 병사들의 불만이 얼마나 컸을지 쉽게 상상할 수 있다. 규율을 지키지 않는 병사에 대한 벌도 가혹했다. 프러시아 군인의 채찍형이나 몽둥이찜질을 프랑스식으로 변형해 칼날로 등을 때렸다. 물론 모든 병사가 명령에 복종하지 않았다는 말은 아니다. 6월 24일, 25일, 26일에 병력이 베르사유에 배치되어 전국신분회 회의실로 들어가려는 민중을 가로막았다.

왕이 소집한 병력 가운데 프랑스 수비대 병사들은 민중에게 우호적이었고 민중이 군대 앞에서도 두려워하지 않고 국회를 지지했기 때문에 왕과 반혁명세력은 기세가 꺾였다. 민중은 날마다 국회 회의장으로 몰려가 회의장 문을 흔들었고 의원들이 나서서 설득해야 비로소 해산했다. 특히 25일 저녁에는 파리 대주교가 마차를 타고 가다가 국회 앞에 모여 있던 민중의 습격을 받았다. 그는 소수파 제1신분 대표회의실의 의장이었다. 그는 23일에도 그랬듯이 이번에도 마차를 끄는 말들이 빨리 달려준 덕택에 무사했다. 프랑스 수비대와 스위스 수비대가 왕실근위대의 도움을 받아 대주교를 살리려고 달려갔고 그 광경을 본 민중은 더욱 흥분했다. 민중은 대주교가 국회에 합류하겠다고 약속하는 선언문을 낭독한 뒤에야 누그러졌다.

같은 날인 25일, 파리에서는 전국신분회 선거인단이 모여 국회에 보내는 글을 채택했다. 이미 말했듯이 그들은 전국신분회가 열린 뒤에도 계속 모였다. 자신들이 전국신분회에 보낸 대표들의 행동을 감시하고, 파리의 의견을 그들에게 신속히 전달할 필요가 있었기 때문이다. 그들은 20명으로 대표단을 꾸려 베르사유로 보냈고, 대표단은 26일 국회에 갔다. 팔레 루아얄의 카페 드 푸아에서도 국회에 보내는 글을 작성했는데 3,000명의 서명을 받아 26일 베르사유의 국회로 보냈다. 26일 국회는 파리에서 지원세력이 도착한 덕에 큰 힘을 얻었다. 왕국의 전통적인 수도는 국회가 내린 결정과 앞으로 할 일을 보증한다는 표시를 확실히 보여주었기 때문이다. 왕의 군대가 베르사유와 파리 사이에 모여 있고 회의실에 방청객이 마음대로 드나들지 못하게 막는다 할지라도 국회는 고립되지 않았던 것이다. 왕은 이 사실을 보고받은 뒤 저녁에 회의를 열고, 이미 보았듯이 귀족과 종교인 대표에게 27일 국회에 합류하라는 명령을 내렸던 것이다.

군대와 파리 사람들의 관계는 미묘했다. 6월 20일부터 파리에 병력이 대기했다. 25일 프랑스 수비대의 부사관들(신분사회에서는 하사관이라 불렀다)이 병력을 인솔해 주둔지를 나섰다. 그들은 두 줄로 정렬해 파리 시내를 지나 팔레 루아얄로 갔다. 거기서 그들은 파리 시민들의 열렬한 환영을 받았고 양측은 우애를 다졌다. 부사관과 병사는 모두 제3신분이었기 때문에 그들은 하나가 될 수 있었다. 모두 한목소리로 "제3신분 만세! 국민 만세!"를 외쳤다. 한바탕 축제분위기에 휩싸인 뒤 병력은 다시 질서를 지키면서 병영으로 돌아갔고 그 뒤 그들은 자주 그렇게 평화적으로 행진했다. 그리고 병사들 사이에는 비밀조직이 생겼다. 거기에 가담한 병사는 국회에 해로운 명령에는 복종하지 않기로 결심했다. 그들은 밤에 모여 회람을 만들었는데 어떤 장교가 회람을 돌리던 병사를 잡았고, 그렇게 해서 비밀조직을 적발했다. 그러나 누가 그 조직을 만들었는지 밝혀내지는 못했다.

6월 29일 시청에서 파리 선거인단 407명은 총회를 열고 파리의 부르주아 민병대를 조직하기로 결정했다. 그 민병대는 한편으로 국회와 파리를 손아귀에 넣고 흔들려는 왕에게 저항하고, 또 한편으로 파리 민중이 전면에 나서고 무장하는 것을 막으려는 목적을 갖고 있었다. 6월 30일에는 파리 주민들이 27일 세 신분이 함께 국회에 참여하게 된 일을 대대적으로 축하했다. 그날 저녁 사람들이 팔레 루아얄의 카페 드 푸아에 모였을 때, 베르사유의 국회에서 귀족 의원 일부가 자기네 선거인단이 '개인별 투표'에는 절대 참여하지 말라고 명령했기 때문에 새로운 명령을 받을 때까지 의사결정에 참여하지 않겠다고 했다는 소식을 들었다. 그들은 몹시 분개했다.

그들의 분노를 더욱 부추기듯 급보가 날아들었다. 프랑스 수비대 병사 11명이 보낸 편지였다. 병사들은 비밀조직에 가담했다가 적발되어 생제르맹 데프레 문밖의 아베 감옥에 갇혀 있었다. 아베 감옥은 원래 말을 듣지 않는 병사들을 가두던 곳인데 나중에는 반혁명혐의자도 가두는 감옥이 된다. 11명은 그날 밤 안으로 비세트르로 이감된다고 했다. 비세트르는 사악한 범죄자를 가두는 곳이었기 때문에 카페에 있던 사람들은 수비대 병사들을 그곳으로 이감한다는 소식을 듣자마자 밖으로 뛰쳐나갔다. 한 사람이 의자 위에 올라서서 외쳤다.

"여러분, 베르사유에서 우리 시민들이 피를 흘리지 않게 지켜준 용감한 병사들이 아베 감옥에 갇혔습니다. 그들을 구하러 갑시다!"

사람들이 모두 "아베 감옥으로 가자!"고 외치면서 몰려갔다. 근처에 있던 병사들이 도와주겠다고 나섰지만 젊은이들은 그들에게 고맙다고 말하면서 도움을 사양했다. 처음에 팔레 루아얄의 카페 앞을 출발할 때는 부르주아 200명 정도였지만, 길에서 노동자들이 쇠막대를 들고 합세하고 무심코 지나가던 행인들도 합류했다. 감옥 앞에 다다를 때까지 거의 4,000명이 모였다.

그들은 쇠몽둥이, 망치, 도끼로 옥문을 부수고 들어가 병사들을 구해주었다. 그때 용기병 부대가 칼을 들고 말을 달려 들이닥쳤다. 그 뒤에 경기병 부대가 역시 칼을 빼들고 도착했다. 민중은 말고삐를 잡았다. 경기병은 칼을 칼집에 넣었고 용기병은 평화의 표시로 모자를 벗었다. 민중과 군인들이 하나가 되어 포도주를 나눠 마셨다. 이것은 프랑스 혁명의 3대 구호(자유, 평등, 우애) 가운데 가장 현실적이고 구체적인 우애(형제애), 곧 단결의 행동이었다. 그들은 충심으로 왕과 국민을 위해 축배를 들었다.

파리 사람들은 비밀조직원 11명과 함께 갇힌 다른 병사들도 구출해 팔레 루아얄로 의기양양하게 돌아갔다. 아베 감옥에 몇 년째 갇혔던 늙은 병사도 이때 구출되었다. 그는 다리가 부어 잘 걷지 못했기 때문에 사람들이 들것에 실어 날랐다. 사람들은 팔레 루아얄의 바리에테 극장에 야전침대를 마련해 놓고 아베 감옥에서 구출한 병사들을 쉬게 했다. 그러나 파리 사람들은 병사 가운데 중죄인이 있음을 알고 그를 아베 감옥으로 돌려보냈다. 그들은 불행한 사람은 보호해주지만 범죄자를 보호하지는 않겠다는 의지, 말하자면 질서를 지키려는 의지를 보여주었다. 군 당국은 체면을 세우려고 파리에서 병사들을 되찾아오겠노라고 포고했다.

7월 1일 군 당국의 위협을 받고 다급해진 파리 대표들은 국회로 찾아가 파리 민중이 아베 감옥에 갇힌 병사를 구출한 사건에 대해 왕에게 중재해달라고 요청했다. 이때 국회는 무척 곤란해졌다. 의장은 먼저 파리 대표들이 가져온 편지만 접수하고 회의장으로 들여보내달라는 요청을 거절한 뒤 의원들에게 의견을 물었다. 만일 국회가 파리 민중과 왕 사이에 개입한다면 행정부를 간섭하게 되는 동시에 파리 민중과 병사들의 불복종운동을 인정하는 부담을 안게 될 터였다. 따라서 군주정을 정면으로 부정할 의지가 없이 출발한 국회는 그 문제를 슬기롭게 해결해야 했다. 그렇다면 왕의 의지에 맡겨야 하는가? 그것은 군대를 반혁명에 동원하도록 하는 것이다. 수많은 사람 중에 렌의 변호사 출신인 르 샤플리에가 일어섰다.

"나도 여러분처럼 입법권과 행정권을 구별합니다. 그러나 우리는 이 상황에서 그 차이에만 엄격하게 매달려야 합니까? 우리는 불의와 전제정의 불행한 희생자들을 구할 수 없단 말입니까? (……) 파리에서 왜 반란이 일어났던가요? 그것은 왕이 회의를 주재했기 때문이고 전국신분회를 억압했기 때문이 아니던가요? 이것은 행정권이 입법권을 침해한 것입니다. 앞으로 두 권력 가운데 한편이 다른 편을 억누르는 일이 언제나 일어날 수 있으며 그것은 치명적인 결과를 가져올 것입니다."

국회는 이날 하루 종일 이 문제를 논의했다. 마침내 타르제와 부플레르의 안을 절충해 파리 대주교 르클레르 드 쥐네를 포함하여 16명으로 구성한 대표단을 왕에게 보내 파리 사태를 평화롭게 해결해달라고 요청했다.

"국회는 파리를 술렁거리게 만든 소요사태에 대해 한탄합니다. 국회는 그 문제는 오로지 왕의 권한에 속한 것이라는 사실을 인정합니다. 의원들은 왕의 권위를 마음 깊이 존경합니다. 프랑스의 안전은 왕의 권위에 달려 있습니다. (……)

국회는 전하께 정중히 대표단을 보내 죄를 지은 사람들에게 자비를 베푸시고, (……) 평화를 되찾아주시기를 간청합니다."

왕은 아베 감옥 사건을 기회로 삼아 파리의 질서를 회복시키려고 결심했다. 7월 2일 파리 대주교에게 편지를 보내면서 그 편지를 '전국신분회'(왕은 아직도 국회를 인정하고 싶지 않았다)에서 읽으라고 명령했다.

과인은 6월 30일 저녁에 일어난 일에 대해 정확히 보고받았소. (……) 모든 신분, 단체, 성실하고 평화를 사랑하는 모든 시민은 힘을 다해 공공질서를 보호하는 법을 지켜야 한다고 생각하오. 그러나 과인은 질서가 회복되면 선의로 봐주려 하오. 국민 대표들의 의회가 처음으로 과인에게 관용을 요청할 때 과인이 관용을 베풀었다는 사실에 대해 나무라지 않기 바라오. 그러나 과인은 수도에 질서를 되찾기 위해 과인이 취하려는 모든 조치가 성공하도록 국회도 똑같이 노력하리라는 사실을 의심하지 않소. 방종과 불복종 정신은 모든 행복을 파괴하고 있소. 만일 그 정신이 더욱 널리 퍼진다면 모든 시민의 행복은 파괴되고 그들의 확신도 흔들릴 것이오. 그뿐만 아니라 국민 대표들이 헌신하게 될 사업의 결과를 인정하지 않게 될 것이오.

과인의 편지를 전국신분회에 알리고 과인이 대주교를 얼마나 존중하는지 의심하지 않기 바라오. 1789년 7월 2일 루이.

루이 16세는 먼저 질서부터 찾아야 관용을 베풀겠다고 했다. 왕이 관용을 베푼다고 했기 때문에 파리 시민들도 그의 말을 따라야 했다. 그들은 구출한 병사들을 아베 감옥으로 되돌려 보냈고 왕은 5일에 병사들을 사면해주었다.

루이 16세가 파리 대주교에게 보낸 편지에서 '관용'만 찾아내면 그의 뜻을 제대로 이해하지 못한 셈이다. 그는 단서 조항을 달았다. 만일 방종과 불복종 정신이 널리 퍼진다면 국민 대표들이 하려는 사업을 인정해주지 않을 것이라고 했다. 이 말은 무슨 뜻인가? 루이 16세는 지난 열흘 동안 국회를 직접 공격하기는 어렵기 때문에 그 배후세력을 먼저 분쇄하는 것이 올바른 순서임을 깨달았다. 그래서 그는 파리에 병력을 머물게 하면서 파리를 진압할 명분을 찾고 있었다. 그는 6월 26일부터 국경지대에서 4개 연대를 파리와 베르사유로 이동시켰다. 이렇게 해서 7월 1일에는 병력이 2만 명 이상 모였다. 브로이 원수를 총사령관으로 임명해 언제라도 소요사태를 진압할 태세를 갖추었다. 프랑스 수비대 병사들이 새로운 분위기에 휩쓸렸다 할지라도 외국인 부대는 언제라도 맹수로 돌변할 수 있었다. 프랑스 왕에게 가장 충성스러운 병사는 외국인 용병들이었다. 왕은 의도적으로 6개 외국인 부대를 불러 파리의 샹드마르스(연병장)에 주둔시키고 파리를 위협했던 것이다.

파리와 지방에서 프랑스 수비대 병사들이 명령에 복종하지 않는 사례가 늘었다. 어떤 프랑스 수비대는 베르사유에서 순찰업무를 맡긴다는 이유로 복종하지 않았다. 또 몇 개 부대는 파리로 가서 제멋대로 대열을 이탈해 팔레 루아얄로 달려가 파리의 젊은이들과 형제처럼 친해졌다. 어떤 병사는 만일 동료 시민을 쏘라는 명령을 받는다면 절대 복종하지 않겠다고 당당히 말했다. 지방에서도 마찬가지였다. 베튄에서 기근 때문에 폭동이 일어났을 때 병사들은 발포명령을 받고서도 모두 총을 내려놓았다. 그리고 그곳 주민들이 각각 병사 한 명씩 끌고 자기 집으로 가서 밥을 먹이고 재웠다. 더욱이 그곳 부르주아들은 그 부대가 머무는 동안 병사의 급료를 더 많이 지불하려고 돈을 걸었다. 이렇게 해서 병사들은 그곳 부르주아들과 형제가 되었다.

이런 현실에서 어떤 병사는 연대장에게 다음과 같이 편지를 써서 따졌다.

"당신은 용감한 사람들을 마치 검둥이처럼 취급합니다. 당신은 당신과 평등하고 형제 같은 사람들을 때립니다. 당신이 만든 제도 안에서는 더는 프랑스인도, 시민도, 아들도 될 필요가 없습니다. 당신은 우리가 가정의 남편도 아버지도 아니기를 바랍니다. 당신은 늙은 하사가 생탕투안 거리에서 당신의 피비린내 나는 명령을 양심적으로 거부했다는 이유로 강등시키면서 우리에게 겁을 주려 했지만, 어림도 없습니다."

또 어떤 병사는 국회에 편지를 써서 군대조직의 문제에 대해 불평했다. 군대가 오직 귀족만 우대하기 때문에 민중계급 출신이 제아무리 공을 쌓고 용감하다 할지라도 장교가 되는 길이 막혀 있다고 그는 통탄했다. 이렇게 변화를 갈구하는 병사가 늘었기 때문에 왕당파는 병사들의 정신이 더 물들기 전에 민간인과 접촉하지 못하게 막으려고 헛고생을 했다.

왕당파는 민중을 부추기고 병사들의 충성심을 약화시키는 사람은 오를레앙 공 루이 필리프 2세라고 했다. 그는 누구인가? 가장 거물급 왕족으로서 루이 15세의 섭정 오를레앙 공 필리프 2세의 손자였다. 루이 13세의 손자이며 루이 14세의 조카인 섭정은 팔레 루아얄을 1692년에 물려받은 뒤 그곳에서 친구들과 함께 남의 눈을 아랑곳하지 않고 방탕하게 놀았다. 당시 사람들은 그들을 '개차반', '개망나니', '쳐죽일 놈들roués'이라 불렀다. 팔레 루아얄에는 당시 오페라 극장, 바리에테 극장, 카페 같은 시설이 있었기 때문에 늘 사람이 많이 드나들었다. 18세기 말 극작가이자 문화비평가이며 혁명기 국민공회 의원으로 활동한 루이 세바스티앵 메르시에Louis-Sébastien Mercier는 "한때 팔레 루아얄이었던 팔레 에갈리테"에 대해 이렇게 썼다.*

"가장 아름다운 열매도 처음에는 아주 미미하게 썩기 시작하다가 나중에 전체가 썩어버린다. 그렇듯이 팔레 루아얄도 한 점 얼룩일 뿐이었지만 결국 우리의 풍속을 두루 타락시켰다."

팔레 루아얄의 정원은 여론을 탄생시키는 곳이기도 했다. 그곳에는 리슐리외 추기경이 심었다고 전하는 마로니에가 있었는데 그 풍성한 그늘 밑에 소식통들이 모여들었다. 거기서 온갖 잡설이 오갔고 또 나뭇잎과 가지가 바람에 삐걱거리는 소리(크라크)를 냈기 때문에 그 나무를 특히 '크라쿠프 나무'라 불렀다. 그런데 루이 필리프 2세는 빚을 많이 졌기 때문에 오래된 나무를 모두 베어버리고 거기에 건물을 지어 세를 놓았다. 그때 크라쿠프 나무도 잘렸다. 팔레 루아얄의 정원에는 카페, 극장, 보석상, 잡다한 가게, 노름집이 들어섰고 사람들이 밤낮으로 드나들었다. 오페라나 연극을 보러 가는 사람, 그

---

* "Palais-Egalité, ci-devant Palais-Royal", in *Le Nouveau Paris*. 혁명은 왕정, 기독교와 관련된 이름도 바꾸었다. 루이 필리프 2세는 급진적 혁명가들과 어울리면서 나중에 '평등Egalité'이라는 뜻의 '에갈리테'로 이름을 바꿔 '필리프 에갈리테'가 되었다. '루아얄'은 왕을 뜻하기 때문에 혁명 정신에 어긋났던 것이다.

들에게 음료를 팔거나 먼지를 털어주고 돈을 버는 사람, 게다가 창녀들까지 드나들었다. 이 정원에 사람들이 모여 술렁거리고 아베 감옥에 갇힌 병사들을 구출한 뒤 극장에 잠자리를 마련해주는데도 루이 필리프 2세는 계속 정원을 개방했으니, 아니 사실상 정원을 닫을 수 없었으니 왕당파에게는 그를 의심할 근거가 충분했던 것이다. 더욱이 파리 사람들은 7월 2일에도 팔레 루아얄에 모여 시위를 벌였다.

왕당파가 파리 민중을 부추기는 배후인물로 오를레랑 공 루이 필리프 2세를 지목했다면 애국파의 마라Marat는 대신들이 왕을 부추겨 군대를 동원했고 그 때문에 소요사태가 발생한다고 진단했다. 훗날 『인민의 친구』를 발간하면서 날마다 사람을 더 많이 죽여야 한다고 말한 마라는 뜻밖에도 7월 1일에는 차분했다. 그는 『인민에게 드리는 글, 또는 가면을 벗은 대신들Avis au peuple, ou les Ministres dévoilés』에서 이렇게 말했다.

"오, 나의 동료 시민들이여, 당신의 행동을 통제하려는 대신들의 행동을 언제나 관찰하시오.

그들의 목적은 우리의 국회를 해체하는 것이며 그들의 유일한 수단은 내 전입니다.

그들은 병사들과 총칼을 동원해 여러분을 포위했습니다. 그들이 불을 지르려는 계획을 꿰뚫어보십시오. 그들이 이 살인의 도구들을 동원한 이유는 여러분을 억누르려는 것이 아니라 여러분을 부추겨 반란을 일으키게 만들려는 것입니다. 그러니 제발 조용히 평화를 지키십시오. 다시 한번 호소하오니 질서를 지키십시오. 그들의 끔찍한 발작을 무시하십시오. (……) 정의와 보복의 날이 오리니."

그러나 마라가 생각하듯이 사람들이 차분해진다는 것은 힘들었다. 무엇보다도 그들은 생활고를 견디면서 전국신분회에 희망을 걸었지만 당장 생활이 나아지지 않았기 때문에 전보다 더욱 불만이 컸다. 세상이 바뀐 것 같아 그만큼 기대가 커졌는데 현실은 더더욱 악화되었을 때 그들이 어떻게 질서를 지킬 수 있겠는가? 더욱이 도처에서 병사들이 무력시위를 하는 상황이었다. 바스티유 요새 사령관 로네 후작은 6월 30일 아베 감옥이 습격당한 것을 보고 잔뜩 겁을 먹어 바스티유에 무장을 강화했다. 경비를 두 배로 늘리고 대포를 전면에 배치했다. 병력도 지원받아 살리스 사마드 연대가 요새에 합류했다. 각종 탄약차가 요새로 들어가고 로네 사령관이 베르사유로 자주 왕래하면서 명령을 받았다. 포르스 감옥도 민중의 습격에 대비해 50명을 증원해서 지켰다.

7월 7일 국회는 헌법위원회 위원 30명을 선출하면서 제헌의회가 되었다.* 이 뜻깊은 날, 독일인 연대가 뮈에트에 도착해 불로뉴 숲에 진을 쳤다. 3개 스위스인 연대가 샹드마르스에 진을 치고 프로방스 백작의 보병부대가 8일 생드니에 도착했으며 오후부터 포병대의 탄약보급차가 군원호원(앵발리드)**으로 줄지어 모여들었다. 장 조레스는 『사회주의 역사Histoire socialiste』에서 이 상황을 구체적으로 설명했는데 그 내용을 요약하면 다음과 같다.

---

* 자세한 내용은 제3부에서 다시 다룬다.
** 군원호원Invalides은 루이 14세가 세운 기관으로 상이군인, 환자, 불구자를 보호했다. 건물은 그 시대 최고의 건축가인 망사르Mansart가 지었고 최고 7,000명까지 수용할 수 있었다. 1674년 4월 "군원호원 설립에 대한 왕령Edit portant l'établissement de l'hôtel des Invalides"에서 대상자를 "복무 중에 늙거나 전장에서 다친 불쌍한 장교와 병사들"로 정하여 이 퇴역군인들이 가난하게 살면서 빌어먹을 처지에 들어가지 않도록 도와주고 보호해준다는 뜻으로 세웠다. 군대 규율을 적용해 결혼한 경우를 제외하고 외박을 금지하며 푸른 제복을 입혔다. 모든 이에게 개별침대와 날마다 일정한 포도주를 제공했다.

왕은 6월 23일 이후 확실히 깨달았다. 파리가 국회를 지원하는 한 국회를 꺾을 수 없다는 사실, 그러므로 먼저 파리의 질서를 잡고 국회를 베르사유에 고립시키면서 절대군주정을 회복해야 한다는 사실. 만일 군대가 파리에서 대기상태로 들어가 파리 시민을 두렵게 한다면 국회가 가야 할 길은 두 가지 방향에서 예상할 수 있었다. 하나는 왕과 명분을 공유하여 파리의 질서를 바라는 길, 그렇다면 국회는 파리에서 툭하면 소요사태를 일으키는 민중의 신망을 잃게 될 것이다. 또 한 가지는 왕에게 파리에서 군대를 빼달라고 하는 길. 이때 왕은 국회가 모든 무질서의 근원이라고 하면서 무기한 정회를 할 명분을 얻을 수 있을 것이다. 두 경우 모두 군대는 파리의 소요사태를 진압해 국회를 가까이서 지지하는 세력을 분쇄하거나 한 걸음 더 나아가 국회를 공격할 수 있게 될 것이다.

국회와 파리의 선거인단 407명은 어떻게 대처해야 할 것인가? 국회에서 미국의 밀을 수입하는 문제를 다룬 뒤 미라보 백작은 파리의 질서와 왕의 조치에 대해 긴 연설을 시작했다. 그는 왕이 7월 2일에 파리 대주교에게 보낸 편지에서 말한 '조치'의 성격이 분명치 않아서 의심스럽고 두렵다고 말문을 연 뒤, 국회는 이 조치에 대해 왕의 설명을 요청해야 했음에도 그렇게 하지 못했다고 안타까워했다.

"이제 파리와 베르사유 주변에는 병력이 도처에서 모여들어 3만 5,000명이나 되고, 앞으로 또 2만 명과 함께 탄약차가 속속 도착할 것입니다.

이미 도착한 군인들은 모든 교통통신 수단을 장악했습니다. 도로, 다리, 산책길마다 초소를 세우고 지켰습니다. 군사행동이 공공연히 일어나기도 하지만 비밀명령을 받고 은밀히 행동하고 한마디로 전쟁을 준비하고 있기 때문에 모든 사람의 가슴속에서 분노가 치밀었습니다. 군인들이 자유의 성스러운 전당을 짓밟는다고 끝날 일이 아니었습니다! 국회가 대기 중인 군대에 구속당하고 무력에 복종하는 전대미문의 사건이 일어난다고 끝날 일이 아니었습니다!

여러분, 이것이 우리만의 문제고, 국회의 체면만 구기는 문제라 할지라도, 왕이 우리를 품위 있게 대접해주는 일이 정당하고, 필요하고, 중요하고, 왕에게도 합당합니다. 왜냐하면 우리는 국민의 대표이며, 우리만이 왕을 영광스럽고 찬란하게 해줄 수 있기 때문입니다."

미라보는 한마디로 "노예의 주인이 되느냐, 자유민의 지배자가 되느냐 가운데 어느 편이 왕에게 더 영광스러운가?"라고 의원들에게 묻고는 다음과 같은 내용으로 말을 이었다.

정통성 있고 국민의 존경을 받는 군주는 매사에 역정을 내는 폭군과 달리 제아무리 상황이 두려운 조치를 필요로 한다 할지라도 그러한 조치를 내릴 필요는 없다. 설사 왕 측근들이 두려워하는 무질서를 무력으로 진압해야 한다 할지라도 파리에서 있었던 일을 무질서라 할 수는 없기 때문에 무력이 필요 없다. 파리 민중이 아베 감옥을 습격해 갇힌 사람을 풀어주었고 왕이 자비로운 말로 질서를 찾으라고 말하자 그들을 감옥으로 돌려보내고 질서를 찾지 않았던가? 그러므로 무력이 아니라 이성만 가지고도 질서를 찾을 수 있다. 민중은 사실상 모든 일을 할 수 있기 때문에 그들을 위협하거나 비참하게 만들지 말고, 차라리 그들을 호의로 대하고 믿어야 한다. 이러한 상황에서 군대가 무슨 소용인가? 모든 것이 그들의 불행이 끝났다고 예고하고 왕국이 다시 태어난다고 약속하는 지금처럼 민중이 조용해야 할 때가 어디 있겠는가? 그들은 우리에게 희망과 염원을 걸고서 우리를 지켜보고 있다.

미라보의 연설은 끝날 듯 끝날 듯하면서도 계속 이어졌다.

"그러므로 우리가 그들의 믿음과 복종과 충성심을 왕에게 가장 잘 보증해주어야 하지 않겠습니까? (……) 우리는 공공의 평화를 보증하는 존재입니다. 우리보다 더 평화를 보장해줄 존재는 분명히 존재하지 않을 것입니다. 그런데 군대를 모아 전제주의의 끔찍한 계획에 민중을 복종시키려 하다니! 가장 훌륭한 왕이 국민을 행복하고 자유롭게 만든답시고 폭정의 불길한 도구를 동원하지 않도록 합시다!"

미라보는 인민의 적들이 무슨 구실과 계략을 써서 군부대를 동원할지 잘 알지 못하겠지만, 인민들이 군대를 보면서 무슨 생각을 할지 뻔하다고 말했다. 병사들은 아무 일도 하지 않으면서 빵을 먹고 다음 날을 걱정하지 않아도 음식이 하늘에서 떨어지는데, 그것을 보는 인민은 더욱 비참해질 것이라고 강조했다. 게다가 병사들을 보면 두렵기도 하면서 분노가 치밀 것이 분명하다고 주장했다. 인민은 자기 처지와 병사들의 처지를 비교하면서 더욱 절망할 것이 뻔했다. 평화로운 시민들은 가정에서 모든 종류의 두려움을 맛볼 것이다. 불안하고 흥분한 인민은 무리를 지어 격렬하게 들고일어날 것이며 물불 가리지 않고 위험한 행동에 뛰어들 것이다. 사람이 두려워지면 앞뒤를 재거나 추론하지 못한다. 우리는 이제까지 일어난 일로 미루어 이 같은 사실을 알 수 있다.

사람들은 언제 들끓기 시작했습니까? 왕이 회의를 주재하면서 군대를 움직이던 날이 아닙니까? 그전까지 모두 평온했습니다. 그러다가 바로 그처럼 비통하고 기억에 남을 만한 날 모든 일이 시작되었습니다. 그러므로 우리를 관찰하던 인민이 웅성거린다고 해서, 또 인민이 폭력의 도구들이 자신을 해치려고 움직일 뿐만 아니라 자신의 모든 고통을 해결하는 일에 자유롭게 전념해야 할 국회를 해치려고 움직이는 모습을 보고 경각심을 품었다고 해서 우리를 탓해서야 되겠습니까? 누군가 인민에게 남은 유일한 희망을 해친다는 두려움을 불어넣어줄 때, 인민이 어찌 아무런 행동도 하지 않을 수 있겠습니까? 만일 우리가 인민을 묶은 사슬을 끊어주지 않는다면, 그 사슬을 더욱 무겁게 만들 것이며, 그들을 보호해주기는커녕 적의 무자비한 채찍에 내몰게 되며, 그들을 헐벗게 만들도록 모욕하는 사람들에게 승리를 안겨주어 더욱 오만하게 만들게 되리라는 사실을 인민이 어찌 모르겠습니까?

이렇게 처참한 조치를 취하도록 자문한 사람들은 군대 규율을 냉혹하게 지키고, 프랑스인 부대와 외국인 부대 사이의 질투심을 영구히 부추기고, 프랑스인 병사들을 순전히 꼭두각시로 만들고, 그들의 동료 시민들의 이해관계와 생각과 감정에서 분리해야 한다고 확신하고 있지 않습니까? 우리가 회의를 여는 장소로 병사들을 접근시키고, 수도와 접촉하게 하여 그들을 감동시키고, 우리의 정치적 토론에 흥미를 느끼도록 만든 것은 얼마나 분별없는 일이었습니까? 아닙니다. 군대가 제아무리 맹목적으로 복종한다 하더라도 그들은 우리가 누구인지 잊지 않을 것입니다. 그들은 우리를 보면서 부모, 친구, 그리고 그들의 가장 소중한 이익을 생각해주는 가족을 떠올릴 것입니다. 왜냐하면 그들도 우리에게 자유와 재산과 명예를 맡긴 국민의 일부이기 때문입니다. 아닙니다, 이 사람들, 아니 이 프랑스인들은 결코 지적 능력을 포기하지 않을 것입니다. 그들은 자신들이 공격할 희생자가 누구인지 묻지도 않은 채 공격해야 한다는 사실을 결코 믿지 않을 것입니다.

그런데 병사들을 이리저리 분류해 집단별로 나눌 때, 오직 무기만 다룰 줄 알고 가장 강한 도구에만 의존해서 싸울 줄 아는 병사들은 사람 대 사람, 연대 대 연대, 그리고 마침내 프랑스인 부대 대 외인 부대의 싸움에 휩쓸릴 것이다. 그러면 모든 사람의 마음속에서 봉기가 일어나고 사회는 가장 끔찍한 혼란에 빠질 것이다. 그러므로 왕에게 이러한 조치를 취하도록 충고한 자들은 도대체 왕의 안위에 어떤 심각한 영향을 끼칠 것임을 예측했는가? 그들은 역사 속에서 혁명(급격한 변화)이 어떻게 시작되었고 어떻게 발전했는지 연구해본 적이 있는가?

"의원 여러분, 지금 아주 급박한 상황입니다. 나는 (……) 얼마 전부터 수도와 베르사유에 프랑스인 부대와 외인 부대를 불러 모으고 탄약차를 끌어들이는 일 때문에 국회가 얼마나 걱정하는지 전하께 설명하는 글을 올려야 한다고 생각합니다. (……)

전하께 이러한 조치가 곡식이 품귀현상을 빚는 이 불행한 상황에서 백성을 구해주려는 전하의 호의를 얼마나 거스르는지, 또한 국회의 자유와 명예에 얼마나 반대되는지 아뢰어야 한다고 생각합니다. (……)

전하께 이처럼 불필요하고 위험하고 사람을 놀라게 하는 조치들을 즉각 거두라고 명령하도록 정중하게 간청해야 합니다."

미라보는 연설을 끝마칠 즈음 파리와 베르사유에 부르주아 수비대를 설치하도록 왕에게 간청해야 한다고 주장했지만 의원들은 토론을 거쳐 이 부분을 빼고 왕에게 상소하기로 결정했다. 네 명을 제외한 전원이 이 안에 찬성했다. 귀족이건 종교인이건 당장 파리가 군대를 독자적으로 가져야 한다는 데 대부분 동의하지 않았지만, 왕의 군대가 파리에 폭력을 휘두르는 데 노골적으로 찬성하는 의원은 없었다. 이것이 루이 16세가 결정적으로 자기 의도를 관철시키지 못한 배경으로 생각할 수 있다. 그럼에도 루이 16세는 10일에 10개 부대를 더 불러 모았다. 이렇게 해서 모두 16개 부대를 배치해놓았다. 왕이 결국 군대를 동원해 국민과 전쟁을 하지 않았다 할지라도 16개 부대로 병력을 증강시킨 사실만으로도 국회와 파리 주민들을 몹시 두렵게 만들었다.

혁명사가 조르주 르페브르Georges Lefebvre는 두려운 심리가 '방어의지'와 '처벌의지'를 불러일으킨다고 보았다. 그래서 혁명기 사람들은 공권력이 저지를 '폭력'에 스스로 방어해야 할 필요를 느끼고 무장하게 되었으며 거기서 한 걸음 더 나아가 자신들을 억압하고 '폭력'을 행사했던 사람들을 직접 처벌하고 싶어졌다. 이러한 맥락에서 혁명기 민중의 무장을 논리적으로 이해할 수 있다. 더 나아가 무장한 민중 때문에 무질서 상태가 오는 것을 두려워하고 왕이 동원하는 무력에 온전히 대응하려고 민병대를 조직한 부르주아 계층의 대응도 이런 맥락에서 이해할 수 있다.

2
네케르의 해임과
파리의 대응

7월 11일 국회에서는 루이 16세가 국새경을 통해 보낸 답장을 읽었다.

"과인과 국회가 보는 앞에서 지금도 파리와 베르사유가 계속 무질서한 상태에 있으며 파렴치한 행위가 벌어지고 있다는 사실을 모르는 사람은 없을 것이오. 수도와 그 주변에 질서를 회복하고 유지하려면 과인의 권한으로 모든 수단을 동원할 필요가 있소. 과인에게는 공공의 안녕을 지켜야 할 의무가 있소. 바로 그 때문에 과인은 수도의 주변에 병력을 불러 모아야 했소. 국새경은 과인의 군대가 오직 새로운 무질서를 진압하는, 아니 예방하는 목적만 가졌음을 전국신분회에 확신시켜주기 바라오. 그리하여 질서를 유지하고 법률을 적용하고 전국신분회가 자유롭게 논의할 수 있도록 보호하려는 것이 과인의 목적임을 알려주시오."

왕은 자기의 주요 임무가 공공의 안녕과 질서를 유지하는 것임을 강조한 뒤 뜻밖의 말로 편지글을 끝맺었다.

"그럼에도 파리 주위에 병력이 주둔하기 때문에 모두가 불안감을 떨치지 못한다면 과인은 전국신분회의 요청을 받아들여 그들을 누아용이나 수아송으로 옮기려 하오. 그 경우 과인도 콩피에뉴로 가려 하오. 거기서 과인은 국회와 계속 연락하겠소."

군대를 원래 위치로 되돌리지 않고 오히려 '전국신분회(국회)'를 누아용이나 수아송으로 옮긴다는 것은 무슨 의도인가? 왕은 국회가 군대를 멀리 보내달라고 한 요청을 분명히 거부했던 것이다. 국회는 왕의 답변을 듣고 술렁거렸다. 몇몇 의원이 일어나 왕의 답변을 비판하고 공격했다.

미라보가 일어나 말했다.

"우리는 군대를 퇴각시키라고 요구했습니다. 그것이 우리가 왕에게 보낸 서한의 목적이었습니다. 우리는 군대를 도망치게 하라고 요청하지 않았습니다. 단지 군대를 수도에서 멀리 물리쳐달라고 했습니다. 우리가 이렇게 요청한 것은 우리 자신을 위해서가 아닙니다. (……) 그것은 전체의 이익을 위해서라는 사실을 모두가 압니다.

더욱이 군대가 있으면 공공질서와 평화에 반대됩니다. 그리고 가장 불행한 사태를 불러일으킬 수 있습니다. (……)

따라서 혼란을 불러일으킬 군대보다는 평화를 되찾아야 합니다. (……) 우리가 할 일은 오직 한 가지뿐입니다. 평화를 얻을 수 있는 가장 완벽한 방법은 오직 군대를 멀리 보내라고 강력하게 주장하는 것입니다."

그날 오후 2시에 네케르는 해군대신 라 뤼제른이 전하는 루이 16세의 편지를 받았다. 왕은 네케르를 해임한다는 말과 함께 '당장'—24시간 안에—프랑스를 떠나되 아무도 그 사실을 모르게 하라고 명령했다. 재무총재를 해임하는데 얼굴도 보지 않고 마치 하인 한 명 쫓아내듯 했다. 6월 23일 왕이 일종의 '정변'을 일으키려다 실패한 지 3주 만에 또다시 '정변'을 일으키려는 계획을 한 걸음 실천한 것이었다. 왕은 왜 네케르를 체포하지 않고 그냥 보냈을까? 네케르가 '소리 없이' 사라져주는 것이 그를 좋아하는 사람들의 반발을 막는 길이라고 믿었기 때문이리라. 네케르는 아내, 딸, 형과 함께 저녁밥을 먹으면서도 아무런 내색도 하지 않았다. 밥을 먹고 난 뒤 그는 형과 딸에게도 해임되었다는 사실을 알리지 않고 바람이나 쐬러 간다고 핑계를 댄 뒤여권도 지니지 않은 채 아내와 함께 마차를 타고 길을 떠났다. 그는 12일 아침 아라스에 도착한 뒤 왕에게 편지를 보냈다. 그는 왕의 명령대로 프랑스에서 가장 빨리 나가려고 부르고뉴나 프랑슈 콩테를 거치지 않고 북쪽의 벨기에로 간다고 썼다. 그가 발랑시엔에서 검문에 걸렸을 때 왕의 해임장을 보여주고 나서야 비로소 국경을 넘어갈 수 있었다. 그는 13일 브뤼셀에 도착해서 딸과 사위가 합류하면 함께 스위스로 떠나려고 계획을 세웠다.

네케르가 조용히 길을 떠났음에도 바로 그날 밤부터 그가 해임되었다는 소식이 베르사유에서 파리를 향해 퍼져나갔다. 누가 먼저 퍼뜨렸는지 알 길이 없지만 궁정의 소식은 이튿날이면 20킬로미터 밖의 파리 사람들에게 퍼지던 때였기 때문에 오히려 그 소식이 파리에 퍼지지 않았으면 더 이상했으리라. 네케르를 좋아하는 사람들은 그가 사라진 사실을 알자마자 초록색 리본을 달고 다녔다. 초록색은 네케르집 하인들의 제복 색깔이었다. 20만 명이나 무장을 하고 파리의 거리를 몰려다니면서 네케르의 이름을 불렀다. 그러니까 네케르를 체포하는 것보다 그가 조용히 외국으로 가주는 편이 나았을 것이다. 그는 왕이 명령한 대로 조용히 떠났다. 그것이 차라리 잘된 일이었다. 마리 앙투아네트의 주위 사람들은 네케르가 프랑스에 머무를지 모른다고 생각해서 잡아들이려 했다는 후문이 나돌았으니까.

네케르의 딸(스탈 부인)은 「네케르의 성격과 사생활에 대하여」에서 "네케르가 민중이 억압받는다고 믿었기 때문에 그만큼 그들 편에서 생각했다"고 전한다. 또 영국식 입헌군주정을 좋아하는 네케르는 병사들이 복종하지 않는 현실이 밖으로 알려지면 왕의 권위는 여지없이 무너질 것이라는 이유를 들면서 왕에게 베르사유와 파리에 프랑스 수비대나 독일인 부대를 집결시키지 말라고 간언했다고 전한다. 사실상 그가 우려한 일이 6월 23일에 일어나지 않았던가? 네케르는 대신이 될 때부터 왕에게 자신은 리슐리외같이 가혹한 조치를 취하기에는 적합하지 않고 이성과 도덕으로 해결하는 데 적합하다고 말했다. 그렇다면 왕이 외국인 연대를 불러 모을 때에도 그는 왜 사임하지 않았던가? 그는 개인적으로는 해임보다 사임이 더 명예롭겠지만 그가 사임하면 왕이 더욱 초라해질 것임을 우려했다고 한다.

그러나 루이 16세의 곁에는 네케르를 해임하고 무력을 동원해 사태를 수습하라고 부추기는 사람들이 있었고 루이 16세는 그들의 말을 들었다. 그들은 아르투아 백작, 콩데 공, 콩티 공, 부르봉 공작, 마담 드 폴리냐, 보드뢰이, 트레무알, 빌뢰이, 바랑탱, 베르티에, 풀롱, 랭게, 에스프레므닐 같은 왕과 왕비의 측근 인사였다. 사실 그때는 왕의 절대권, 또는 신권에 대해 공공연히 문제 삼고 심지어 '영국식' 제도를 도입해야 한다거나 필리프 오를레앙(오를레앙 공작 루이 필리프 2세)을 왕으로 세워야 한다고 말하는 사람도 있었다. 네케르가 영국식 입헌군주정을 좋아한다는 사실을 아는 사람들은 왕에게 좋은 이야기를 했을 리가 없으며 절대군주정의 본모습을 찾아야 한다고 간언했을 것이다. 그리하여 왕은 자기 곁에 있으면서 자기 말을 잘 듣지 않는 사람부터 떨쳐내야 했다. 그런데 네케르에게 동조하거나 온건하다는 이유로 외무대신 몽모랭 백작과 일정한 책임부서가 없는 생프리에 백작도 내쫓겼지만, 파리 사람들은 네케르를 해임한 데 대해서만 몹시 분개했다.

네케르는 어떤 사람인가? 1732년 제네바에서 태어난 그는 열다섯이나 열일곱 살 때 돈도 별로 지니지 않고 파리로 갔다. 그는 파리에서 돈을 벌어 제네바의 부모까지 봉양했다. 다른 사람보다 부지런히, 오직 돈을 버는 일에 몰두하면서 인도회사에 투자해 서른세 살쯤에는 부자가 되었다. 그는 살롱을 열어 거기에 드나드는 작가, 계몽사상가들과 사귀면서 더욱 유명해졌다. 그는 부르주아 계층이 본받을 만한 사람이었다. 귀족의 피가 조금도 섞이지 않은 그는 진정한 성공의 상징이 되었다. 그는 프랑스 주재 제네바 공화국의 대신직을 맡으면서 보수를 받지 않고 일했으며 그 뒤 프랑스의 대신이 되었을 때도 그 원칙을 지키고 심지어 자기 돈을 쓰면서 일했다. 그의 딸은 네케르가 거만해서 그렇게 한 것이 아니라 프랑스 재정상태가 나빠서 일자리를 줄이는 판에 보수를 받을 수 없었기 때문이라고 말한다.

네케르는 결국 20억 리브르까지 지불하게 된 아메리카 독립전쟁에 참전하면서 특별세를 걷지 않았고, 그 대신 금리 10퍼센트로 국채를 일곱 번이나 모집해 빚을 5억 5,000만 리브르나 졌다. 미라보 백작은 그를 크게 칭찬했다.

"그는 세금을 걷지 않고 전쟁을 치렀다. 그는 신이다."

네케르는 1778년 아내의 이름으로 파리에 어린이 병원을 지었고 병원에 위생개념을 처음 도입했으며, 당시 파리에 6만 명이나 있던 거지문제를 해결하려고 노력하는 한편 공영전당포를 설립하기도 했다. 그는 왕비의 비위를 맞추면서 더 높은 곳을 향했지만, 파리 고등법원 인사들과 모르파 백작에게 밉보여 1781년 권좌에서 물러나야 했다. 그리고 1788년 왕비의 압력을 받은 루이 16세가 그를 다시 불렀다. 왕과 왕비는 그에게 희망을 걸었겠지만 이미 때는 늦었다. 아직 제대로 발굴하지 못한 세원인 귀족과 명사들이 반발하고, 국제금융시장에서 프랑스에 선뜻 돈을 꿔주겠다는 나라도 거의 없는 상황에서 네케르가 제아무리 개인 돈을 200만 리브르나 풀어서 왕에게 빌려주고 8,000만 리브르의 국채를 발행한다고 해서 왕국의 재정상태를 흑자로 돌리기란 불가능했다.

그럼에도 네케르는 가난한 사람을 위해 곡식의 자유거래를 금지하고 제 3신분의 전국신분회 대표수를 두 배로 늘려주었다. 또 왕이 절대군주로서 마지막으로 명령한 날이 된 6월 23일 회의에 참석하는 대신, 왕에게 세 신분이 함께 회의를 하도록 명령하라고 간언했다. 이처럼 국가재정을 걱정하고 서민을 위해 노력한다고 알려진 네케르를 소리 없이 해임한 것을 사람마다 다르게 받아들였다. 파리 주민—부르주아, 부유한 장인, 가난한 서민—은 왕이 곧 군대를 동원해 국회를 해산하고 파리를 탄압하리라고 생각했다. 특히 금리생활자나 주식중매인 같은 가진 자들은 곧 재정파탄이 뒤따를 것으로 생각했다. 주식거래소는 그날 항의의 표시로 문을 닫기로 결정했다. 하루 만에 할인은행권은 4,265리브르에서 4,165리브르로 100리브르나 빠졌다. 극장도 문을 닫았고 흥분한 사람들이 웅성거리며 모였다가 금세 시위대로 변했다.

여기서 개인이 어떻게 해서 시위에 동원되는지 잠시 생각해보자. 예나 지금이나 사람들은 익숙한 길로 다닌다. 직업의 필요성, 생계의 필요성, 여가생활의 필요성 때문에 일정한 궤적을 그린다. 그들이 어느 순간 같은 장소에 모일 경우가 있다. 우발적인 모임이지만 그들의 마음속에는 그들을 동원할 공통의 요소가 들어 있기 때문에 누군가 그 요소를 자극하면 곧바로 공동목표를 가진 집회로 발전하기도 한다. 7월 12일 일요일 오전에 네케르가 해임되었다는 소식이 파리에 도착했고, 여느 때처럼 세상 돌아가는 이야기를 들으려는 사람들과 정원을 산책하려는 사람들이 팔레 루아얄이나 튈르리 궁의 정원에 나타났다. 그런데 그들은 네케르가 해임되었다는 소식을 들었고 곧 군대가 파리 주민을 탄압할지 모른다고 두려워했는데, 누군가 그들을 선동하면 곧바로 시위대로 돌변하게 된다. 이것은 우발적 집회의 한 예다.

그런데 그들의 일상생활에서 여전히 식량문제가 해결되지 않아 좌절감과 분노를 삭이면서 하루하루 살아갔다는 사실도 네케르의 해임소식 뒤에서 찾아야 할 원인이다. 수많은 사람이 혹독한 추위와 굶주림을 견디면서 1789년을 맞이했고 전국신분회에 희망을 걸었지만 현실은 여전히 빵을 구하기 어려웠고 나아질 기미도 보이지 않았다. 그러므로 사람들은 조그만 자극에도 발끈하고 동원될 정신자세를 갖추고 있었다. 당시 성인노동자는 하루 1킬로그램에서 1.5킬로그램, 어린이는 750그램씩 빵을 먹어야 했다. 파리에는 200명에서 250명 정도, 교외 지역에 300명 정도, 고네스 마을을 포함한 파리 근처 마을에 모두 800명에서 1,000명 정도가 빵을 구워 60만 명에게 직접 팔았다. 그런데 이들이 밀가루를 구하기 어려워지자 빵가게 앞에 줄을 선 사람들은 제빵업자가 값을 올린다고 생각했다. 반찬가게나 빵가게 앞에서 하루하루 식량을 구하려고 줄을 섰다가 흉흉한 소식을 들은 사람들이 시위대로 돌변하는 사례가 많았는데, 이것을 준자발적 집회라 할 수 있다. 우발적으로 모인 사람들이 아니라 특별한 목적을 가지고 모인 사람들이기 때문에 공통요소를 자극하면 동원되기 쉬웠다. 예를 들어 아무개가 밀가루나 빵을 쌓아놓고 값이 오르기만 기다린다고 하면 그들은 곧바로 거기로 달려갔던 것이다.

여기서 한 걸음 더 나아가면 개인이나 조직이 목표를 정하고 어디서 모이자고 제안할 때, 그에 동조하는 사람들이 그 시간과 장소에 맞춰 모이는 것이 자발적 집회다. 당시에 나온 왕당파 신문 『왕의 친구*Ami du Roi*』에서 우리는 자발적 집회가 생기는 과정을 볼 수 있다. 그 신문에 기고한 사람은 이렇게 말했다.

7월 14일이 가까워지는 때, 식료품이 더욱 부족해졌다. 빵집마다 사람들이 늘어섰고, 자기 차례에 겨우 조금 구할 수 있었다. 하루하루 끼니를 걱정하지 않은 날이 없었다. 빵집 앞에서 하루 종일 줄을 서서 기다렸지만 한 조각도 얻지 못한 사람의 불평을 들은 사람들은 더욱 두려워졌다. 가끔 빵집 앞이 피투성이 싸움터로 변하기도 했다. 사람들이 서로 음식물을 빼앗거나 빼앗기지 않으려고 싸웠다. 모든 장인의 가게가 텅 비었다. 거기서 일하는 노동자와 장인은 빵을 조금이라도 얻으려고 다투느라 다른 일을 할 시간이 없었다. 빵을 얻었다 해도 썩은 밀가루로 구운 빵이라서 냄새가 났고, 먹고 배탈이 나는 사람이 많았다. 나는 카보 카페에 갔다. 거기서 막대빵 두 개를 얻어먹었다. 작은 막대빵 두 개가 일주일 동안 먹은 빵이었다. 나는 베르사유로 가보기로 했다. 왕·대신·의원들의 밥상에도 과연 형편없는 빵, 네케르가 말한 호밀빵이 오르는지 확인하고 싶었다. 거기서 나는 그들이 향기로운 빵, 가장 잘생긴 최상급의 빵을 풍족하게 먹는 것을 보고 충격을 받았다.

글쓴이가 실제로 베르사유의 밥상을 봤는지는 알 길이 없겠지만, 이 이야기를 읽고 성난 사람들은 여차하면 베르사유로 행진할 태세를 갖추었다. 그들은 팔레 루아얄 정원에 모이거나 파리 시청으로 몰려들었다가 베르사유로 향하자고 외쳤다. 이러한 집회는 혁명기에 반복적 학습의 효과로 자주 발생했다. 나중에 보듯이 1789년 10월 5일 파리 중앙시장 생선장수 아낙들이 주축이 되어 베르사유로 행진하고 이튿날 왕과 가족을 데리고 파리로 돌아오는 사건, 또는 1791년 7월의 샹드마르스 총격 사건은 자발적 집회의 결과다.

7월 12일 네케르와 다른 대신들이 해임되었다는 소식은 9시경부터 나돌기 시작했다. 아직 그 소식을 듣지 못한 사람들도 파리의 분위기가 심상치 않다는 것을 느꼈다. 군인들이 부산하게 움직이기 시작했다. 사람들은 기병, 보병, 포병이 지나가는 것을 보았다. 길모퉁이마다 큰 벽보가 나붙었다. '왕의 명령으로' 모든 사람은 집에 있고 밖에 나와서 모이지 말라고 했다. 군부대를 이리저리 배치하는 이유는 도적떼를 예방하는 조치이므로 시민은 놀라지 말라고 했다. 이 같은 분위기에서 팔레 루아얄에 모인 사람들은 노름집, 극장, 무도장을 닫기로 결정하고 여러 명을 선발대로 보내 이 명령을 전하게 했다. 또 몇 명을 퀴르티우스의 가게로 보냈다. 퀴르티우스는 위대한 인물과 악당의 밀납흉상을 제작하는 사람인데 팔레 루아얄과 탕플 대로에서 가게를 경영했다. 몇 사람이 팔레 루아얄에 연 가게로 달려가 네케르와 오를레앙 공의 밀랍흉상을 가져왔다. 그동안 웅변가들이 앞다투어 탁자에 올라서서 연설을 했다. 그러나 그들은 어쩌다 연설에 동참한 카미유 데물랭의 이름 뒤에 영원히 파묻혔다. 카미유는 그날 자기가 한 일을 아버지에게 편지로 보고했다.

"오후 세 시쯤 팔레 루아얄에 갔습니다. 여러 사람 사이에 섞여 우리에게 용기가 없음을 한탄하고 있었는데, 그때 젊은이 셋이 제 곁을 지나가면서 '무기를 들자'고 외쳤습니다. 저도 그들과 합세했습니다. 제가 열심히 외치는 소리를 듣고 사람들이 저를 탁자 위로 들어 올렸습니다."

데물랭이 편지에서 자신이 연설하게 된 경위를 솔직하게 말하는 것과 달리 당대의 작가나 다른 사람들은 그의 행동을 미화했다. 『새로운 파리』를 쓴 메르시에는 그 장면을 이렇게 묘사했다.

팔레 루아얄의 카페 드 푸아에서 젊은이가 튀어나와 탁자 위로 올라가 버티고 서서 양쪽 주머니에서 권총을 한 자루씩 뽑아들고 연설했다.

"그들이 우리를 곧 파멸시키려 합니다. 샹젤리제에서 일어나는 일을 보십시오. 군대가 샤이오 원형광장에서 튈르리 궁까지 모든 공간을 차지하고 전투대형을 갖추었습니다. 우리는 지금까지 충분히 논의했습니다. 이제 우리 서로 팔짱을 끼고 결심합시다. 우리는 가장 수가 많고 가장 강한 집단이 될 것입니다. 우리 모두 무기를 듭시다. 모든 시민이 무장하고 나갑시다."

데물랭은 29세의 변호사이자 신문발행인으로, 1789년 7월에 전국적으로 유명해졌음은 사실이다. 피카르디의 기즈에서 일곱 형제의 맏이로 태어나 어렵게 큰 그는 변호사로서 별로 성공하지 못한 채 정보를 모아 글을 쓰는 일이 더 적성에 맞는다는 사실을 깨달았다. 그는 『프랑스와 브라방의 혁명』이라는 신문을 발행하면서 혁명의 명분을 지지했고, 훗날 친구인 로베스피에르에게 맞서다가 당통과 함께 처형된다. 데물랭은 나뭇가지를 꺾어 모자에 꽂았고 시위대도 그를 본받았다. 초록색은 네케르의 집안을 상징하는 색깔인 동시에 희망의 색깔이었다. 그러나 사람들은 곧 그것이 왕의 동생 아르투아 백작의 색깔임을 생각하고 파리 시의 문장에 들어가는 파랑과 빨강을 쓰기로 했다. 며칠 뒤 거기에 왕의 흰나리꽃 색깔을 추가해 삼색 표식을 만들었는데 이것이 프랑스 국기의 유래다.

아무튼 사람들이 쉽게 분노하고 쉽게 동원되는 원인은 오로지 네케르가 해임되었기 때문일까? 물론 그것이 한 가지 이유지만 전부는 아니다. 한마디로 당시 사람들은 몹시 화가 나 있었고 불안했다. 빵값이 치솟았는데도 마음대로 구할 수 없어서 화가 났고, 국회에 희망을 걸었는데 왕이 군대를 동원해 국회와 그 편을 드는 자신들을 탄압하려 하기 때문에 불안했다. 그들은 자신들과 국민의 대표들을 스스로 지켜야 한다고 생각하는 데 머무르지 않고 탄압하려는 자들을 처벌해야 한다고 생각했다.

이 시위대는 퀴르티우스의 집에서 가져온 네케르와 오를레앙 공의 흉상에 자유가 죽었다는 뜻으로 검은 상장을 씌우고 거리로 들고 다녔다. 시위대에 가담한 사람들은 몽둥이, 칼, 권총, 도끼를 들었다. 그들은 리슐리외 거리에서 신작로를 거쳐 생마르탱 거리, 그르네타 거리, 생드니 거리, 라 포로느리 거리, 생토노레 거리를 돌아 방돔 광장에 도착했다. 방돔 광장에는 민중이 증오하는 총괄징세청부업자들의 저택이 늘어서 있었다.

민중은 7월 11일 밤부터 파리 외곽의 입시세관 울타리를 부수고 태우는 것으로써 징세청부업자들을 증오하는 마음을 노골적으로 드러냈다. 그러고 나서 이번에는 징세청부업자들의 저택이 늘어선 방돔 광장으로 몰려들었다. 왕당파들은·그들이 거지같이 해진 옷을 입었다고 말했다. 거기서 그들은 용기병 분견대의 공격을 받았다. 이때 네케르의 흉상이 깨졌다. 시위대에 가담한 프랑스 수비대 병사가 무장도 하지 않은 채 살해되었고 여러 명이 다쳤다. 방돔 광장 말고도 파리의 여러 곳에서 시위대와 군대가 충돌했다. 시위대는 군인들에게 돌을 던지고 군인들은 발포했다.

입시세관 울타리 근처에서는 전날 밤부터 발생한 소요사태가 아직도 끝나지 않았다. 포르슈롱 울타리에서는 독일인 분견대가 민중에게 발포해 한 사람을 죽이고 여러 명에게 부상을 입혔다. 그러나 파리 주위를 지킬 병력이 부족하기 때문에 다른 곳에서는 민중이 거의 방해를 받지 않고 울타리를 부수었다. 파리 민중은 세관 울타리 때문에 밀가루가 들어올 때 세금을 매기게 되어 빵값이 더 비싸진다고 생각했던 것이다. 평소 그들은 술을 조금 더 싸게 마시려고 세관 울타리 밖으로 나갈 만큼 물가에 민감했다. 그들은 세관 울타리야말로 투기꾼과 매점매석의 도구라고 증오했다.

입시세관은 원래 파리를 둥그렇게 둘러싸는 거의 24킬로미터의 울타리를 두르고 60곳을 설치하려 계획했지만 예산 때문에 54곳에만 설치했다. 오늘날에는 그 흔적을 나시옹 광장Place de la Nation에 있는 트론 입시세관의 건축물, 당페르 로슈로 광장의 건축물, 몽소 공원의 둥근 건축물과 라 빌레트의 유명한 둥근 건축물의 네 개에서 찾을 수 있다.

왕은 네케르와 다른 대신들을 해임한 뒤 총리대신을 두지 않고 브르퇴이 남작에게 재무회의를 맡겼다. 루이 15세의 딸들, 다시 말해 루이 16세의 고모들의 총애를 받는 풀롱이 브르퇴이 남작을 보좌하게 했다. 풀롱은 얼마 뒤 파리 민중에게 살해당한다. 외무대신으로 라 보기용을 임명하고 해군대신인 라 뤼제른이 보수적이지 않기 때문에 랑그도크에 있던 카스트리 대원수를 불러오려 했다. 그러나 카스트리 원수는 현명하게도 왕의 제안을 사양했다. 그리고 전쟁대신(또는 육군대신)으로 브로이 원수를 임명했다. 브로이 원수의 손에 있던 파리 주둔병력 지휘권은 베스발Besenval 남작에게 넘겼다. 베스발 남작은 1721년에 태어나 루이 15세의 모든 원정에 참여하고, 루이 16세 치세에는 아메리카 독립전쟁에도 참가했다. 거구인 그는 매력이 넘치고 재치가 있어서 마리 앙투아네트의 눈에 들어 성공했지만, 혁명 초기에는 결단력을 충분히 발휘하지 못하고 조용히 물러나다 민중에게 붙잡혀 재판을 받고 풀려난 뒤 눈에 띄지 않고 살았다. 그 후 1794년 6월 공포정이 최고조에 달했을 때 천수를 다하고 세상을 떴다.

베스발 남작은 파리 여기저기에 분산시켰던 병력을 하루 종일 방치하다가 루이 15세 광장에 모이라고 명령했다. 저녁 무렵 시위대는 샹젤리제로 돌아와 일부는 튈르리의 정원을 채우기 시작했다. 시위대가 루이 15세 광장으로 나가 루이 15세 기마상의 난간을 부수려고 했다. 당황한 베스발 남작은 랑베스크 공에게 용기병을 이끌고 시위대를 해산시키라고 명령했다. 마리 앙투아네트의 친척인 랑베스크 공은 정원으로 짓쳐 들어갔다. 그러나 시위대는 의자를 쌓아놓고 돌과 병을 던지면서 맞섰다. 용기병이 공포를 쐈다. 시위대가 겁을 먹고 마구 흩어졌다. 랑베스크 공은 말을 달려 시위대를 튈르리 정원으로 물러나게 만들었다. 훗날(11월) 랑베스크 공은 이 일로 재판을 받았는데 증인들은 랑베스크 공이 칼로 누군가 베었고 총을 쐈다고 증언했지만 결국 공은 무죄방면된다.

랑베스크 공은 튈르리 정원의 시위대를 진압했지만 오히려 시위를 걷잡을 수 없이 키웠다. 병영에서 도망친 프랑스 수비대 병사들이 무기를 들고 팔레 루아얄의 시위대와 합류했다. 거기서 그들은 독일인 부대의 분견대를 향해 진격했다. 분견대는 뒷걸음질치면서 발포해 세 명을 죽이고 루이 15세 광장의 본대에 합류했다. 그러나 프랑스 수비대 병사들과 무기를 든 파리 주민들이 루이 15세 광장으로 갔을 때 광장은 비어 있었다. 베스발 남작은 도망친 프랑스 수비대 병사에 대한 보복으로 아무 죄도 없는 수비대 병사 세 명을 처형하고 독일인 부대를 퇴각시켰다. 그때가 저녁 6시였다.

한편 사람들은 "무기를 들라!"고 외치면서 파리 거리를 이리저리 뛰어다녔다. 오후 5시쯤 파리 문밖에 사는 사람들도 팔레 루아얄로 몰려들었다. 그들은 몽둥이, 총, 그 밖에 무기가 될 만한 것을 들고 네케르 상을 앞세워 베르사유로 행진하기로 했다. 그러나 그들은 베르사유 길목을 막고 있는 병력을 뚫고 지나갈 수 없었다. 파리 시내에서는 교회마다 경종을 울리고 사람들은 더욱 흥분했다. 무기상점으로 들어가 닥치는 대로 무기를 잡고 시청 문을 부수고 들어가기도 했다. 그들은 6월 25일 이후 파리 시청에 둥지를 튼 선거인단이 창고에 무기를 보관하고 있다고 믿었다.

당시 파리 시장은 1721년에 태어나 물랭·렌·리옹의 지사직을 거쳐 1789년 4월 21일 르 펠티에의 뒤를 이은 자크 드 플레셀이었는데, 파리 선거인단은 5월 27일 그에게 시청에서 일을 보게 해달라고 요청했다. 그러나 시장은 그것이 불법이라며 거절했다. 6월 25일에 사태가 급박해지자 선거인단은 플레셀에게 다시 한번 요청했고, 플레셀은 이번에는 대중의 압력을 받고 할 수 없이 열두 명을 시정에 참여하도록 허락했다. 그렇게 해서 파리 선거인단이 시청에 회의실을 얻고, 또 일부는 시정에 직접 참여하게 되었다.

저녁 6시, 파리 선거인단은 시청 대회의실에 모였다. 그들은 중간에 낮은 울타리를 두고 파리 주민들과 마주했다. 주민들은 그들에게 빨리 무기고를 열어달라고 외쳐댔다. 그러나 선거인단의 의결정족수가 모자랐기 때문에 계

소총 수만 정, 대표 여러 문, 적지 않은 성과다. 이제 바스티유로!

1789년 7월 12일 오후 튈르리 정원.
"도망쳐요, 여성, 어린이, 산보객 여러분!"
랑베스크 공의 용기병들이 짓쳐드니 모두 혼비백산이다.

파리 시청으로 몰려간 바스티유 정복자들(위에[추정])의 수채화, 프랑스국립도서관^{BNF} 소장).

브리 콩트 로베르의 요새로 끌려간 베스발
(프리외르 그림, 베르토 판화, 프랑스혁명사연구소 소장).

생라자르 수도원 약탈(프리외르 그림, 베르토 판화, 프랑스혁명사연구소 소장).

1789년 7월 12일 프랑스 수비대가 흥분한 민중의 손에서 샤틀레를 구한다
(프리외르 그림, 베르토 판화, BNF 소장).

바스티유 공격(작자 미상, 카르나발레 미술관 소장).

바스티유 정복에 참가한 솔라가 그린 소박한 그림.
마당 앞에 병사들 숙소, 오른쪽에 병기창(아르스날)으로 가는 문,
중앙에 요새 앞마당으로 들어가는 도개교, 앞마당의 오른쪽에 요새사령관청,
왼쪽의 돌다리를 지나면 요새로 들어가는 도개교가 있다.

속 토론을 하고 파리 주민들의 위협 섞인 요청을 받다가 밤 11시가 되어서야 비로소 이튿날 11시 30분에 발표할 내용을 의결했다. 이들이 시청에서 회의를 하는 동안 파리의 여름날도 저물었지만, 입시세관 울타리와 시내 곳곳에서 일어난 화재로 하늘이 붉게 물들었다.

그날 베르사유의 국회의원들 가운데 아침 7시부터 네케르의 해임소식을 들은 사람들이 서둘러 국회로 나갔지만, 일요일이라 의장도 없고 소수만 모였다가 뿔뿔이 돌아갔다. 궁전에서는 아침부터 파리의 사태를 논의했다. 군부대 지휘관들이 바삐 드나들었다. 오전에 파리의 소식이 날아들었다. 파리의 여러 병영에서 전령이 전하는 소식을 종합해본 사람들은 파리 주민들이 베르사유를 향해 행진할 가능성이 높다고 보았다. 베르사유 궁에서 내릴 수 있는 조치는 파리와 베르사유 사이의 길을 막는 것이었다. 왕궁으로 가는 모든 길에 병력을 배치하고 울타리를 보강해 출입을 엄격히 통제했다. 세브르 다리와 생클루 다리는 포병부대와 보병부대가 함께 지키도록 했다. 그날 오후에는 베르사유와 파리의 소통이 공식적으로 완전히 끊어졌다.

13일 월요일 오전 11시 30분, 선거인단은 간밤에 시청에서 결정한 내용을 공식 발표했다.

1. 시청에 모인 모든 시민은 이 포고령을 발표하는 즉시 자기 선거구로 돌아간다.
2. 파리 치안총감은 즉시 시청사로 나와 우리가 요청한 사항을 자세히 보고한다.
3. 이제 파리 시 회의에서 임명하는 사람들로 상임위원회를 설치한다.
4. 상임위원회와 각 선거구는 긴밀히 연락한다.

5. 각 선거구마다 시민 200명의 명단을 작성한다(이 숫자는 앞으로 늘릴 수 있다). 이들은 무장을 할 수 있으며 파리 민병대를 구성한다. 이들의 임무는 상임위원회의 지시를 받아 공공질서를 유지하는 것이다.

6. 상임위원회 위원들은 시청에 필요한 만큼 사무실을 개설해 생활필수품이나 파리 민병대 조직과 임무에 대한 사항을 결정한다.

7. 이 포고령을 발행한 직후 소총, 권총, 도검류, 여타의 무기류를 소지하는 개인은 소속 선거구의 지도자에게 인계해서 파리 민병대에 편입시킨다.

8. 집회는 소요사태와 혼란만 가중시키고 공공의 안전과 평화에 필요한 모든 조치를 거스르기 때문에 모든 시민은 특정한 장소에서 모이는 일을 자제해야 한다.

9. 선거구 기초의회에서 모이는 시민들은 선거인 회의에서 결정한 내용을 승인하기 바란다.

10. 이 포고령은 선거인 회의가 뽑은 상임위원회 명단과 함께 인쇄해 널리 알린다.

상임위원회에는 파리 시장과 부시장(4인), 파리 검찰관, 선거인 회의 의장 등이 포함되었다. 이들은 그날 오후 다음과 같이 파리 민병대를 조직한다는 명령을 반포했다.

여러 곳에서 사람들이 모여 무질서와 지나친 행동을 하므로 총회에서는 시급히 파리 민병대를 창설하기로 결정하고 다음과 같이 상임위원회에 명령했다.

1. 파리 민병대는 새로운 명령을 반포할 때까지 4만 8,000명의 시민으로 구성한다.

2. 60개 선거구는 각각 첫날 200명을 등록하고, 그 뒤 잇달아 3일 동안 똑같은 인원을 등록한다.

3. 60개 선거구를 16개 지역으로 나누어 지역마다 이름을 짓고 각 지역에 한 개 군단을 보유하도록 한다. 12개 군단은 각각 4개 대대로 편성하고 나머지 4개 군단은 각각 3개 대대로 편성한다.

4. 각 대대는 4개 중대로 편성한다.

5. 각 중대는 200명으로 구성하고, 첫날부터 50명씩 인원을 할당해 복무하게 하며, 나흘 동안 인원을 차례로 보충한다.

6. 16개 군단을 총괄지휘할 총사령부는 총사령관 1명, 부사령관 1명, 대대장 1명, 부대대장 1명으로 구성한다.

7. 각 군단의 지휘부는 군단장 1명, 부군단장 1명, 참모 1명, 부관참모 4명, 특무상사 1명으로 구성한다.

8. 각 중대는 선임 대위 1명, 대위 1명, 중위 2명, 소위 2명으로 구성한다.

9. 상임위원회는 각 선거구 지도자들이 지명한 인물과 정보를 바탕으로 16개 군단의 총사령관과 각 군단의 지휘관을 임명한다. 16개 군단을 구성하는 대대급 장교의 경우, 각 선거구가 지명하거나 각 선거구의 특별위원들이 지명한다.

10. 파리 민병대는 (……) 파리의 색깔인 푸른색과 붉은색 모표를 달고 다닌다. (……)

11. 파리 민병대의 본부는 언제나 파리 시청에 둔다.

12. 민병대 총사령부 장교들은 상임위원회에 참석한다.

---

13. 16개 군단에 중심위병소를 하나씩 두고 60개 선거구에 위병소를 하
   나씩 둔다.

14. 필요한 곳이면 어디든 순찰대를 파견하고 각 부대 지휘관이 그들을
   통제한다.

15. 위병소 근무자는 근무가 끝날 때 다음 근무자에게 무기를 인계하고
   장교는 위병소 무기에 대해 책임진다.

16. 민병대원은 4일에 한 번씩 근무한다.

　상임위원회는 파리 시장과 상의해 민병대 총사령관직을 오몽 공작에게
맡기려 했으나 그가 거절했기 때문에 라 살 후작에게 맡겼다. 상임위원회는
국회와 정기적으로 연락하기로 결정하고 파리의 상황을 국회에 알릴 대표단
을 임명했다.

　한편 파리 주민들은 아침부터 이리저리 몰려다녔다. 한 떼가 생라자르 수
도원으로 몰려갔다. 그들은 거기에 밀이 쌓여 있다고 생각했다. 그들은 밀이
나 밀가루가 있느냐고 물었고 수도사들은 없다고 대답했다. 그들은 문을 부
수고 들어가 창고로 돌진한 뒤 52개 수레 분량의 밀가루를 찾아내 중앙시장
으로 끌고 갔다. 그들은 이렇게 밀가루를 쌓아놓은 것을 보고 화가 머리끝까
지 치밀었다. 그들은 닥치는 대로 그곳의 기물을 부수고 지하실로 들어가 거
기 늘어놓은 포도주통의 밑창을 부숴버렸다.

　수도원 당국은 그들을 쫓아내려고 창고에 불을 질렀다. 이 방법은 성공했
지만 생라자르 안의 감옥에 갇혔던 사람들이 도망쳤다. 이 감옥은 한때 극작
가 보마르셰를 가둔 곳이었다. 수도원 침입자 가운데 도둑질하는 사람이 있
었는데, 침입자들은 그를 잡아 목매달았다. 그들은 자신들이 화가 나서 시위

를 하긴 해도 도적떼는 아니라고 생각했다. 지하실에서 포도주통이 깨지는 것을 보고 40여 명이 퍼마시고 취해버렸다. 그들은 민병대에게 잡혀 샤틀레 재판소로 끌려갔지만 수위가 감옥이 꽉 찼다는 이유로 그들을 수용하지 못하겠다고 했다. 왕당파 신문인 『왕의 친구』는 결국 시위대가 술 취한 자들을 목매달아 죽였다고 전했다.

샤틀레 재판소는 중세도시가 발달하면서 상업재판소로 시작했다. 1302년 루이 필리프 2세는 샤틀레 재판소의 관직을 규정하는 왕령을 반포해 왕의 통제권을 강화했다. 17세기에 들어서 루이 14세는 1674년에 새로 샤틀레를 설치하는 왕령을 반포했다. 샤틀레는 왕의 직속 재판소로서 파리 시장의 관할이었다. 혁명 첫해는 말할 것도 없고 둘째 해에도 샤틀레 재판소는 술집이나 노름집에서 문제를 일으킨 사람뿐만 아니라 신문이나 잡지 또는 중상비방문으로 문제를 일으킨 사람들을 잡아들였다.

프랑스 혁명기 신문을 연구한 휴 고프Hugh Gough는 1790년 6월 『민중의 대변자Orateur du peuple』의 발행인으로 알려진 마르텔이 샤틀레 재판소의 명령으로 잡힌 사례를 소개하면서, 그가 "튈르리의 오스트리아 위원회의 소름 끼치는 술책"이라는 기사에서 왕이 헌법을 충실히 지킬 것인지 의심했다는 혐의를 받았으며, 대중이 몹시 주목한 이 사건은 마침내 마르텔의 배후에 프레롱이 있음을 경찰이 밝혀내면서 끝났다고 했다. 스타니슬라스 루이 마리 프레롱은 문학지 『아네 리테레르』를 발간하면서 볼테르를 조롱하던 프레롱의 아들이었고, 혁명기의 가장 열렬한 왕당파 팸플릿의 발행인인 루아유 신부의 조카였다. 그는 아버지가 물려준 『아네 리테레르』의 이익으로 살면서, 루이 르 그랑 중등학교 동창생 카미유 데물랭의 영향을 받아 왕당파를 외면했던 것이다.

샤틀레 감옥 안에 갇혀 있던 잡범들이 마당의 포석을 뜯어내 감옥 문을 부수기 시작했다. 샤틀레의 수위는 시위대에게 호소했고, 시위대는 잡범들이 나오면 더욱 혼란스러워지리라 생각해 감옥으로 들어가 그들을 진압했다. 그동안 라 포르스 감옥도 공격받고 있었다. 시위대는 감옥문을 부수고 거기에 갇힌 빚쟁이들을 풀어주었다. 파리 민중은 도둑질을 일삼던 잡범과 빚쟁이를 구분해 그 나름의 질서를 지키려 노력했다. 팔레 부르봉과 근처의 브르퇴이 저택도 공격받았다.

팔레 부르봉은 루이 14세와 몽테스팡 후작부인의 딸 부르봉 공작부인의 저택이었다. 센 강을 사이에 두고 오른쪽으로 튈르리 궁과 왼쪽으로 샹젤리제를 마주 보는 건축물로서 오늘날 콩코르드 광장 맞은편에 있다. 1756년에 루이 15세가 사들였다가 공작부인의 손자 콩데 공에게 되팔았다. 몇몇 시민 대표가 흥분한 시위대를 설득한 덕에 파괴되지 않았고, 1798년에 국유화되어 오늘날에는 프랑스 하원이 사용한다.

사람들은 밀가루가 있을 만한 곳으로 찾아다니며 밀가루가 있으면 중앙시장으로 가져가 제빵업자에게 팔아 빵을 구울 수 있게 했다. 그러면서 또 무기가 있을 만한 곳도 찾아다녔다. 손에 횃불을 들고 귀족들의 저택으로 가서 무기를 내놓지 않으면 불을 지르겠다고 위협했다. 일부는 왕실의 가구창고로 가서 무기를 가져갔다. 대포 2문과 값비싼 갑주를 여러 벌 가져갔다. 그러나 나중에 값진 물건을 파리 시 당국에 가져다주었다. 모든 가게가 문을 닫은 가운데 무기와 밀가루를 찾는 사람들이 뛰어다녔다. 밤 9시경, 생토노레 거리의 총포상을 털어 무기를 가져가기도 했다.

파리 외곽 지역과 중심부에는 참호를 파고 술통과 포석으로 방책을 쌓아 왕이 동원한 외국인 부대의 공격에 대비했다. 대장간 노동자들은 부지런히 창을 만들었다. 그러나 진짜 필요한 것은 총기와 대포였다. 사람들은 시청으로 가서 시장 플레셀에게 무기를 달라고 간청했지만 플레셀은 그들을 따돌릴 심산으로 아무 곳이나 머리에 떠오르는 대로 말해서 그곳으로 사람들을 보냈다. 사람들은 거기까지 갔다가 되돌아가 시장에게 다시 졸랐다. 이렇게 파리 주민들을 우롱한 플레셀이 나중에 무사할 리 없다. 마튀랭 선거구 주민이 무기와 탄약을 찾으러 다니던 과정을 보면 플레셀에 대한 증오가 어떻게 폭발할 지경에 이르렀는지 알 수 있다.

마튀랭 선거구 주민은 회의를 한 뒤 모든 시민이 무기를 소지하도록 결정했다. 마튀랭 교회로 모여든 시민의 명단을 작성하는 동안, 시청으로 대표단을 보내 무기와 탄약을 요청하도록 했다. 마튀랭 선거구 대표들은 시청에서 돌아와 오후 각 선거구는 200명씩 시청에 보내고, 시청은 그들에게 무기를 지급한다는 결정사항을 보고했다. 마튀랭 선거구는 곧 시민 200명을 뽑고 케네 드 보르페르를 지휘관으로, 메종뇌브를 부관으로 뽑았다. 이들은 시청으로 가서 플레셀에게 신고했다. 플레셀은 각 선거구에서 모인 민병대원들에게 무기를 지급하는 대신 기다려달라고 연설하고 무기를 나중에 지급하겠다고 약속했다. 마튀랭 선거구 민병대는 플레셀의 확인서를 한 장 받아들고 돌아갔다.

마튀랭 선거구는 다시 시청으로 대표를 보내 다시 한번 무기를 지급해달라고 요청했다. 이번에 플레셀은 서면으로 "파리 민병대의 상임위원회는 샤르트뢰 수도원 당국이 마튀랭 선거구 시민들에게 무기 50정을 지급해주기 바랍니다"라고 확인해주었다. 그러나 그들이 샤르트뢰 수도원에 갔으나 수도원에서는 무기가 없다고 했다. 정확한 시간을 알 수 없으나 생토노레 거리를 오가던 사람들이 랑베스크 공이 탄 마차를 세우고 전날 튈르리 정원에서 노인을 죽인 그에게 저주를 퍼부었다. 그들은 마차를 빼앗아 시청 앞 그레브 광장으로 끌고 가 말을 풀어준 뒤 마차를 잿더미로 만들었다. 무더운 여름날, 플레셀에게 속아 여기저기 무기를 찾아다니던 사람들이 얼마나 화가 났을지 짐작할 수 있다.

파리 주민들에게 진정 조직적인 세력이 엉뚱한 곳에서 왔다. 프랑스 수비대는 파리에서 생드니로 이동하라는 명령을 받았다. 그러나 그들은 대부분 오전부터 파리 주민들과 형제애를 나누었기 때문에 일제히 명령에 불복했다. 장교도 몇 명 병사들과 합세했다. 그들은 시청의 뜻에 따르기로 했고, 이렇게 해서 파리는 보병 3,000명에 포병과 대포를 얻었다. 더욱이 샹드마르스나 생드니에 주둔한 병사들이 무기를 가지고 이탈해 파리 주민의 편으로 들어갔다. 프랑스 수비대가 파리에 귀순하러 가는 동안 생니콜라 부두에서 화약을 잔뜩 실은 배를 보고 화약을 빼앗아 시청으로 가져갔다. 플레셀은 화약을 시청에 보관하라고 했기 때문에 민병대에게 나눠줄 무기와 탄약이 어디 있는지 분명히 알고 있었음에도 민병대를 이리저리 돌아다니게 만들었다. 이 같은 사실을 알게 된 사람들은 주민들에게 경각심을 불러일으키려고 가끔 대포를 쏘아댔다. 메르시에가 말했듯이 1년 중 가장 더운 날이 7월 14일인데, 파리 주민들은 더위와 함께 불안감, 분노, 좌절 따위가 뒤섞인 응어리를 삭이지 못한 채 잠도 제대로 자지 못하면서 13일 밤을 보냈다. 떼를 지어 몰려다니는 발자국소리, 그들이 낮게 속삭이는 소리, 요란하게 울리는 경종소리 때문에 깊이 잠들지 못했다.

3
국회의 결의

13일 베르사유의 국회도 파리만큼 격정적인 분위기에 휩싸였다. 그날도 지방에서 국회를 지지하면서 보낸 편지를 읽은 뒤, 한 의원이 일어나 왕이 대신들을 해임한 일을 보고했다. 특히 네케르를 해임하고 왕국 밖으로 쫓아낸 일과 파리에서 일어난 소요사태에 대해 말하고 국회가 이 점에 대해 확실한 의견을 내놓아야 한다고 주장했다. 무니에가 일어나 왕은 왕국을 되살리려고 전국신분회를 소집했는데 그 측근들은 자기네 이익만 생각하면서 거기에 협조하지 않는 대신들을 해임하도록 왕을 부추겼다고 말하며 다음과 같이 제안했다.

"왕에게 대표단을 보내 네케르, 몽모랭, 라 뤼제른, 생프리에를 다시 불러오라고 상주하고, 국회는 그들의 자리에 새로 임명한 대신들과 유임된 대신들을 신임하지 않는다는 사실을 밝히도록 합시다. 그리고 이러한 변화와 그것을 뒤따르는 격렬한 조치가 왕국을 위태롭게 만들 수 있음을 알려드립시다."

또 어떤 의원은 파리에 대표단을 보내야 한다고 주장했다. 여러 사람이 잇달아 의견을 내놓을 때 로렌의 귀족 대표인 퀴스틴 백작은 이렇게 주장했다.

"나는 지금까지 나온 의견을 채택하지 않겠습니다. 왕에게 대표단을 파견한다면 오히려 소요사태만 더욱 악화시킬 것이며, 피를 흘리는 일을 막지도 못할 것이기 때문입니다. 우리가 할 수 있는 가장 훌륭한 해결책은 당장 헌법을 제정하는 일에 전념하는 것입니다. 그렇게 해야 우리는 가장 충성스럽고 가장 덕을 갖춘 대신들을 해임하여 발생하는 암울한 결과를 미리 막을 수 있습니다."

파리 출신 의원 기요탱은 파리 선거인단이 부르주아 민병대를 조직한다는 사실을 국회에 전했다. 그는 곧 국회에서 관계법을 만들어달라고 했으나 여러 의원이 아직 그보다 더 급한 문제가 많다고 했고, 또 어떤 의원은 이미 그 문제는 일전에 왕에게 대표단을 보낼 때 따로 떼어놓은 문제가 아니냐고 하면서 반대했다. 그러나 다른 의원은 그때와 지금 상황이 아주 다르다고 하면서 파리 민병대 창설문제를 다루자고 했다. 특히 르 샤플리에가 파리 민병대 창설을 지지하는 연설을 했고 기요탱은 파리에 국민의 대표들이 승인했다는 소식을 안고 돌아갔다.

이렇게 여러 의원이 파리의 긴급한 상황과 국회가 할 일에 대해 의견을 내놓을 때 생파르조가 주목할 만한 의견을 말했다.

"나는 이러한 순간에 침묵하면 아주 위험하다고 생각합니다. 국회는 함께 전하를 알현하고 국회의 솔직한 감정을 아뢰는 동시에 술렁대는 인민을 진정시켜야 합니다.

아무도 인민을 대표하지 않을 때 인민은 스스로 자신을 앞세울 것입니다. 그렇게 하다 보면 그들은 무서울 만큼 지나치게 행동할 것입니다. 보통 사람이라면 자기 이익을 생각해서 피할 행동을 그들이 하게 되는 것은 스스로 자신을 구해야 하기 때문입니다.

나는 왕에게 해임한 대신들을 불러들이라고 상주해야 한다고 믿습니다. 그리고 우리는 특히 대신들의 책임과 관련된 원칙을 잊어서도 안 되며 국민이 겪는 아픔을 왕에게 전해야 한다고 생각합니다."

국회의원들이 왕에게 대표단을 보내 군대를 물리고 해임한 대신들을 불러오라고 상주해야 할지 말지 계속 논의하는데, 파리에서 베스발 사령관이 보낸 전령이 의장에게 쪽지를 전했다.

"팔레 루아얄에는 1만 명 이상 무장을 하고 모였습니다. 그들은 샹젤리제에 머무는 군대를 공격하고 생드니로 가서 거기 있는 연대와 힘을 합쳐 베르사유로 가겠다고 예고했습니다. 북쪽 입시세관은 모두 약탈당했고 트론 세관은 지금 불타고 있습니다.

무기상이 털렸고 사람들은 저마다 초록색 모표를 달고 다닙니다. 파리는 곧 불길에 휩싸일 테지요. 그들은 모든 옥문을 열겠다고 말합니다. 그들은 베르사유에서 나온 정보를 잘못 알아들었습니다. 그들은 도적떼를 벌하고 감옥에 처넣고 싶어합니다."

이 소식을 들은 의원들은 모두 놀라서 입을 다물지 못하고 몸서리를 쳤다. 그들은 옆 사람과 속삭이기 시작했고, 마침내 시급히 대표단을 뽑아 왕과 파리에 하나씩 보내기로 했다. 왕에게 갈 대표단은 군대를 물리고 대신들을 다시 불러야 소요사태를 진정시키고, 더 큰 불행을 막을 수 있다고 왕을 설득할 것이다. 파리로 갈 대표단은 왕이 현명한 결정을 내리면 그 답을 들고 가서 시위대를 설득할 것이다.

대표단이 베르사유 궁으로 간 사이, 파리에서 선거인 두 명이 국회를 찾아와 그 전날과 그날 일어난 일을 정확히 보고했다. 그 내용은 이미 다른 의원들이 그때까지 보고한 것과 일치했다. 그동안 왕에게 갔던 대표단이 돌아왔다. 의장은 이렇게 말했다.

"나는 왕에게 왕국이 처한 놀라운 상황을 말씀드렸습니다. 파리에서 시작된 소요가 곧 다른 도시와 지방에도 번질 위험이 있다고 아뢰었습니다. 파리의 공공질서를 회복하려면 곧바로 군대를 뒤로 물리고 부르주아 민병대를 창설해야 한다고 말씀드렸습니다. 그리고 국회는 전하께서 국회에 인정해주신 권리를 감사하는 동시에 현재 모든 불행은 근본적으로 대신들을 해임했기 때문에 생겼다고 생각한다는 말씀도 드렸습니다."

이 말을 들은 루이 16세는 이렇게 대답했다.

나는 이미 파리의 무질서 때문에 어쩔 수 없이 그러한 조치를 취했음을 분명히 밝혔소. 오직 나만이 그러한 조치가 필요한지 아닌지 결정할 수 있소. 그러므로 나는 이 문제에 대해 그 어떤 것도 변경할 수 없소. 몇몇 도시는 자중하고 있소. 그러나 파리는 하도 커서 쉽게 감독하기 어렵소. 나는 이 가슴 아픈 상황에서 국회가 충심으로 내게 간언하는 동기가 얼마나 순수한지 의심하지 않소. 그러나 국회가 파리에 나타난다면 아무런 이득이 되지 못할 것이오. 국회는 이곳에서 맡은 바 임무를 빨리 수행할 필요가 있소. 나는 국회가 (헌법을 제정하는) 후속조치를 계속하도록 권유하겠소.

국회의원들은 대개 루이 16세의 답변을 탐탁지 않게 여겼고 일부는 화를 냈다. 이처럼 수도가 무질서한 상태에 빠졌는데 왕이 아무런 조치도 취하지 않고 조용히 지켜보다니. 게다가 국회가 요구한 내용에 대해 별로 호감을 보여주지도 않다니!

국회는 여러 가지 안을 가지고 이러쿵저러쿵 하다가 마침내 법안을 기초할 위원들을 임명했다. 그들은 잠시 따로 모였다가 다음과 같은 법안을 들고 들어왔다.

국민의 뜻을 대변하는 국회는 최근 해임된 네케르와 다른 대신들을 존중하고, 그들의 해임을 애석하게 여기면서 다음과 같이 선언한다.

왕의 대답으로 일어날 수 있는 흉흉한 결과를 예측하고, 우리 국회는 파리와 베르사유에 비정상적으로 집결한 군대를 물리고, 부르주아 민병대를 창설하라고 왕에게 계속 주장한다.

왕과 국회 사이에 아무런 중개인이 존재할 수 없음을 다시 한번 밝힌다.

대신들, 문관과 무관들은 모두 국민의 권리와 국회의 명령을 거스르는 그 어떤 시도에 대해서도 책임을 져야 한다.

현재 대신들과 모든 등급의 사람과 신분, 그리고 모든 자문기관이나 개인은 현재의 불행과 그 뒤의 불행에 책임을 져야 한다.

국가의 채무는 프랑스인의 명예와 충성심에 관련된 것이며, 국민은 그 이자를 갚는 일을 거부하지 않았으므로 그 어떤 권력기관도 '파산'이라는 불경스러운 말을 쓸 권리가 없으며, 그 어떤 형태나 이름으로도 공공의 믿음을 저버릴 권리가 없다.

끝으로 국회는 예전의 결정, 특히 6월 17일, 20일, 23일의 결정을 충실히 지켜나갈 것이다.

국회는 의장으로 비엔의 대주교인 르프랑 드 퐁피냥만 가지고는 부족하다고 생각해서 라파예트 후작을 부의장으로 뽑았다. 이처럼 국회는 자신이 해결할 문제가 산더미처럼 쌓였고 앞으로 밤낮없이 회의를 계속 진행해야 할 텐데 의장만으로 그 격무를 담당하기란 불가능하다는 사실을 이미 깨달았던 것이다.

4
바스티유 정복

7월 13일 밤에는 별다른 사건이 일어나지 않았지만 집에서건 밖에서건 잠들지 못하는 사람이 많았다. 팔레 루아얄에 모인 사람들은 밤새 그곳에 있었다. 정원과 카페에는 사람들이 계속 들어찼다. 그들에게 누군가 숙청대상자 명단을 돌렸다. 그 명단을 날이 밝는 대로 파리 전체에 뿌릴 예정이었다.

"누구든 아르투아 백작, 콩데 공, 브로이 원수, 베스발 남작, 파리의 새 지사 베르티에 드 소비니, 브르퇴이 남작, 풀롱, 랑베스크 공의 머리를 카보 카페로 가져오는 사람에게 현상금을 주겠다."

명단에 이름이 실린 사람들이 바스티유가 정복된 뒤 서둘러 외국으로 망명한 까닭을 이해할 수 있다.

팔레 루아얄에 모인 사람들은 조직적인 외국인 부대와 맞서려면 화기가 필요하다고 생각하고, 도대체 어디서 그 많은 무기와 탄약을 구할지 계속 궁리했다. 두 곳이 가장 유력한 후보지로 자연스럽게 떠올랐다. 군원호원(앵발리드)과 바스티유 요새. 물론 그 두 곳만이 후보지는 아니었다. 저녁 6시쯤 샹드마르스의 군인들에게 보급할 밀 수송마차를 가로채 중앙시장으로 가져가 제빵업자에게 팔도록 하면서 파리 근처 고네스 마을에 대포 40문, 부르제에 대포 60문이 있다는 소식도 들었다.

7월 14일에 파리를 공격할 수 있는 병력을 정리해보자. 먼저 일흔 살이 넘은 브로이는 육군대신으로서 베르사유와 파리에 동원된 병력을 가지고 파리 사람들을 쉽게 진압할 수 있으리라고 계산하고 있었다. 그러나 파리의 샹드마르스에 주둔한 병력을 지휘하는 베스발 남작은 브로이 원수와 달리 생각했다. 그는 군사학교를 지휘본부로 삼고 틀어박혀 8만 병력으로 30만 정도의 파리 성인들을 제대로 진압할 수 있을까 의심했다. 샹드마르스에는 3개 스위스인 연대, 3개 용기병 연대와 기마부대가 주둔했다. 파리 외곽의 마을인 생드니에는 5개 연대가 대포 40문을 가지고 있었고 고네스에 대포 40문, 부르제에 대포 60문이 있었다. 세브르에 라이나크 연대와 생클루에 디스바크 연대, 이시에 살리스 사마드 연대, 그리고 샹젤리제, 뫼동, 샤랑통에도 왕에게 속한 외국인 병력이 명령을 기다리고 있었다.

파리의 질서를 유지하는 책임은 세 사람에게 집중되었다. 한 사람은 파리 시장 자크 드 플레셀로서 상임위원회와 함께 민병대에 관한 사항을 결정하는 권한을 가졌다. 그러나 그는 왕이 임명한 시장이며 귀족이었고 보수적인 사람이었기 때문에 오히려 파리를 공격하려는 왕의 눈치를 살피려 했다. 이미 '불법'의 상황이 국회 선포 이후 지속되었고, 왕도 마지못해 추인하면서 거의 한 달을 채우는 시점에 그는 계속해서 시민들의 요구를 '불법'을 앞세워 거절하거나 에둘러서 거절했다. 그는 오직 몇몇 명사들에게만 지지를 받았고 그것으로 족하다고 생각했다. 무기를 확보하기를 바라면서도 그것을 '반란자'의 손에 넘겨주기는 싫었다. 파리 시 당국은 군원호원에 소총 3만 2,000정이 있음을 파악했다. 그러나 그곳에 탄약은 부족했다. 파리의 대표 몇 명이 군원호원장 송브뢰이와 샹드마르스 주둔군 사령관 베스발에게 가서 파리 민병대에게 무기를 지급해달라고 말했다. 그러나 베스발은 베르사유에 먼저 보고하고 명령을 받아야 한다고 대답했다. 이렇게 해서 13일 밤은 아무 일도 없이 지나갔지만 파리 시민들은 자기 손으로 무기를 구해야 한다는 결심을 굳혔다.

두 번째로 언급할 사람은 베스발 남작이지만 몇 번 이야기했으므로 세 번째 인물로 넘어가자. 로네 후작(베르나르 르네 주르당)은 바스티유 사령관이었다. 그의 아버지가 바스티유 사령관이었기 때문에 그는 1740년 바스티유에서 태어났고, 1776년 아버지의 뒤를 이었다. 그는 6월 말 파리 주민들이 아베 감옥을 공격해 프랑스 수비대 병사들을 구출했다는 소식을 듣고 바스티유의 수비를 강화했다. 그러나 그에게는 원래부터 거기에 배속된 퇴역군인 82명, 7월 1일 군원호원에서 파견한 상사 1명과 중사 12명, 그리고 7월 7일 오전 4시에 도착한 스위스인 병사 30명, 모두 125명이 있었다.

14일 화요일, 팔레 루아얄에서 아침을 맞이한 사람들이 소리쳤다. "군원호원으로!" 사람들은 먼저 시청 광장으로 가서 대열을 정비하고 파리 시 검찰관 에티 드 코르니의 뒤를 따라 시청에서 서쪽 강 건너편에 있는 군원호원을 향해 행진했다. 프랑스 수비대 병사들도 그들과 함께 갔다. 사람들은 비교적 질서를 잘 지켰고, 가는 도중에 다른 사람들도 속속 합세했다. 특히 법원의 서기들이 빨간 제복을 입고 합세했고, 생테티엔 뒤 몽 본당신부가 교구민을 이끌고 합세했다. 그들이 가는 길은 위험했다. 군원호원 가까이 3개 스위스인 부대가 있었고, 군원호원에도 툴 포병연대의 분견대가 대포와 탄약을 가지고 지키고 있었기 때문이다.

그러나 시위대는 군원호원 참호 뒤에 군인들이 무기를 가지고 경계하는 모습을 보면서도 별로 두려워하지 않고 행진했다. 무장하고 대기하던 군인들은 건물로 들어가고 평소처럼 경계병들만 남았다. 시위대는 건물 앞에 도착했다. 시위대를 이끈 코르니는 철문 앞에 서서 군원호원장을 만나 무기고를 열고 민중에게 무기를 내어주라고 요구했다. 송브뢰이 후작이 망설이며 선뜻 대답하지 못하자 민중이 곧바로 호를 넘어갔다. 시위대는 아무런 저항을 받지 않고 소총 3만 2,000정과 대포 20문을 빼앗았다. 그들은 다른 물건에는 손대지 않고 무기만 가져갔다. 베스발 남작은 부르주아 민병대가 무기를 지급해달라고 요청한 내용을 베르사유에 보고하고 나서 이른 아침부터 보병, 기병, 포병을 샹드마르스에 모이게 했지만 부하들이 시위대를 막으라는 명령을 듣지 않았다. 시위대는 화기를 얻었지만 탄약은 얻지 못했다. 그들은 시청으로 모였고 거기서 다시 바스티유로 갔다.

생탕투안 문밖(포부르 생탕투안)에 사는 사람들은 바스티유의 위압적인 모습을 보면서 살았다. 바스티유는 원래 파리의 동쪽에서 오는 적을 막으려고 세운 요새였다. 왕국이 통합되면서 그 기능을 많이 잃었지만 거기에는 여전히 요새 사령관이 부대를 데리고 주둔했고 더욱이 왕립감옥이 있었다. 크기는 가로세로가 각각 60미터에 30미터이며 건물 높이는 25미터 정도였다. 동쪽 끝으로 화살촉 모양을 한 이 요새의 둘레에는 너비 25미터, 깊이 8미터의 해자를 둘렀다.

1789년 7월이 되면서 파리 민심이 더욱 흉흉해지자 바스티유 사령관 로네 후작은 경비를 강화했다. 그는 약 4킬로그램짜리 탄환을 날릴 수 있는 무거운 대포 15문, 이리저리 쉽게 끌고 다닐 수 있는 똑같은 구경의 대포 3문과 함께 머스킷 총 12정을 배치해놓았다. 사실상 그날까지 바스티유의 대포는 거의 쓸 일이 없었고 기껏해야 화약을 채워서 축포를 쏘는 일만 했다. 그럼에도 대포를 배치하는 것만으로도 주민들을 충분히 겁먹게 만들었다. 또 성벽에는 포석과 쇳덩어리를 쌓아놓고 탄약이 떨어지면 던지거나 입구에 장애물을 설치할 준비를 갖추었다.

파리 선거인으로서 7월 14일에 일어난 일에 대해 자세한 보고서를 남긴

피트라L.-G. Pitra는 시청의 상임위원회가 13일 병기창(아르스날)에 대표단을 보내 탄약을 넘기라고 했지만 이미 바스티유 요새로 탄약을 옮겼다는 얘기만 들었다고 말했다. 그 말은 사실이었다. 생탕투안 문밖 주민들은 지난 이틀 사이 근처의 병기창에 보관하던 화약 250통(약 1.5톤)을 요새에 옮겨놓았다는 사실을 알았다. 그들은 자기 선거구를 향해 배치된 대포를 보면서 불안했기 때문에 14일 오전 8시쯤 파리 시청의 상임위원회에 하소연했다. 상임위원회는 사령관 로네 후작에게 대표단을 보내 지역 주민들의 바람을 전하게 했다.

시청 대표단으로 화승총 부대 장교 벨롱, 부사관 샤통과 빌포드를 임명했다. 세 사람이 10시쯤 로네 사령관에게 찾아가니 사령관은 그들을 우호적으로 맞아주었다. 어떤 목격자는 군중이 대표단의 안전을 보장하는 뜻에서 인질을 대신 내놓으라고 했고 로네 사령관은 부사관 네 명을 인질로 내놓았다고 말했다. 로네 사령관은 대표단에게 함께 점심이나 먹으면서 얘기하자고 말했다. 대표단은 사령관에게 화약을 달라고 요청하고 바스티유 근처 주민뿐만 아니라 파리를 위협하는 대포를 뒤로 빼달라고 했다. 로네 사령관은 흔쾌히 그 청을 들어주었다.

그런데 밖에 모인 군중은 바스티유 성벽 위에 설치한 대포가 뒤로 물러나는 모습을 보고 오해했다. 시청 대표단이 사령관과 우호적으로 대화를 나누는 사이, 밖에 모인 군중은 요새 수비대가 자신들에게 공격을 퍼부을 준비를 갖추려고 대포를 장전한다고 잘못 판단했다. 로네 사령관이 호의로 대표단을 맞이하는 사이, 대표단은 중요한 시간을 낭비했다. 밖에 모인 사람들은 요새 안에서 일어나는 일이 궁금했고 대포를 쏠 준비를 갖추는 것은 아닌지 의심했다. 이렇듯 군중이 점점 더 불안해했음에도 대표단은 늑장을 부렸던 것이다.

밖에 모인 사람들은 두려워서 근처에 있는 생루이 교회로 뛰어들어갔다. 그곳에는 생루이 드 라퀼튀르 선거구 지도자들이 회의를 하고 있었다. 변호사 튀리오 드 라로지에르는 그 선거구의 위원으로서 그날의 활약으로 유명해졌고 나중에 국민공회까지 진출한다. 특히 그는 로베스피에르의 독재정을 심판하는 테르미도르 9일(1794년 7월 27일)에 국민공회 의장으로 활약한다. 튀리오는 몇 사람의 호위를 받으면서 사령관을 만나자고 했고 로네 사령관은 파리 시 대표단과 이야기를 하다가 튀리오를 만났다. 그는 튀리오에게 오해하지 말라고 말하면서 바스티유의 탑 위로 그를 데리고 올라가 적대행위가 일어나지 않을 것임을 확신시켜주었다.

튀리오 일행은 만족해서 바스티유 안마당으로 내려오다가 스위스인 병사들과 퇴역군인들에게 파리 주민들을 해치지 않겠다는 약속을 해달라고 요구했다. 로네는 순순히 병사들에게 "공격을 받지 않는 한 무기를 사용하지 않겠다"는 맹세를 시켰다. 그러나 분위기가 조금 바뀌었다. 로네는 튀리오를 데리고 탑에 배치한 대포를 보여줄 때 밖에 모인 군중을 보고 속으로 튀리오가 협상을 가장한 채 요새를 공격할 시간을 벌려는 것이 아닌가 의심했다. 더욱이 그의 참모들은 튀리오가 항복을 권유하자 완강히 버텼기 때문에 로네의 마음이 군인의 마음으로 바뀌었다. 그는 튀리오에게 이렇게 말했다. "나는 병사들에게 만일 공격을 당하면 발포하라고 명령하겠소." 잠깐 사이 로네의 마음이 바뀌었던 것이다. '공격당하지 않는 한 무기를 사용하지 않겠다'는 말과 '공격받으면 발포하라고 명령하겠다'는 말은 다르다. 무기를 사용하는 것은 발포하지 않고서도 가능하기 때문이다.

바스티유에서 나온 튀리오는 시위대에게 안에서 보고 들은 대로 말했지만 그들은 믿지 않았다. 어떤 사람은 도끼로 튀리오의 머리를 겨눈 채 시청까지 데려가 튀리오가 상임위원회에 보고하는 소리를 곁에서 들었다. 상임위원회는 곧 튀리오를 바스티유에 다시 보내 파리 시 당국의 공식의지를 알리도록 했다. 이렇게 협상을 하는 사이, 군원호원에서 무기를 빼앗은 사람들도 바스티유로 모여들었다. 시청의 상임위원회는 대표단의 보고와 튀리오의 말을 종합해서 듣고 될수록 피를 보지 않도록 하려는 목적에서 또다시 대표단을 바스티유로 보냈다. "1789년 7월 14일, 파리 시청에서 작성한" 「파리 선거인 의회 보고서」는 이에 대해 증언한다.

바스티유 요새 사령관 로네에게 대표들을 보내는 것이 가장 현명하다고 판단했다. 대표단은 로네 사령관에게 파리의 이름으로 다음과 같은 내용을 전하도록 했다. 시민들에게 무기를 쓰지 말 것, 그 대신 파리 코뮌에 무기를 내주어 공공질서를 지키려는 목적으로만 사용할 수 있게 할 것.
그 결과, 선거인 의회 의장 들라비뉴, 선거인 시냐르, 포셰 신부, 그리고 브르타뉴 지방의 전국신분회 예비대표인 르데이스트 드 부티두가 다음과 같은 결정사항을 들고 바스티유로 갔다.
"파리 민병대의 상임위원회는 파리 시가 통제하지 못하는 병력이 파리에 있어서는 안 된다고 생각하면서, 바스티유 요새 사령관 로네 후작에게 대표단을 보내, 상임위원회의 지휘를 받는 파리 민병대를 바스티유에 수용해 그곳의 부대와 협력하게끔 요청하도록 한다."

두 번째 대표단은 11시쯤 바스티유로 갔다. 이들의 목적은 로네 사령관을 만나는 한편, 생탕투안 문밖 주민들에게 로네 사령관의 우호적인 말을 전해주려는 데 있었다. 그러는 사이에 바스티유 요새 근처에는 사람들이 더 많이 몰려들었다. 나중에 정복자들의 명단이 나오고 출신 지방을 분석해보니 파리 사람들뿐만 아니라 여러 지방 출신도 바스티유 공격에 가담했음을 알 수 있었다. 아무튼 정오가 지날 때까지 바스티유 사령관과 파리 시청 사이에 오간 협상 내용, 또 튀리오가 사령관을 만난 내용을 전혀 모르는 사람들이 바스티유로 몰려들었고, 그들 가운데 누구 한 사람이라도 이성을 잃고 선동하면 곧 불길이 솟아오를 분위기가 무르익고 있었다. 생탕투안 거리로 바스티유에 접근하는 사람들이 큰 소리로 외쳤다.

"우리는 바스티유를 원한다! 군인들을 끌어내려라!"

군인들이 묵는 병사의 앞마당은 비어 있었다. 평소에는 거기로 들어가 전진초소의 도개교를 지나면 바스티유 요새 사령부로 통하게 되었는데, 로네 사령관은 도개교를 올려서 시위대를 막았다. 용감한 사람 둘이 사다리를 타고 수비대 전진초소의 지붕 위로 올라갔다. 한 사람은 도팽(왕세자) 보병대 병사 루이 투르네였고, 다른 사람의 이름은 확인하기 어렵다. 두 사람은 도끼로 도개교의 사슬을 끊었다. 다리가 내려오자 군중이 두 번째 마당으로 들어갔다.

어디서 또 누가 먼저 총을 쐈는지 모르지만 아무튼 바스티유를 지키는 병사들이 총을 쐈다. 그들은 바스티유가 공격을 받으면 총을 쏘라는 지시를 받았기 때문에 명령대로 행동했다. 이렇게 해서 쌍방의 전투가 시작되었다. 공격자들은 수가 많았지만 오합지졸이었다. 그러나 경험자가 나서면서 자연스럽게 사기를 높였다. 한 사람은 왕비 소속 연대의 소위 제복을 입은 엘리Elie였고, 또 한 사람은 옛날 콩플랑 후작의 하인 노릇을 하다가 이제는 에피네 교구의 라브리슈에서 세탁장을 운영하는 평범한 시민 윌랭Hullin이었다. 이날 이후 엘리는 금세 대위로 진급하고, 훗날 혁명전쟁에서 공을 세운다. 윌랭은 더 크게 성공했다. 그는 나폴레옹 제국에서 장군이 되었다. 그러나 말년에는 불행하게도 눈이 먼다.

첫 번째 전투에서 두 사람이 쓰러졌다. 사람들은 그들의 주검을 시청으로 옮겨놓았다. 한 사람의 신원이 밝혀졌는데 제화공 장 팔레즈였다. 나머지 한 사람의 신원은 이듬해 밝혀졌다. 그는 가로등 점화부 루소였다. 이렇게 희생자가 나오니 이제부터라도 효과적인 방법을 찾아 바스티유를 공격해야 했다. 아무리 시위대가 압도적으로 다수라 할지라도 높고 두꺼운 바스티유의 벽을 총, 칼, 도끼로 공격할 수는 없는 노릇이었다.

바스티유 공격자는 비조직적인 다중이었지만 그 속에는 다양한 경험을 한 사람들이 있었다. 찾으면 여러 분야에 쓸모 있는 경험자가 반드시 나오게 마련이었다. 그러나 아직 그러한 사람보다는 용기만 앞서는 사람이 나타났다. 프로방스 연대 군인으로 별명이 '꽃무(지로플레)'인 바롱과 이름 모를 사람이 힘을 합쳐 대포를 끌어다 병기창과 통하는 큰길에 설치하고 쐈다. 결과는 끔찍했다. 대포가 반동으로 뒤로 밀리면서 두 사람을 덮쳤다. 그들은 큰 부상을 입었다. 첫 번째 공격에서 실패할 때 약삭빠르게 몸을 사릴 줄 아는 사람은 이미 집으로 돌아갔는데, 이번 포격에서 두 사람은 본의 아니게 다쳐서 뒤로 빠져야 했다. 그 와중에 병사 앞마당에서 아가씨 한 명이 잡혔다. 시위대는 그가 사령관의 딸인 줄 알았지만 사실상 퇴역군인 부대장의 딸인 몽시니였다. 극도로 흥분한 몇 사람이 아가씨를 데리고 해자 근처로 가서 성벽 위를 향해 으름장을 놓았다. "만일 항복하지 않으면 아가씨를 산 채로 태워버리겠다!" 다행히 그런 일은 일어나지 않았다. 오뱅 본메르가 아가씨를 그들 손에서 빼앗다시피 구해주었기 때문이다.

파리 시청에서 세 번째 대표단을 바스티유로 파견했다. 그들은 오후 세 시쯤 바스티유에 나타났다. 아침에 앞장서서 군원호원으로 갔던 에티 드 코르니 일행이었다. 바스티유 앞이 혼란스럽기 때문에 대표단은 북치기와 흰색 깃발을 든 기수를 앞세우고 병기창으로 갔다. 병기창 문은 이미 바스티유를 공격하던 사람들이 부숴버렸기 때문에 그들은 병기창 마당을 통해 바스티유로 접근했다. 생탕투안 거리에서는 계속 총격전이 벌어졌기 때문이다. 대표단은 여러 번이나 총격을 중단하라고 신호를 보냈지만 쌍방이 다 제대로 알아듣지 못했다. 그때 로네 사령관은 성벽 위에 흰 깃발을 세우고 공중에 위협사격을 하라고 병사들에게 명령했다. 대표단은 로네 사령관이 신호를 알아들었다고 생각했지만, 곧 눈앞에서 시위대 세 명이 쓰러지는 것을 보았다. 스위스인 부대 병사들과 공격자들은 목숨을 걸고 싸우느라 바스티유 요새 참모들과 퇴역군인들이 싸움을 멈추라고 소리를 질러도 알아듣지 못하고 서로 공격했다. 대표단은 아무런 성과도 이루지 못한 채 시청으로 돌아가야 했다. 성벽 위에서 대표단이 돌아가는 모습을 보면서 로네 사령관은 이렇게 말했다.

"그들은 우리를 기습 공격할 심산으로 왔던 것이구나."

시간이 흐를수록 시위대만 희생되면서 그들은 더욱 분한 마음이 들었다. 그들은 돌로 지은 벽과 감옥과 요새를 무너뜨리지 못한다 해도 외부에 잇대어 지은 병사와 사령관 저택을 불태우거나 파괴할 수는 있었다. 그렇게라도 해서 분을 풀어야 했다. 그들은 수레에 짚단을 끌어다 마당에 쌓아놓고 불을 붙였다. 불길이 치솟고 검은 연기가 피어오르자 요새를 수비하던 병사들이 더욱 거세게 총을 쏴댔다. 그런데 불길은 오히려 공격자에게 불리해졌다. 요새를 볼 수 없게 만들었을 뿐만 아니라 가장 무더운 여름날의 오후를 더욱 뜨

겁게 달구었기 때문이다. 공격자를 지휘하던 엘리는 불붙은 수레를 뒤로 끌어가게 했다. 그때 시위대와 합류한 프랑스 수비대 병사들이 시청에서 대포 2문을 끌고 나타나 바스티유를 겨누었다. 제아무리 대포를 마구 쏴댄다 할지라도 두께 2미터짜리 벽을 무너뜨리기란 쉽지 않았을 것이다. 더욱이 탄약도 변변히 갖추지 못한 공격자들이었다. 하지만 바스티유를 지키는 사람들을 질겁하게 만들기에는 충분했다. 안에서 공격을 당하던 사람들이 남긴 보고서를 보면, 로네 사령관은 시위대가 대포를 가져다 설치하는 것을 보고 질겁했다. 앞서 말했듯이 로네 사령관은 바스티유에서 태어나 아버지의 뒤를 이어 요새 사령관이 되었지만 전투경험이 거의 없는 사람이었다. 그는 머리가 확 돌아버린 듯이 곧 부하 참모들과 의논하고, 어서 탄약고로 가서 탄약을 가져다가 벽을 허물어 공격자들을 깔아뭉개자고 했다. 부사관 두 명이 사령관을 겨우 말렸다. 이러한 증언을 보면 요새 수비자들이 그날 시위대를 향해 총을 쏘면서도 이미 정신적으로 지고 있었음을 알 수 있다.

로네 사령관은 더는 명령을 내릴 처지가 아니었다. 절망한 그는 부하들과 상의했다. 부하들은 파리 주민들을 모두 죽일 만큼 탄약도 없고, 대포의 구경에 맞는 포탄도 절대적으로 부족하며, 앞으로 더 오래 버티려 애를 써도 식량이 곧 바닥날 것이라고 말했다. 그리고 결국 성벽에 흰 깃발을 꽂고 북을 쳐서 항복하는 길이 최선이라고 말했다. 로네 사령관은 손수건을 꺼내 부사관에게 건넸다. 부사관 두 명이 탑 꼭대기에 올라서서 북을 치고 손수건을 흔들었다. 그러나 싸움은 계속되었다. 공격자들은 그 신호를 보지 못했는지 반 시간 이상 계속 총을 쏴댔다. 공격자들은 그 신호가 무슨 뜻인지 몰랐을 가능성이 높다. 신호는 쌍방이 모두 알아야 효력이 생기는 법이다. 서로 다른 언어로 토론할 수 없는 이치와 같다.

바스티유에서는 응사를 하지 않았지만 공격자들은 어떻게든 요새 안으로 들어가려 했다. 그들은 도개교를 내리라고 소리치면서 몰려들었다. 로네 사령관은 플뤼 중위에게 쪽지를 써주면서 협상을 하라고 명령했다. 플뤼 중위는 도개교 사이로 공격자들에게 말했다. 그는 쌍방이 완전히 적대행위를 끝내자고 제안하고 바스티유 사령관과 부하들이 밖으로 나갈 테니 털끝 하나 건드리지 않겠다는 약속을 해달라고 요구했다. 그러나 군인과 민간인의 싸움이 아니던가? 군인이 민간인을 상대로 발포하기 시작하고 불리하니까 민간인에게 전쟁포로로 명예롭게 대해달라고 요구한다고 해서 경험도 없는 민간인이 그것을 어떻게 이해하고 받아들이겠는가! 플뤼 중위의 제안은 성난 군중의 아우성에 파묻혔다. 잠시 후 플뤼 중위는 도개교의 틈새로 사령관이 써준 쪽지를 내밀었다. 바깥쪽의 공격자들은 쪽지를 받으려고 판자를 구해 임시다리를 놓았다. 판자를 구해 온 사람의 이름은 공식적으로 밝혀지지 않았다. 역사가 페르낭 부르농Fernand Brenon은 그가 생탕투안 문밖에서 맥주양조업을 하다가 혁명군에서 활약하게 되는 상테르Santerre의 집에서 일하는 17세장 마리 실뱅 고미였을 것으로 추정한다. 공격자들은 쪽지를 읽었다.

"우리는 화약을 2만 통이나 갖고 있습니다. 만일 우리의 항복을 받아주지 않는다면 우리는 화약으로 이 요새와 선거구를 날려버리겠습니다. 1789년 7월 14일 오후 5시, 바스티유 사령관 로네."

엘리는 그 조건을 받아들이기로 했다. 안에서 곧 도개교를 내리자 엘리와 윌랭이 앞장서서 안마당으로 들어갔다. 부사관들은 오른쪽 벽에 무기를 가지런히 기대놓고 그 앞에 정렬해 있었고, 맞은편에는 스위스인 부대 병사들이 정렬해 있었다. 시위대는 그들에게 해코지를 하지 않았지만 퇴역군인들에게는 무자비하게 대했다. 퇴역군인들이 프랑스인 형제들에게 총을 쏜 것을 용서할 수 없었기 때문이다. 시위대는 자기 손에 들고 있는 무기로 그들을 마구 때려 여럿을 다치게 했다. 그러고 나서 시위대는 참모부 건물로 들어가 마구 뒤졌다. 그들은 사령관 로네 후작을 찾아다녔다. 그야말로 시위대의 희생자에 대해 책임을 져야 할 사람이었기 때문이다. 그들은 로네 사령관을 쉽게 알아보았다. 비록 사령관이 모자를 쓰지 않고 생루이 십자훈장도 달고 있지 않았지만 옅은 회색 연미복을 입고 진홍색 리본을 달고 있었다.

누가 먼저 로네 사령관을 알아보았을까? 바스티유 공격에 가담하고 공격 장면을 글과 그림으로 남긴 숄라Cholat는 자신이 그를 알아보았다고 말했다. 그러나 숄라는 그날 아침 엉뚱한 사람을 콩티 공으로 오인하고 화약고 책임자 클루에를 잡아 사령관이라고 지목했기 때문에 사실상 복장만 가지고 누가 누구인지 구별할 능력이 없는 사람이었음이 분명하다. 목격자들은 프랑스 수비대 척탄병 아르네를 지목했다. 아르네가 먼저 알아보았다 하더라도 여러 사람이 로네 후작을 잡아 엘리와 윌랭 앞으로 끌고 갔다. 로네 후작은 잡히기 직전 단도로 자결하려 했으나 실패했다. 이처럼 바스티유 요새는 사령관 로네 후작을 붙잡으면서 시위대의 손에 완전히 들어갔다.

5
바스티유의
피정복자들 1

바스티유의 정복자들은 로네 후작을 시청으로 안전하게 호송해야 했다. 바스티유에서 시청으로 가는 길에는 로네 후작을 잡아먹지 못해 안달인 사람들이 늘어서 있었기 때문에 그들 사이를 헤치고 그를 데려갈 일이 막막했다. 그것은 미슐레의 말대로 '헤라클레스의 숙제'처럼 험난한 길이었다. 윌랭이 로네 후작을 공격하는 사람들을 막으면서 앞으로 나아갔지만, 어떤 사람이 칼로 그의 오른쪽 어깨에 상처를 내고, 또 어떤 사람이 가발을 묶은 주머니를 잡아채는 것을 막을 수 없었다. 시청으로 가는 길에 로네 후작은 수없이 공격받았다. 온갖 욕설, 발길질, 주먹질, 몽둥이찜질, 여러 가지 방식으로 모욕을 당하자 그는 마침내 "차라리 죽여달라"고 사정했다 한다. 요리사 데노^{Desnot}가 로네 후작을 칼로 찔러 죽였다. 그러나 데노는 이듬해 1월 12일 샤틀레 재판소에서 심문을 받을 때 자신은 이미 죽은 후작을 칼로 찔렀을 뿐이라고 발을 뺐다.

로네 후작은 바스티유에서 스스로 목숨을 끊으려다가 저지당한 뒤 한 시간 동안 갖은 학대를 받다가 죽었다. 군중은 로네 후작의 머리를 잘라 창끝에 꿰어 들고 시청으로 행진했다. 바스티유 요새의 참모인 롬도 시청 광장까지 끌려가 처형당하고 머리를 잘렸다. 파리 코뮌의 대표인 뒤조^{Dusaulx}는 『일주일의 업적 Œuvres des sept jours』에서 그날 펠포르 후작도 살해당했다고 말했다. 후작은 학대를 당하는 롬을 보호해주었기 때문에 미움을 샀다는 것이다. 후작은 1780년대 중상비방문 작가로서 바스티유 감옥에 갇혔던 전력이 있는 사람인데 이번에는 바스티유 요새의 참모를 구하려다 목숨을 잃은 셈이다. 아무튼 군중이 세 사람을 모두 죽이고 난 시간은 오후 5시 30분이었다.

그들과 함께 바스티유의 부참모 미레는 투르넬 거리에서, 퇴역군인 부대 중위 페르송은 포르 오 블레(밀〔부리는〕나루)에서 각각 살해당했다. 사람들은 이들의 머리도 잘라 창끝에 꿰어 들고 행진했다. 로네 후작이 바스티유에 보관하던 화약에 불을 지르라고 할 때 말렸던 부사관 베카르는 생탕투안 거리에서 목숨을 잃었다. 사람들은 그의 오른손을 잘라내고 주검을 그레브 광장

(시청 광장)으로 끌고 갔다. 그 밖에도 사람들은 스위스인 병사 한 명을 죽여 주검을 훼손한 뒤 샤틀레 감옥으로 가져갔다. 당시 시체공시소가 그곳에 있었기 때문이다. 신원을 밝힐 수 없는 퇴역군인 한 명도 그때 처형당했다.

참모부의 장교 가운데 국왕대리관 퓌제만이 살아남았다. 그는 나중에 자신이 피신한 방법을 회고하면서 병사 두 명이 그를 알아보고 변장시켜 성난 군중에 뒤섞일 수 있게 도와주어 위험을 벗어난 뒤 생마르소 문밖에서 밤새 길을 헤맸다고 말했다. 부사관 열여덟 명은 죽음의 문턱까지 갔다가 살아났다. 그들은 그레브 광장으로 끌려가면서 군중이 계속 "그들을 목매달아라, 죽여라, 태워라!"라고 외치는 소리에 몹시 두려웠다. 파리 시 당국자 한 사람도 그들을 당장 목매달아 죽여 마땅하다고 했다. 그러나 프랑스 수비대 병사들이 그들을 살려달라고 간청했고 병사들에게 형제애를 느끼던 군중이 한목소리로 "포로들에게 자비를!"이라고 외쳤다. 사람들은 그들에게 시원한 음료를 주고 나서 프랑스 수비대 병사들과 함께 하룻밤을 재우고 이튿날 군원호원으로 보냈다.

스위스인 부대 장교 플뢰도 시청으로 끌려갔다. 그는 시청 광장에서 창끝에 꽂힌 로네 후작의 머리를 알아보았다. 그는 상임위원회 앞에 고발당했다. 상임위원회는 그에게 바스티유를 지키면서 무고한 시위대를 죽여 인민의 피를 흘리게 한 죄를 물었다. 그는 명령에 복종해야 했으며 다른 방법이 없었다고 주장할 뿐 달리 할 말이 없었다. 누군가 "우린 죽일 만큼 죽였다"고 큰 소리로 말하자 사람들이 그 말에 박수를 쳤다. 그렇게 해서 플뢰와 부하 몇 명은 목숨을 구원받고 팔레 루아얄로 끌려가서 사람들 앞에 섰다. 사람들은 그들을 포로로 대접해주고 그 자리에서 10에퀴(50리브르)를 모금해주었다. 이튿날 플뢰의 친구들은 그를 빼돌려 숨겨주었다. 파리인들이 마음을 바꿔 그를 해칠지도 몰랐기 때문이다. 플뤼는 그달 말에야 사람들이 자기를 잊어버린 줄 알고 밖으로 나가 퐁투아즈에 있는 자기 연대로 되돌아갔다.

시위대는 바스티유 장교나 병사의 주검 7구를 그레브 광장에 그대로 놓고 모두 집으로 돌아갔다. 자정이 지나서 부르주아 민병대가 순찰을 돌다가 우연히 주검을 발견하고 당시 시체공시소가 있던 샤틀레 지하감옥으로 옮겼다. 민중이 창끝에 꿰어가지고 돌아다니던 머리도 이미 밤 11시경 그곳에 안치했다. 시체공시소의 서기가 작성한 등록부를 보면 학살이 얼마나 끔찍했는지 알 수 있다.

1789년 7월 15일 수요일 밤 0시 30분……, 우리는 남성의 시신 7구가 샤틀레 마당에 놓여 있는 것을 보았다. 첫 번째 시신은 머리가 없고, 정장 차림에 조끼와 고급 내의를 입고 검은색 비단양말을 신었으며 신발은 신지 않았다. 두 번째 시신은 머리가 없고 붉은색 상의에 난징무명으로 짓고 단추를 단 퀼로트를 입고, 푸른색 바탕에 검은색 작은 점이 골고루 찍힌 비단양말을 신었다. 세 번째 시신도 머리가 없고 셔츠와 퀼로트를 입고 흰색 양말을 신었다. 그의 퀼로트 속에서 통신문과 인쇄물 17가지가 나왔다. 어떤 것은 바스티유에 파견된 퇴역군인 부대 대위인 생루이 기사 페르송에게 보내는 것이다. 또 하나는 네케르가 6월 1일 레베이용에게 보낸 편지다. 인쇄물은 전국신분회의 회의록 2점이다. 네 번째 시신도 머리가 없고 피범벅이 된 셔츠, 퀼로트, 검은 양말. 다섯 번째 시신은 셔츠, 푸른 퀼로트, 흰색 각반, 갈색 머리에 나이는 40세쯤, 손목에 칼자국과 목에 심한 타박상. 여섯 번째 시신은 셔츠에 흰 각반, 목에 심한 타박상. 일곱 번째 시신은 셔츠, 퀼로트, 검은 비단양말, 얼굴을 알아볼 수 없을 만큼 뭉개짐.

바스티유 정복자들은 감옥으로 갔다. 요새 한편에 우뚝 솟은 악명 높은 감옥은 5층짜리 둥근 탑 8개로 되어 있었다. 탑마다 그에 걸맞은 이름이 있었다. 바지니에르 탑은 17세기 바지니에르의 영주이자 왕실재정관이 거기 갇혔기 때문에 그런 이름을 얻었다. 베르토디에르 탑도 죄수와 관련되었을 것이며, 리베르테 탑은 그곳에 갇힌 사람들이 다른 탑의 죄수보다 좀더 자유롭게 요새 안을 산책할 수 있었기 때문에 '자유'라는 뜻의 이름을 얻었다. 퓌이 탑은 우물 곁에 있었고, 쿠엥 탑은 한 귀퉁이에 있었으며, 샤펠 탑은 바스티유의 교회 곁에 있었다. 트레조르 탑은 왕실의 재물을 보관하던 데서 나온 이름이며, 끝으로 콩테 탑은 과거에는 파리가 백작령이었기 때문에 생긴 이름이다.

바스티유 감옥은 왕립감옥이었고, 다른 감옥과 비교해볼 때 비교적 운영 방식이 잘 알려져 있었다. 1659년부터 1789년까지 거기 갇힌 사람의 이름을 알 수 있는데, 모두 5,300여 명 가운데 여자보다 남자가 6배(86퍼센트)나 많으며 성직자 400여 명, 귀족 1,000명 미만, 평민 4,000명 이상이었다. 루이 14세·15세·16세 치세의 수감자를 신분별로 보면 각각 귀족 32퍼센트·16퍼센트·17퍼센트, 평민 58퍼센트·72퍼센트·76퍼센트였다. 처음에는 주로 귀족을 가두었지만 18세기 말로 가면서 평민을 더 많이 가두었음을 알 수 있다. 더욱이 1784년 이후에는 바스티유 감옥을 운영하지 않는다는 계획을 세우기도 했다. 그만큼 이 감옥은 왕실재정에 여러모로 부담을 주었다.

1789년 7월 14일 역사적인 날, 정복자들은 감옥에서 수많은 정치범을 구출할 것으로 기대했지만 겨우 일곱 명을 구출했다. 1757년 초 루이 15세를 칼로 찌른 다미엥 사건에 연루된 타베르니에는 1759년 8월 4일부터 30년 동안 갇혔다가 구출되었다. 비트 드 말빌 백작은 정신장애인이었기 때문에 샤랑통 병원에 보내야 했음에도 가족이 바스티유로 보낸 사람이다. 솔라주 백작은 죽어 마땅한 끔찍한 범죄를 저지르고 뱅센 감옥에 갇혔다가, 이 감옥을 더는 쓰지 않게 되어 바스티유로 이감시킨 죄수였다. 나머지 네 명은 장 라코레주, 장 브샤드, 장 앙투안 퓌자르, 베르나르 라로슈로 1787년 초에 사기죄로 갇혔다.

바스티유 정복자들은 그 감옥에는 부당하게 갇힌 사람들이 있을 것이라고 믿었겠지만, 그날 구출한 일곱 명 중 어느 한 명도 "전제주의의 희생자"라고 하기는 어려웠다. 그럼에도 그들은 해방되었다. 사기죄를 지은 사람 네 명은 그 길로 자취를 감추었다. 나중에 그들을 다시 잡아들이려고 했지만 이듬해에도 잡히지 않았다. 그리하여 당국은 더는 그들을 추적하지 않고 사건을 덮어야 했다. 솔라주 백작은 저녁 7시 15분쯤 오라투아르 선거구 의원들 앞에서 자신은 "솔라주이며, 카르몽 후작"이라고 말했다.

"나는 지난 14년 동안 피에르 앙시즈와 뱅센을 거쳐 마지막으로 바스티유 감옥에서 고생했습니다. 특히 바스티유 감옥에서는 지하감옥에 있다가 여러분이 문을 열어주셔서 이렇게 자유롭게 되었습니다. 나를 구출해주신 모든 해방자와 나를 보호해주시는 이 선거구 의회 여러분께 늘 감사하면서 살겠습니다."

리옹 근처 피에르 앙시즈 감옥에서 파리 동쪽의 뱅센 감옥을 거쳐 바스티유로 이감된 솔라주 백작의 경우는 행운이었지만, 비트 드 말빌 백작과 타베르니에는 자유를 그리 오래 누리지 못했다. 두 사람 모두 정신이상자였기 때문에 곧 샤랑통 병원으로 호송되었다.

엄밀히 말해 바스티유의 피정복자들에 포함시키기는 어렵지만 바스티유 정복과 관련해 파리 시장의 운명을 얘기하지 않을 수 없다. 그동안 플레셀은 파리 부르주아 민병대의 무장을 달갑게 생각하지 않았기 때문에 무기와 화약이 있는 곳을 거짓으로 알려주었다. 결국 파리 주민들은 플레셀에 대한 증오를 폭력으로 풀었다. 저녁 6시 15분 전, 보석상 피나르와 프랑스 수비대 병사 앙드레 조나스, 장식용 융단 상인 조제프 퀴엘은 바스티유 사령관 로네 후작과 참모의 소지품으로 시계와 시곗줄, 열쇠 따위를 시청에 가져갔는데, 이때 로네 후작의 주머니에서 플레셀이 보낸 통신문이 나왔다고 한다. 『의회의 역사*Histoire Parlementaire*』에서는 통신문의 내용을 이렇게 밝혔다.

> 나는 파리 사람들이 모표를 달고 온갖 구호를 외치면서 다니는 모습을 보면서 웃습니다. 부디 밤까지만 견디기 바랍니다. 그때까지는 지원부대가 반드시 도착할 테니까요.

한편 당시에 가장 많은 독자를 확보하기 시작하던 신문 『파리의 혁명 *Révolutions de Paris*』에서는 플레셀이 밤에 지원군 6,000명이 도착할 것이라고 쓴 쪽지가 나왔다고 했다. 파리 선거인의 상임위원회는 이 편지를 읽었고 시장 플레셀은 부들부들 떨면서 뜻 모를 말을 지껄였다. 상임위원인 가랑 드 풀롱이 호통쳤다.

"여기서 썩 나가시오. 당신은 반역자요. 당신은 조국을 배반했소. 그러니 조국이 당신을 버린 것이오."

플레셀은 당장 그레브 광장으로 끌려 나갔고 권총으로 사살되었다. 사람들은 그의 머리를 잘라 창끝에 꿰었다. 플레셀이 실제로 어떤 쪽지를 썼는지 정확히 밝히기는 어렵지만 귀족이며 왕이 임명한 파리 시장이었던 그가 로네 사령관 편에서 바스티유를 지켜야 한다고 생각했을 가능성이 크다. 그가 무기와 화약이 있는 곳에 대해 여러 차례 거짓말을 하면서 파리 시민들을 우롱하고 그 때문에 처형당한 것은 분명히 역사의 일부다.

바스티유를 정복한 시위대는 거기서 깃발을 빼앗고 부르주아 민병대 100여 명을 배치해 적들이 바스티유를 되찾지 못하게 했다. 바스티유 요새의 창고에는 밀가루 자루와 통, 대포 16문, 포탄, 총알, 화약이 쌓여 있었다. 정복자들은 전리품을 모두 시청으로 가져갔다.

그러나 안타까운 일도 일어났다. 바스티유의 역사와 프랑스의 역사를 알려줄 귀중한 문서가 뿔뿔이 흩어졌던 것이다. 정복자들은 문서의 소중함을 모르고 마구 찢고 짓밟고 공중에 흩뿌렸다. 약삭빠른 사람은 문서를 모아 외국으로 빼돌리기도 했다. 러시아 대사관에 근무하던 키예프 귀족 출신 표트르 뒤브로프스키는 이 기회를 이용해 귀중한 문서를 수집한 뒤 알렉산드르 대제에게 팔았다. 그 문서 가운데는 볼테르에 대한 기록도 포함되었다. 그리고 바스티유 감옥의 수감자와 거기 보관했던 금서에 관한 문서도 뿔뿔이 흩어지거나 완전히 사라졌다. 7월 16일 파리 선거인 의회는 서류를 구하기로 결정하고 문서수집 위원도 임명했다. 뒤조, 샹세뤼, 고르노, 카이요 같은 선거인이 위원으로 임명되어 문서를 회수했다. 그러나 문서분류 작업은 19세기 말에야 비로소 어느 정도 끝났다. 오늘날에도 바스티유 문서의 실제 규모가 얼마나 큰지 완전히 파악하지 못하는 것이 참으로 안타까울 뿐이다.

6
바스티유의
피정복자들 2

비록 바스티유에서 직접 항복하지 않았
다 하더라도 가장 상징적인 피정복자는 바로 루이 16세였다. 왕이 마음을 바
꾸는 과정을 보려면 7월 14일의 국회로 돌아갈 필요가 있다. 7월 초부터 국
회가 공식적으로 헌법을 제정하기 시작했고 왕도 더는 그것을 전국신분회로
되돌릴 수 없게 되었으므로 이제부터라도 그것을 국회라 부르기로 하자. 그
날 오전 국회는 전날 왕에게 대표단을 보냈을 때 들었던 왕의 대답처럼 헌법
을 제정하는 일을 논의하고 저녁까지 정회하기 전에 헌법기초위원 여덟 명
을 임명했다. 그들은 무니에, 오텡의 주교 탈레랑 페리고르, 시에예스 신부,
클레르몽 토네르 백작, 랄리 톨랑달 백작, 보르도 대주교 샹피옹 드 시세, 샤
플리에, 베르가스였다. 그리고 오후 5시에 회의를 속개했을 때 어떤 의원이
당장 왕에게 대표단을 파견해 국회의 요구사항을 전하고 파리 주위에 주둔
한 병력을 되돌려 보낼 때까지 모든 문제의 심의와 의결을 중단하자고 발의
했다. 앙베르메닐의 사제 그레구아르 신부가 일어났다.

여러분, 우리는 (……) 법으로써만 통치하려는 군주를 법 위에서 통치하
게 만들려는 (……) 귀족주의자들이 군대로써 자신들이 저지르는 범죄
를 완성하려는 것을 보고 분노했습니다. 그러나 힘은 정의의 편을 들었
습니다. 파리 시민들은 몸서리를 치면서 자신들의 권리를 위임받은 사람
들을 안전하게 지켜야 한다고 생각했습니다. 프랑스인 병사들은 애국심

이 곧 명예임을 증명했습니다. 그리하여 그들은 자기 형제들을 불행하게 만드는 도구가 될 수 없다고 생각했습니다. (……)

전국신분회를 개최한 뒤 줄곧 우리는 분열되었습니다. 왜냐하면 사람들이 관습 아래 이성을 묻어버리고 자만심 앞에서 정의를 침묵시키려 하기 때문입니다.

우리는 굴욕을 참으면서 살았습니다. (……) 우리는 폭풍우 속에서 살았습니다. (……)

지금까지 온갖 종류의 부패가 만연했던 국가는 국민을 온갖 악덕의 먹이로 내몰기만 했습니다. 가련한 시민, 슬픈 시민은 사슬을 눈물로 적시고 농촌을 땀으로 적시면서도 자기 권리를 감히 주장하지 못했습니다. 그리하여 국가는 시민을 멸망시키는 방향으로 성큼성큼 걸어갔습니다.

그레구아르 신부가 본론으로 들어가기 전에 노아유 자작이 황급히 파리에서 도착해 바스티유가 함락되었고 로네 후작이 살해되었다는 소식을 전했다. 급박한 상황에 의장은 대표단을 이끌고 왕을 만나러 갔다.

부의장 라파예트 후작이 회의를 진행했다. 국회와 파리 사이에 상시연락망을 구축하자는 안, 헌법을 제정할 때까지 회의를 중단하지 말고 진행하자는 안이 나왔다. 그러나 곧 토론이 중지되었다. 파리에서 대표단이 도착했기 때문이다. 대표 두 명 가운데 방칼 데 이사르Bancal des Issarts는 바스티유에서 일어난 전투를 상세히 보고한 뒤 파리 시의 공공안전 상임위원회le comité permanent de la sûreté publique의 결정사항을 읽었다.

위원회는 결정사항을 날마다 국회에 통지한다.

파리 선거인이며 상임위원회 위원 두 사람, 즉 고등법원 변호사 가닐, 공증인 출신 방칼을 위원회 대표로 임명한다.

국회에 파리의 끔찍한 상황을 보고하고, (……) 국회로 하여금 파리에서 일어난 일을 슬기롭게 논의해주기를 간청한다.

끝으로 파리 시 선거인 의회와 상임위원회는 부르주아 민병대를 창설했고, 13일 여러 가지 조치를 결정한 결과 파리에 전보다 평온한 밤을 맞이하게 했음을 설명한다.

국회에서 그동안 시급히 다루지 않던 부르주아 민병대 문제는 파리 시청에 모인 선거인단이 시장에게 압력을 넣어 스스로 해결했고 그 사실을 국회에 통보한 셈이었다.

한편 베르사유 궁으로 갔던 대표단이 국회로 돌아가 왕이 전날 했던 대답에 덧붙일 것이 없다고 했음을 보고했다. 아직 왕은 군대가 파리의 질서를 지켜주고 더 나아가 자기 의지에 파리를 복종시킬 수 있으리라 생각했다. 그럼에도 왕이나 브로이 원수가 군대를 움직이도록 명령을 내리지 않은 것은 무슨 까닭일까? 상황을 너무 편하게 생각했던 것일까? 그렇지 않다. 군대가 베르사유와 파리에 주둔하면서 파리로 식량이 들어가지 못하게 막기만 해도 파리는 금세 항복할 것이라고 생각했음이 분명하다. 7월 15일의 국회 의사록을 보면 그 정황을 알 수 있다. 실르리 후작marquis de Sillery은 왕에게 보낼 상주문 초안을 발표했다.

전하, 국회는 수도의 불행으로 깊은 슬픔과 고통을 느끼면서 어제 이미 전하께 파리 근처에 불러 모은 병력을 물리쳐주십사 간청했습니다.

(……)

어제 전하께옵서는 국회의 간청을 들으셨을 줄 압니다. 국회는 병력을 멀리 보내기만 해도 수도의 평온과 질서를 회복할 수 있으리라 믿습니다. 그러나 전하, 어제 바스티유가 공격을 받아 함락되었고 피비린내 나는 살육이 일어났으며 인민은 진정시키기 어려울 정도로 극도의 흥분상태에 있습니다.

오늘 아침에도 파리로 들어가는 밀가루 호송대를 세브르 다리에서 정지시켰습니다. 만일 파리 시민들이 이 소식을 듣는다면 시민들은 더욱 분노하고 혼란이 심해질 것입니다. 전하께옵서는 용감하고 덕스러운 조상 앙리 4세의 영광을 기억하시기 바랍니다. 그분은 파리 시민들이 협조를 하지 않아서 할 수 없이 그들을 공격할 때에도 인정미 넘치게 행동했습니다. 파리 주민들의 식품과 필수품을 실은 마차를 통과시켜주었던 것입니다. 우리는 전하께서 파리 주민의 식량을 호송하지 못하게 막았다고 결코 믿을 수 없습니다.

(청렴하고 절약하는 대신은 전하를 오도하는 사람들의 마음에 들지 않았고, 그리하여 그 대신을 물리쳤습니다. 바로 그것이 파리 시민들이 들고 일어난 유일한 이유입니다. 그러니 이 가증스러운 사람들을 물리치고 청렴한 대신을 다시 부르십시오.)

만일 이러한 방법을 써도 전하의 나라가 평온해지지 않는다면 국회로 오십시오. (……) 전하는 충성스러운 국민에게 둘러싸여 신성한 전하에게 보내는 존경과 사랑의 표시를 보실 것입니다. (……)

수도는 가장 사랑받는 왕이 믿어준다는 사실을 알고 감격해서 곧바로 예전처럼 사랑과 존경심을 회복할 것입니다. (……)

미라보 백작이 일어나서 좀더 강력한 표현을 쓰자고 제안했다.

"앙리 4세가 파리를 공격할 때에도 그분은 수도에 밀을 은밀히 통과시켜 주셨습니다. 오늘날 이 평화로운 시기에 그들은 루이 16세의 이름으로 수도를 굶주림의 공포에 휩싸이게 만들려 합니다."

국회는 당장 왕에게 대표단을 보내 군대를 물려줄 것, 파리에 밀을 들여보내줄 것, 그리고 왕의 긍정적인 대답을 파리에 전달할 수 있게 해달라고 간청하게 했다. 그들은 왕의 긍정적인 대답에 파리 부르주아 민병대를 인정한다는 내용도 포함되기를 바랐다.

대표단이 왕에게 떠날 때 미라보 백작이 일어나 한마디 덧붙였다.

"왕에게 아뢰시오. 우리를 포위한 외국인 부대에 어제 남녀 왕족, 공작, 총신들이 떼 지어 방문해 그들을 위로하고 격려하고 선물까지 주었다고 합니다. 이 외국인 심복부하들은 밤새 황금과 포도주에 절어서 불경스러운 노래를 불러댔는데, 프랑스를 노예로 만들고 국회를 박살내겠다고 했답니다."

미라보 백작이 베르사유 궁으로 가려는 대표단에게 분노에 찬 연설을 하는 동안 리앙쿠르 공작이 미라보 백작의 말을 끊고 말했다.

"전하께서 국회에 납실 것이며 곧 공식 의전담당관이 이 사실을 통보하러 올 것입니다."

11시에 왕이 친위대를 거느리지 않고 단지 동생 두 명만 대동하고 국회 회의실로 들어섰다. 그는 선 채로 단호하게 말했지만 중간중간 의원들의 박수가 터져 나와 연설을 겨우 끝마쳤다.

"여러분, 나는 국가의 가장 중요한 일을 의논하라고 여러분을 불러 모았소. 지금 수도를 지배하는 무정부 상태야말로 가장 시급하고 내 마음에 가장 깊이 영향을 끼치는 일이오. 국가의 수장으로서 나는 국민의 대표들에게 질서와 평온을 되찾을 수단을 마련해달라고 요청하러 여기 왔소. (……) 나를 도와 나라를 구하도록 해주시오. (……) 내 백성의 대표들, 나라를 구하려고 모인 여러분이야말로 가장 확실한 보증인이오. 그래서 나는 신민들의 충성심을 믿고 파리와 베르사유에서 군대를 물리라는 명령을 내렸소. 여러분은 내 결정사항을 파리 시민들에게 알려주시오."

국회의장과 의원들은 모두 감격했다. 왕은 충성스러운 의원들을 보면서 "국회는 왕의 의도와 바람을 충분히 알았을 테니 언제라도 왕에게 원하는 것이 있으면 얘기하라"고 확인해주었다. 이 말을 들은 의장은 "국회는 오래전부터 국왕과 국민의 대표 사이에 아무런 중개자가 끼어들지 않고 직접 소통하기 바랐다"고 강조했다. 왕은 동생들과 함께 국회를 떠났다. 모든 의원이 그들을 문밖까지 배웅했다.

왕이 베르사유 궁으로 돌아가는 길에는 수많은 사람이 모여 기뻐했다. 왕이 제대로 걸음을 옮기지 못할 정도로 사람들이 몰려들었다. 어떤 여인은 무릎을 꿇고 왕의 발을 껴안으려 했다. 사방에서 "왕 만세!" 소리가 울려 퍼졌다. 베르사유 궁의 마당으로 들어설 때까지 사람들이 더 많이 몰려들었다. 악사들은 행복한 노래를 연주해 흥을 돋우었다. 그들은 〈가족의 품보다 더 좋은 곳이 어디 있을까?〉를 연주했다. 의원들은 왕의 처소까지 따라가야 했다. 그의 침실에 붙은 전실인 '황소의 눈'까지 들어갔다가 나왔다. 왕은 더운 날 걸어다니느라고 땀을 몹시 흘렸고 베르사유 주민들이 일으킨 먼지까지 뒤집어쓴 탓에 몹시 피곤했다. 의원들이 물러갔지만 군중의 수는 줄어들기는커녕 더욱 늘어났다. 친위대는 군중을 겁나게 하지 않으려고 무기를 들지 않은 채 왕의 주위를 차단하다가 문을 닫았지만 왕은 되돌아서서 문을 열어두라고 명령했다. 잠시 후 왕과 왕비, 왕세자, 공주가 2층 왕의 침실 발코니에 나타났다. 마당에서 2층을 바라보던 군중이 일제히 외쳤다.

"왕 만세!"

바스티유가 정복된 결과 왕이 의도했던 일은 물거품이 되었다. 루이 16세는 7월 17일에 파리 시청을 방문해 이틀 전 시장이 된 바이이의 환영을 받고 삼색 표식을 받아 모자에 달았다. 그것을 본 군중은 모두 "왕 만세!"를 외치면서 좋아했다. 진정한 화합의 순간이었다. 그러나 루이 16세와 왕정의 패배를 모두가 인정하는 순간이기도 했다. 극작가이며 당대의 문화비평가인 루이 세바스티앵 메르시에는 그날을 기념해 다음과 같은 노래를 지었다.

나는 다양성을 찬미하노라 / 이 리본의, 이 머리장식의.
열광적인 시민은 / 평등하게 장식하노라 / 삼색 표식을 머리에 장식하노라.
사보이 사람이 나란히 걷는다 / 자신이 신발이나 닦아주던 신사와 함께.
국민의 도리깨는 / 불길한 무리를 쫓아내기 위한 것,
단결만이 필요하다 / 푸른색, 붉은색, 하늘색의.
흰색은 순진함을 알려준다 / 진정한 공화주의 정신의.
푸른색은 우리 마음에 예고한다 / 더욱 평화로운 삶이 올 것을.
붉은색이 남았는데, 어찌하면 / 그 근원을 찾아줄 수 있겠는가?
아, 알았노라, 그것은 필시 / 가시가 돋은 뒤에 꽃이 피는 이치임을.
아마도, 매력적인 사람은 / 기사는 저마다 그대의 명분을 지켜주면서
정중하게 가져가려 했도다 / 장미를 꺾으면서 그대의 색깔을.

7
바스티유의
정복자들

7월 15일 왕을 배웅하고 회의실로 돌아간 국회의원들은 대표단 88명을 뽑아 파리로 보냈다. 그들의 임무는 국회에서 왕이 한 얘기를 들려주고 한시바삐 파리에 질서를 되찾아달라고 호소하는 것이었다. 그들은 오후 3시에 파리를 향해 떠났다. 베르사유 주민들의 박수를 받으면서 떠난 그들은 파리로 가는 동안 길에서 만나는 모든 사람에게 환영받았다. 장교건 병사건, 프랑스인이건 외국인이건 모두 그들에게 환호했다. 그들은 "모든 시선이 어떤 기대감을 발산했고 모든 입이 애국심을 말하는 것"을 느낄 수 있었다. 군중 사이를 헤치면서 나아가는 그들에게 적대적인 사람은 한 명도 없었으며 모두가 친구요 형제였다.

파리로 들어갈 때 기마순찰대와 파리 수비대, 나팔수들이 그들을 인도하면서 파리 주민에게 국회의 대표단이 도착했음을 알렸다. 부르주아 민병대와 프랑스 수비대 병사들이 뒤섞여 그들을 호위했다. 그들은 루이 15세 광장에 도착해 마차에서 내렸다. 부르주아 민병대와 병사들이 그들 주위를 지켜주었고 군중이 모두 그들에게 축복의 눈길을 보내주었다. 군중은 즐겁게 박수를 치며 환호하고 악대가 음악으로 잔치 분위기를 한층 북돋았다. 수많은 사람이 감격해서 눈물까지 흘렸다.

"왕 만세! 국민 만세! 의원들 만세!"

그들은 그때까지 그처럼 감동적이고 아름다운 축제를 치른 적이 없었다. 무니에는 이렇게 보고했다.

"우리는 수천의 시민이 그들 대표의 엄숙하고 장엄한 발걸음을 따라 함께 움직이면서 자유에 대해 진지하게 생각하는 모습을 처음 보았습니다. 지금까지의 역사에서 우리는 이런 사례를 찾을 수 없습니다. 우리가 보고 느낀 것을 되풀이해줄 역사는 앞으로도 없을 것입니다."

대표단은 시청으로 가는 도중에 길에 늘어선 시민들의 열렬한 환영을 받았다. 그레브 광장에 도착하니 이미 무장을 하거나 하지 않은 시민들이 그들을 기다리고 있었다. 대표단이 시청 안으로 들어가자마자 국회 부의장 라파예트 후작이 이들을 맞이했다. 라파예트 후작은 "전하께서는 오늘 오전 동생 두 분만 거느리고 국회에 친히 납시었습니다"라고 운을 뗀 뒤 왕이 말한 내용을 읽어주고 국민의 대표들이 왕을 얼마나 사랑하고 그의 처분에 얼마나 감격했는지 알려주면서 왕은 국회에 올 때처럼 다시 걸어서 왕궁으로 돌아갔다고 말했다. 거기 모인 사람들은 모두 "왕 만세!"를 외쳤다. 랄리 톨랑달이 그 뒤를 이어 말했다. 그는 그동안 파리가 겪은 고통과 베르사유에서 일어난 감동적인 장면을 묘사한 뒤 조국이 자유로워졌다고 찬미했다. 그는 조국의 자유, 왕의 덕, 프랑스인의 의무를 아주 고상하고 설득력 있는 어조로 유창하게 나열해 듣는 사람으로 하여금 기쁨에 취하게 만들었다.

오늘 여러분의 동료 시민이자 여러분의 친구이며 형제인 국회의 대표들이 여러분에게 평화를 심어주러 이렇게 왔습니다. 이제는 자취 없이 사라진 비극적인 상황 속에서 우리는 여러분의 고통을 함께 나누려고 끊임없이 노력했습니다. 그러나 우리는 겨우 여러분의 한을 나누어 가졌습니다. 그 한은 정당한 것이었습니다.

우리가 함께 나눈 고뇌를 위로해주는 것이 있다면 그것은 여러분을 위협했던 불행으로부터 여러분을 보호해줄 수 있다는 희망이었습니다.

누군가 여러분의 훌륭한 왕을 그릇되게 유혹했고 그의 마음속에 음흉한 독을 주입했으며 왕이 자랑스럽게 여기고 행복하게 명령할 이 국민을 두려워하게 만들었습니다.

우리는 왕의 눈을 가린 천을 들추어 진실을 보여주었습니다. 왕의 마음이 흔들렸고 마침내 우리의 품으로 들어오셨습니다. 왕은 우리를 자랑스러워하셨습니다. 우리, 곧 여러분을 말입니다. 왕은 우리에게 의견을 물으셨습니다. 바로 여러분의 의견을 말입니다. 우리는 당당히 여러분의 의견을 말씀드렸습니다. 왕은 그것을 마땅히 아셔야 하기 때문입니다. 왕은 우리에게 외국인 부대들을 멀리 보내시겠다고 말씀하셨습니다. 그리고 우리는 그들이 물러나는 모습을 보면서 이루 말하기 어려울 만큼 즐거웠습니다. 밖에 모인 대중이 큰 소리로 왕을 축복했습니다. 거리마다 기쁨이 넘쳤습니다. 왕은 자신이 한 이야기를 여러분에게 전해달라고 하셨습니다. 그리하여 우리는 왕과 국회가 마련한 평화의 소식을 전하러 여러분에게 왔습니다. 여러분은 너그러운 프랑스인입니다. 여러분은 아내, 자식, 조국을 사랑합니다. 여러분 중에는 못된 시민이 한 명도 없습니다. 모든 것이 평온하고 평화롭습니다. 우리는 여러분의 치안·분배·방위 계획이 질서를 유지하는 것을 찬미합니다. 그러나 지금 우리 사이에 평화를 되찾아야 합니다. 저는 우리의 군주가 국회에서 하신 믿음직스러운 말씀을 국회의 이름으로 여러분에게 전하면서 말을 끝마치려 합니다. "과인은 여러분을 믿습니다." 그 말씀이 곧 국회의 생각입니다. 그 말씀은 우리가 느끼는 것을 모두 표현했습니다.

랄리 톨랑달은 조국과 왕에 대한 사랑을 듣는 이의 가슴속에 심어준 뒤 주위 사람들과 힘껏 껴안았다. 사람들은 화관을 만들어 그의 머리에 씌우려 했지만 그는 겸손하게 물리치면서 국회에 영광을 돌려야 한다고 말해 사람들을 더욱 감동시켰다. 사람들은 억지로 그에게 화관을 씌우고 나서 힘껏 사양하는 그를 안아 창가로 데려다 광장에 모인 시민들에게 보여주었다. 군중은 광장이 떠나갈 듯이 환호했다.

국회 대표단에서 세 번째로 파리 대주교가 나서서 파리에 평화를 회복해달라고 권고한 뒤 노트르담 대성당으로 가서 하느님께 자비를 구하는 미사를 집전하고 싶다고 제안했다. 파리 선거인 의회 의장이 애국심에 불타는 연설로 대표단에게 답사를 했다. 그는 모든 사람에게 원한을 잊어버리자고 권고했고 거기 모인 사람들의 약속을 받아냈다. 이제 리앙쿠르 공작이 나서서 왕이 파리 부르주아 민병대 창설을 승인했다는 소식을 알렸다. 클레르몽 토네르 백작도 한바탕 연설로 큰 박수를 받았다. 파리 선거인단의 누군가가 자신들은 라파예트 후작을 파리 민병대 사령관으로 임명했다는 사실을 말해주었다. 시청에 모인 시민들은 한결같이 네케르를 되돌아오게 해달라고 간청했다. 그리고 그들은 파리 시장직을 바이이에게 맡기기로 결정했다는 소식도 전했다. 그들은 새로운 시장 바이이와 파리 대주교에게 무한한 존경과 사랑을 표시했다. 국회 대표단은 열을 지어 노트르담 대성당으로 갔다. 거기서 '테 데움' 성가를 부르고 라파예트 후작에게 민병대 사령관직을 성실히 수행하겠다는 맹세를 시켰다. 후작이 맹세를 끝마치자 대포를 쏴서 축하하고 북과 군악을 울려 분위기를 돋우었다. '테 데움' 미사를 올린 대표단은 곧 파리 대주교관에 들렀다가 베르사유 궁으로 되돌아갈 채비를 했다.

7월 16일 국회에서 랄리 톨랑달은 전날 파리 시청에서 겪은 일을 보고하면서 시청과 거리마다 사람들이 새로 임명한 대신들을 해임하고 네케르를 다시 불러올 것을 요구했다고 말했다. 미라보 백작이 일어나 일장연설을 했다. 그는 왕이 국회의 요청을 받아들여 군대를 물리쳐준 것은 참으로 훌륭한 일이라고 칭찬한 뒤 지금부터라도 주위에서 왕을 잘못된 길로 들어서게 만든 사람들을 물리치고 덕을 갖춘 네케르를 다시 불러와야 한다는 상주문을 작성하자고 주장했다. 수많은 의원이 그에게 동조했다. 바르나브는 국회가 왕에게 대신을 임명하거나 해임하라고 강요할 권한이 없다는 사실을 지적하고 그럼에도 국민이나 그 대표들의 신임을 얻지 못한 대신들에 대해서는 왕에게 그 사실을 알리고 부당하게 해임된 대신을 불러오게 요청할 수 있다고 말했다. 그러는 사이에 베르사유 궁에서 궁부대신 피에르 샤를르 로랑 드 빌되이Pierre-Charles Laurent de Villedeuil가 사임했다는 소식이 들어왔다. 귀족 대표들과 종교인 대표들도 저마다 한마디씩 했다. 미라보와 무니에가 논의를 더욱 발전시켜 삼권분립의 원칙을 들먹였다. 렌 출신 의원 글레젠이 일어나 좀더 과격하게 말했다.

"여러분, 여러분의 의견은 일치했습니다. 그러나 아무도 진정으로 해야 할 말을 하지 않았습니다. 우리는 대신들을 해임하라고 요구할 수 없습니다. 그러나 우리는 그들을 고발할 수 있습니다."

그러는 동안 국회의장에게 전쟁대신(육군대신) 브로이 원수가 보낸 편지가 한 통 들어왔다. 브로이 원수는 왕으로부터 군대를 물리라는 명령을 받았으며 다음 날(17일) 베르사유와 파리에 배치한 병력을 생드니로 뺀 뒤 18일에 모든 부대를 원위치로 복귀시킬 것임을 분명히 했다. 국회는 다시금 대표단을 왕에게 보내 모든 조치에 감사한다는 뜻을 전하도록 했다. 곧이어 의장은 파리 고등법원 수석재판장 보샤르 드 사롱이 보낸 편지와 함께 고등법원의 명령을 읽었다.

"파리 고등법원은 어제 왕이 국회에서 병력을 파리와 베르사유에서 멀리 보내겠다고 답변했다는 사실을 듣고 다음과 같이 의결했다.

'수석재판장은 곧바로 왕에게 가서 왕이 백성에게 보여준 사랑에 대해 감사하고 또 공공질서를 회복하는 데 이바지한 국회의원들의 애국심을 신뢰했다는 사실에 대해 감사의 뜻을 전하도록 한다.'

수석재판장은 오늘 이 명령을 국회에 통보하도록 한다."

수석재판장의 편지와 고등법원의 명령을 읽은 뒤 전국신분회에 파리 귀족 의원으로 들어간 클레르몽 토네르 백작이 미묘한 문제를 제기했다.

"수석재판장의 편지를 보면 파리 고등법원이 국회를 대등한 단체로 생각하는 것 같습니다. 만일 파리 고등법원 수석재판장이 왕에게 찾아갔다면 국회에도 찾아와야 합니다."

에기용 공작, 뢴 공작, 프랄랭 공작, 라 로슈푸코 공작이 그 의견에 찬성했다. 이제 국회는 국민의 대표기관으로서 자신들만이 법을 제정한다는 자부심을 가지고 파리 고등법원을 구시대의 유물로 취급하는 정신자세를 보여주었던 것이다. 뒤포르, 르 펠티에 드 생파르조, 프레토가 새로운 질서 속에서 파리 고등법원이 아직 적절히 처신하지 못하는 점을 너그럽게 생각하자고 말했다. 구체제 말기에 왕에 맞서기도 했던 파리 고등법원이 혁명이 시작되자 이렇게 동정심을 자아낼 만큼 아주 초라해졌다.

의장이 왕에게 감사의 뜻을 전할 대표단을 뽑자고 촉구해 국회는 종교인 6명, 귀족 6명, 평민 12명으로 대표단을 구성했다. 대표단이 베르사유 궁으로 떠나기 직전, 궁에서 왕이 파리인의 염원에 부응하려고 직접 파리로 갈 것이며 국회는 이 사실을 파리에 알려달라는 전갈이 왔다. 그리고 왕은 네케르를 다시 불러들여 국회에 대한 신뢰를 증명할 것이라고 했다. 의장은 왕이 네케르를 부른다는 편지와 함께 국회도 편지를 작성해 네케르에게 보내자고 제안했다.

베르사유에서, 1789년 7월 16일
네케르 선생, 국회는 (……) 오늘 아침 왕에게 선생을 다시 부르시라고 간청했습니다. 그것은 국회의 바람일 뿐만 아니라 선생을 다시 불러오라고 큰 소리로 외치는 수도의 바람이기도 합니다.
전하는 우리의 요구를 들어주셨습니다. 그리고 우리에게 당신을 불러오겠다고 알려주셨습니다. (……)
선생의 재능과 덕성은 그 어느 때보다 더 명예로운 보상과 더 힘찬 격려를 받을 것입니다. (……)
선생은 부디 전하가 국민에게 베푸는 자비로운 의도를 저버리지 마시기 바랍니다. 한순간이라도 잃어버리기 아까울 만큼 소중합니다. 국민, 왕, 국민의 대표들이 선생을 기다립니다.
비엔 대주교이며 국회의장 장 조르주, 서기 랄리 톨랑달 백작과 무니에 드림.

편지를 쓰고 나서 국회는 파리로 보낼 대표단으로 귀족과 종교인 각 3명, 평민 6명을 뽑았다. 또 왕은 17일에 국회의원 다수가 파리로 동행해주기를 바란다고 했으므로 종교인과 귀족 각 25명, 평민 50명을 수행원으로 뽑았다. 이렇게 해서 6월 23일 이후 거의 한 달 동안 고조되었던 긴장관계가 눈 녹듯이 풀렸다.

긴장이 최고조에 이르는 과정에서 바스티유 요새 사령관 로네 후작과 참모, 병사들, 파리 시장 플레셀이 직접적인 패배자가 되었고, 결과적으로 왕의 주위에서 강경책을 권유하던 사람들과 루이 16세, 그리고 군주정이 가장 큰 타격을 받았음은 이미 살펴보았다. 이제 바스티유 요새의 공격자와 승리자가 누구인지 살펴볼 차례다. 먼저 승리를 보기도 전에 희생된 사람들이 있었다. 파리 선거인 뒤조는 공격자 가운데 사상자와 그들의 아내와 자식의 수를 다음과 같이 밝혔다.

"현장에서 죽은 사람 83명, 부상의 후유증으로 죽은 사람 15명, 부상자 60명, 과부 19명, 고아 5명."

이들을 밝히는 과정은 조금 복잡했기 때문에 세심하게 신경 써야 했다. 만일 희생자가 정규군인이었다면 어떻게든 명부에 등록되었을 테지만 민간인들이 자발적·준자발적 또는 우발적으로 가담한 시위대가 전투원이 되었고 그들 가운데 처음부터 현장에 있다가 뒤로 빠져 집으로 돌아간 사람, 나중에 전세가 유리해지면서 가담하게 된 사람, 제대로 싸우지도 않고서 승리의 열매만 따먹은 사람이 있었을 것이다. 그러므로 역사적으로 '바스티유의 의용군Volontaires de la Bastille'과 '바스티유의 정복자들Vinqueurs de la Bastille'을 나누어서 살펴보아야 한다.

바스티유의 의용군이 먼저 나타났다. 이들은 7월 15일 임자 없는 바스티유를 약탈자의 손에서 보호하려고 모인 사람들이었다. 라 브리슈 세탁장을 운영하다가 바스티유 공격자를 이끈 윌랭이 비록 민간인이었지만 의용대장이 되었다. 그의 밑에는 중사와 하사 또는 척탄병으로 본메르, 투르네, 마이야르 같은 사람이 있었는데 이들은 전날 바스티유 공격에서 용감히 싸웠기 때문에 모두 '바스티유의 정복자' 명단에 이름을 올렸다. 의용군에는 프랑스 수비대 병사들과 바스티유 공격자가 다수 포함되었다. 그리고 바스티유를 수비하던 부대의 부사관인 아버지를 구하려고 문이 열리자마자 앞장서서 뛰어 들어간 괴뎅 같은 젊은이도 있었다. 이런 경우에는 바스티유의 정복자에 포함시키기 어렵다.

파리 코뮌은 피를 흘려가며 바스티유를 함락한 유공자를 가려내는 작업을 시작했다. 이른바 '바스티유의 정복자들'을 세심하게 가려내는 위원회를 임명했다. 위원으로는 문학아카데미 회원이며 파리 선거인인 뒤조, 고등법원 변호사인 튀리오 드 라 로지에르와 우다르, 변호사 출신의 부르동 드 라 크로니에르, 고등법원 변호사 오스몽이었다. 그 위원회의 임무는 무엇보다도 "1. 바스티유 공격 때 남편이나 형제를 잃은 과부나 고아, 2. 바스티유를 공격하고 함락할 때 부상을 입거나 현장에서 싸운 사람들"을 정확히 파악하는 것이었다.

그 위원회는 1790년 3월 22일 보고서를 작성해 자신들이 한 일을 정리했다. 그들은 '정복자들'에게 위원 여덟 명을 뽑아 자신들과 함께 자격심사를 하도록 해달라고 요청했으며, 그렇게 해서 변호사 구아세, 부르주아인 투르네와 티리옹, 포도주 상인 숄라, 가구업자 루슬레, 중부 지역 부대의 대위 엘리, 의용대장 윌랭, 의용군 중사 오뱅 본메르가 파리 코뮌 위원들과 함께 '바스티유의 정복자들' 공적을 심사했다. 그들은 모두 954명에게 '바스티유의 정복자들'의 명예를 줄 만하다고 결론을 내렸다.

'바스티유의 정복자들'에게 어떤 명예를 안겨줄 것인가? 그들은 증서와 메달을 받았다. 마름모꼴 메달의 앞쪽에는 권위의 상징인 회초리 다발을 묶은 예속의 상징인 사슬이 끊어진 모습과 함께 '자유 쟁취la Liberté conquise',

뒷면에는 끝이 하늘을 향한 칼과 함께 "그들은 칼을 쓰는 목적이 모든 사람을 예속상태에서 구해주는 것이라는 사실을 모른다Ignorant ne datos ne quisquam serviat enses"라는 루카누스의 시구를 새겨 넣었다.

그러나 현대 역사가에게 그들의 자료가 완전히 남아 있지 않기 때문에 조르주 뤼데G. Rudé는『프랑스 혁명의 군중La foule dans la Révolution française』에서 세 가지 목록 가운데 '정복자 모임의 총무'인 스타니슬라스 마이야르가 작성한 목록을 연구했다. 662명을 기록한 이 목록은 다른 목록에서 밝히지 않은 주소와 직업까지 기록했기 때문에 '정복자들'의 사회학적 연구 자료로 이용할 수 있었다. 무엇보다도 600명 정도가 민간인이었고 400명 이상이 지방에서 출생했지만 오랫동안 파리 문밖에 살던 사람이었다. 부유한 계층은 별로 참가하지 않았다. 장인과 노동자 계층이 많았던 것은 생탕투안 거리와 생탕투안 문밖에 사는 사람이 많이 포함되었기 때문이다.

흑단으로 가구를 만드는 사람 48명, 일반 목수 49명, 자물쇠공 41명, 상아나 흑단 세공사 9명, 조각사 11명, 가구상에서 일하는 날품팔이 28명, 신발공 28명, 조각가 27명, 얇은 천 짜는 직공 23명, 포도주상 14명, 보석상 9명, 모자 상인 9명, 대리석공 9명, 못장수 9명, 재단사 9명, 염색공 9명이 절반(332명)을 차지했다. 도매업자 4명, 제조업자 3명, 맥주양조업자 1명, 상인 35명, 금리생활자 4명, 군인 80명, 그 밖에 온갖 일을 하는 사람들이 있었다. 여성은 단 한 사람이 목록에 올랐다. 앙세른의 아내 마리 샤르팡티에는 생마르셀 문밖의 생티폴리트 교구의 세탁부였다.

바스티유 요새를 공격하고 살아남은 사람 가운데 그 공적을 인정받은 사람은 900여 명이었기 때문에 당시 파리 인구 60만 명 가운데 600분의 1밖에 안 되는 소수였다. 그러나 바스티유 요새를 시위자들이 공격하고 왕의 부하들에게 항복을 받아낸 것은 파리뿐만 아니라 베르사유, 나아가 왕국 전체에 큰 영향을 미쳤다. 지방 도시와 농촌에서는 6월 23일에 왕이 절대권을 휘두르려다 무참히 실패했다는 소식, 그 뒤 왕이 국회와 파리를 떼어놓고 군대를 동원해 그들을 협박한다는 소식, 말을 듣지 않는 네케르와 일부 대신들을 해임했다는 소식, 게다가 파리 시위대가 바스티유를 정복했다는 소식을 듣고 제각기 반발했다. 이제 지방과 농촌에 분 혁명의 폭풍에 대해 알아볼 차례다. 그러나 파리 코뮌이 탄생하는 과정부터 살피기로 한다.

8
파리 코뮌의
탄생[*]

파리 코뮌이란 무엇인가? 이 개념을 이해하려면 먼저 코뮌이 무엇인지 살펴봐야 한다. 프랑스 역사에서 코뮌은 중세 시대에 나온 개념이었다. 누아용Noyon의 특권을 인정해주는 특허장Charte de Noyon이 가장 먼저 나온 것이지만 원문이 사라졌기 때문에 정확히 언제 나온 것인지 모르며, 필리프 2세(필리프 오귀스트, 1165~1223) 치세인 1181년에 그 특허장을 인용한 사실로 미루어 그것이 있었다는 사실만 확인할 수 있다. 그러므로 그다음인 1128년에 나온 랑 코뮌 특허장Charte de la commune de Laon

---

[*] 이 부분은 폴 로비케Paul Robiquet의 저서(『혁명기 파리의 지방자치*Le Personnel municipal de Paris pendant la Révolution*』, Paris, 1890)와 『혁명기 파리 코뮌의 의사록*Actes de la Commune de Paris pendant la Révolution*』(t. I, Paris, 1894)의 서문을 주로 참조했다.

이 현존하는 가장 오래된 특허장이다. 특허장이나 당시 사람들이 쓰던 말의 뜻은 '도시 부르주아의 연합'이었다. 그것은 자연스럽게 생겼을지 모르지만 시간이 흐르면서 제도적인 것이 되었다. 그리하여 어떤 도시의 물리적 환경에 사는 주민들의 공동체를 뜻하면서 중세에는 도시나 부르bourg(원래 영주의 요새를 뜻하다가 교통·통신의 중심지가 되면서 상권이 형성된 마을로 발전했다)가 봉건적 의무에서 벗어나고 부르주아들이 조직한 행정체계의 지배를 받는 곳을 뜻하게 되었다. 그리고 15세기에 두 번째 뜻이 발달했다. 그것은 정치적으로 평민의 조직을 뜻했다. 1789년 전국신분회에 모인 제3신분 대표들은 이러한 전통을 따라서 자신들을 '평민들communes'로 지칭했다. 그리고 세 번째 뜻이 생기는데 그것이 바로 행정구역의 이름으로서 파리 코뮌에 적용되었다.

파리는 1세기 전부터 가장 중요한 정치적 역할을 베르사유에 빼앗겼지만 전국신분회 대표를 뽑는 선거법에서 전통적인 수도의 지위를 인정받았다. 1789년 1월 24일 선거법은 오직 파리에만 직접선거권을 인정했다. 그리하여 4월 13일 파리는 제3신분의 전국신분회 대표를 뽑는 제1단계 작업으로 옛 16개 구역을 잘게 쪼개서 60개 선거구를 만들었다. 4월 21일 선거구는 파리 시를 대표해 전국신분회에 갈 제3신분 대표를 뽑았다. 그것으로 선거구의 임무는 끝났고 더는 존속할 이유가 없었다. 또한 60개 선거구에서 뽑은 선거인 407명은 대표 20명을 뽑아 전국신분회로 보내면 그것으로 임무를 다했다. 그럼에도 선거구나 선거인단은 지속적으로 모이면서 자신들이 뽑은 대표들과 앞으로 일어날 일을 관찰하기로 했다. 파리 선거인들은 파리 대주교관에서 모이다가 도핀 거리에 있는 뮈제Musée(예술과학원)*로 옮겼고, 6월 29일부터 시청에서 회의를 열고 일부는 시행정부에서 함께 일할 수 있게 되었다. 이들이 참여한 상임위원회가 6월 말부터 7월 중순까지 급박한 위기에 대처하는 과정을 앞에서 보았다. 파리 시민들은 바스티유를 함락한 뒤 왕이 임명한 파리 시장을 제거하고 직접 바이이를 시장으로 뽑았으며 라파예트 후작을 민병대 사령관으로 임명했다. 이처럼 파리 시민이 왕이 거느린 군대의 위협에 굴복하지 않고 자유와 국회를 지켜낸 것은 선거구와 선거인 의회를 주축으로 꾸준히 정치적 관심을 가지고 사건의 흐름에 능동적으로 참여한 덕택이었다.

파리 시민은 자기가 사는 곳의 선거구에서 전국신분회에 보낼 진정서 초안을 작성할 위원을 임명하고 진정서에 들어갈 내용을 토의하려고 날마다 모였다. 그것은 앙시앵레짐 시대에는 상상하지도 못하던 새로운 경험이었다. 변호사나 넉넉하게 살아가는 장인들이 주로 선거구에서 일정한 역할을 했고 공적인 일에 대한 취미와 습관을 붙일 수 있었다. 그때부터 선거구는 저마다 그 나름의 힘을 가졌다. 일이 있을 때 급히 주민을 불러 모을 수 있는 중심지였기 때문이다. 그들은 선거인을 뽑는 과정에서 뭉치면 힘을 발휘할 수 있다는 사실을 실감했다. 7월 12일 파리 시청에 자리 잡은 선거인 회의와 시정부가 함께 구성한 상임위원회가 선거구를 급하게 소집하고 몇 시간 안에 부르주아 민병대를 조직할 수 있었던 것은 이미 사라져야 할 선거구가 그대로 남아서 정치적 훈련을 하고 경험을 쌓은 덕택이다. 이제 파리가 왕의 용병들에게 맞설 시민군을 가지고 바스티유 요새를 함락한 것은 국회와 파리의

---

* 뮈제는 오늘날 박물관, 미술관의 뜻으로 쓰이는 말이지만 18세기에 처음 생길 때에는 문학·예술 작품과 과학 연구를 발표하고 강의하던 곳이었다. 1781년 11월 21일 왕의 동생인 프로방스 백작과 아르투아 백작이 세운 뮈제가 생타부아 거리에 생겼다. 왕의 동생을 대군Monsieur이라 불렀기 때문에, 이 뮈제의 공식이름은 '뮈제 드 무슈Le Musée de Monsieur'였다. 그 뒤 이 같은 뮈제는 파리 여러 곳에 생겼다.

안전과 함께 그때까지 일어난 모든 '불법행위'가 왕의 승인을 받아 합법화하는 밑바탕이 되었다.

바스티유를 정복한 것은 시작일 뿐이었다. 앙시앵레짐 시대의 유물인 파리 행정부를 무너뜨린 뒤 파리 시민들은 직접 시장을 추천하고 임명했다. 또 라파예트 후작을 파리 민병대 사령관으로 임명했다. 라파예트 후작은 민병대를 국민방위군으로 부르자고 제안했다. 그러고 나서 파리 시민들은 라파예트 후작과 합의해 전국 규모의 국민방위군을 조직하기로 했다. 왕의 군대가 국방을 담당하던 구체제가 무너지면서 이제 국민의 군대가 탄생하기 시작했다. 또 파리 시민들은 시장 바이이와 합의해 파리 시정부를 새로 조직하기로 하면서 그 일을 맡을 위원들을 뽑았다. 위원들은 새로운 조직에 대한 기본 계획을 세워 선거구에서 심의하도록 했다. 그와 동시에 선거구는 그 나름의 조직을 갖추었다. 어떤 선거구는 회장 1명, 부회장과 총무, 위원 36명으로 중앙위원회를 조직하고 경리, 군대, 식량을 담당하는 3개 부서도 갖추었다. 생테티엔 뒤 몽 선거구는 전체위원회를 만들고 치안, 식량, 군대, 분배(통신)를 담당하는 3개 부서도 갖추었다. 거의 모든 선거구가 구빈사업을 담당하는 부서를 두었다. 교회가 십일조를 걷어 구빈사업을 하던 시대가 가고 어느덧 비종교단체가 구빈사업을 시작했다. 그리고 선거구마다 치안과 화해를 맡은 판사를 임명했다.

선거구는 저마다 규칙을 정해 시행할 뿐만 아니라 다른 선거구와 서로 의견을 주고받으면서 공동발전을 꾀했다. 그리하여 중앙통신사무국을 만들어 각 선거구에서 뽑은 위원들이 통신문을 주고받도록 했다. 모든 계층이 저마다 의견을 불쑥불쑥 내밀고 주장하던 시절이었던 데다 부자 동네와 가난한 동네가 바라는 바가 달라서 겉으로는 무질서하게 보였을지 몰라도 아무튼 조직을 하나하나 갖추면서 질서를 찾으려고 노력했다. 게다가 60개 선거구에서 뽑은 선거인단 407명이 시청에서 회의체를 구성했기 때문에 모든 선거구의 이해관계를 그럭저럭 조절할 수 있었다.

그러나 선거인단Electeurs이라는 이름이 그들의 활동을 제약했다. 선거인단은 한시적으로 활동하는 것을 전제로 뽑힌 사람들이었기 때문이다. 그들의 자격은 4월 23일 왕령으로 확실히 규정되었다. 25세 이상의 프랑스인 또는 귀화인 남성으로 파리 거주자 가운데 공직에 있거나 대학에 속했거나 석사학위 이상 소지자이거나 6리브르 이상 세금을 낼 수 있는 사람만이 선거인이 될 자격을 갖추었다. 보통 3일치 임금을 기준으로 3리브르를 내는 사람이 선거인 자격을 얻었지만 파리는 두 배를 내야 했음에 주목해야 한다. 제3신분으로서 이런 자격을 갖춘 파리 시민은 전체 인구 60여만 명 가운데 4만 명에서 5만 명 사이였다. 그러나 이들 가운데 4분의 1인 정확히 1만 1,706명이 선거인을 뽑는 투표에 참여했는데 선거구마다 투표자 수가 달랐으므로 가장 많은 선거구는 472명이 투표한 생테티엔 뒤 몽, 가장 적은 선거구는 24명이 투표한 생빅토르였다. 투표 참여율이 25퍼센트로 낮은 이유는 정치적 관심은 높았지만 무엇보다도 준비기간이 짧았다는 데서 찾을 수 있다. 그리고 선거인이 예정대로라면 300명이어야 할 텐데 407명이 된 것은 일부 선거구가 투표권자의 수에 비례해서 뽑으라는 규정을 무시했기 때문이다.

선거구가 4월 선거 이후 계속 기초의회 역할을 하면서 사라지지 않았듯이 선거인 407명도 헤어지지 않았으며 7월 초에는 귀족 선거인 18명과 종교인 선거인 26명이 합세해 모두 451명이 되었다. 이미 4월 23일 그들은 "선거인 회의에 참여했던 귀족 가운데 돈으로 귀족 자격을 산 사람을 제외하고는 모두 참여시킨다. 제3신분 대표의 수는 1월 24일의 선거법에서 규정한

300명을 넘더라도 줄이지 않는다"는 규정을 마련해놓았기 때문에 이처럼 선거인의 수가 늘어날 수 있었다.

그러나 그들도 7월 14일 이후 성난 군중에게 위협을 당해야 했다. 시청에서 바스티유 사령관과 협상을 하면서 미지근한 태도를 보여주었기 때문에 파리 시민들은 선거인단이 자기네 행동을 방해했다고 생각할 만했다. 그들은 질서를 회복하려고 노력했기 때문에 더욱 오해를 받을 만했다. 시청으로 몰려간 시위대는 그들을 위협했고 다수의 선거인이 생명의 위협을 느꼈다. 그럼에도 그들은 책임을 다해 바스티유 요새가 약탈당하는 것을 막으려고 국민방위군을 배치했으며, 이튿날부터 생활필수품과 편지를 유통시킬 만큼 질서를 회복하려 노력하고, 입시세관을 재건해 세금을 확실히 걷을 수 있도록 했다. 의용군에게 일정한 규칙도 마련해주어 질서를 바로잡았다. 그리고 각 선거구마다 대표를 두 명씩 시청으로 보내 선거인단과 긴밀하게 연락하도록 하는 한편 국회와 연락하는 대표단을 뽑기도 했다. 그런데 국회로 가는 대표단은 목숨을 걸어야 했다. 베르사유와 파리를 오가는 사람은 첩자로 의심받기 쉬웠기 때문이다. 가랑 드 쿨롱, 라포트리, 파트리스, 브리양테 마리옹은 자코뱅 생도미니크 선거구 국민방위군에게 붙잡혔다. 그들은 성난 군중의 손에 죽을 뻔했지만 겨우 살아나 시청으로 돌아갔다.

7월 15일, 아직도 파리의 민심은 흉흉했다. 파리 시민은 포석을 모아놓았다. 왕의 군대가 언제 공격해올지 몰랐기 때문이다. 그런데 오후에 상인 피케가 비지땀을 흘리면서 시청으로 뛰어들어갔다. 그는 베르사유에서 한 시간 반 만에 파리로 달려가 왕이 베르사유와 파리에서 외국인 군대를 철수시키겠다고 약속했다는 소식을 전했다. 한 시간 뒤 라브뉘가 국민공회의 대표단이 곧 시청을 방문할 것이라고 알렸다. 선거인 회의 총무 뒤베리에와 함께 들뢰트르, 포세 신부, 르그랑 드 생르네가 기마순찰대 12명을 앞세우고, 스위스인 수비대 1개 분견대와 고수 두 명을 이끌고 국회 대표단 88명을 맞이하러 갔다. 그 뒤에 일어난 일―바이이를 시장으로, 라파예트를 사령관으로 임명한 일―은 이미 앞에서 살펴보았다. 7월 16일에도 국회의 대표단 12명이 파리를 방문했고 시청에서 왕이 이튿날 직접 파리에 납신다는 소식을 전했다.

그날 아침 9시부터 라파예트는 파리 시청 사무실에서 상임위원회 위원들과 몇몇 국회의원들(타르제, 뒤포르, 라 로슈푸코 공작, 클레르몽 토네르 백작, 트라시 백작, 라 코스트 후작, 라 투르 모부르 백작)과 함께 파리의 질서를 되찾는 일을 논의했다. 첫 번째 결정은 바스티유를 허무는 일이며 그 내용을 파리 전체에 포고했다. 식량위원회와 군사위원회를 조직하는 결정도 내렸다. 특히 군사위원회는 부르주아 국민방위군 조직을 정비하는 임무를 띠었다. 선거구마다 위원 한 명씩을 군사위원회에 보내도록 했다. 선거인 회의는 바스티유를 허무는 일을 투표로 통과시켰다. 파리 시 건축관 푸아예Poyet가 감독하고 선거인이면서 건축가인 잘리에 드 사보, 몽티종, 들라푸아즈가 돕도록 했다. 피에르 프랑수아 팔루아는 일꾼 800명을 데리고 16일부터 바스티유를 허물기 시작했다. 그 일은 11월 말에 끝났다. 팔루아는 바스티유의 돌을 깎아 감옥의 모형을 만들어 새로운 행정구역인 83개도 중심지로 보내서 기념하도록 했다. 선거인 회의는 바스티유에서 관리하던 귀중한 문서, 책, 서류가 뿔뿔이 흩어지는 것을 막고 다시 모으기로 결정한 뒤 뒤조, 샹스뤼, 고르조, 카이요를 임명했다. 선거인단은 이 귀중한 문서가 "장래에 전제정에 대항하고 자유의 승리를 위해 기울인 노력을 올바로 평가해주는 데 필요할지도 모른다는 점"을 올바로 인식했다. 이 위원들은 문서를 모아 생제르맹 데 프레 수도원으로 옮겨놓도록 했다. 문서를 모으는 일은 쉽지 않았다. 일부는 외국으로 팔려나갔고 수많은 문서가 훼손되었기 때문이다. 그럼에도 더 늦기 전에 위원들을 임명해 문서를 모은 것은 다행이었다.

16일 밤 선거인 회의실에 바이윌 바이아주의 대표 에르빈이 국회의 소식을 알려주었다. 밤 9시에 왕이 국회에 나타나 17일에 직접 파리에 오기로 했다는 소식이었다. 새벽 1시에 국회에서 보낸 대표 12명이 시청을 방문해 왕이 그날 파리에 온다고 공식적으로 알려주었다. 라파예트는 즉시 파리의 모든 선거구에 명령을 내렸다. 푸앵 뒤 주르에서 시청까지 길 양쪽에 사람 울타리를 치고, 시청 회의실 안에 왕이 앉을 옥좌를 마련할 것이며, "루이 16세, 프랑스인들과 자유로운 인민의 아버지"라는 구절을 얇은 천에 써서 시청 출입문 위에 걸어놓으라고 했다. 그는 이미 구시대 유물이 된 단체들을 모두 불러 모으고 선거인 25명을 뽑아 함께 왕을 맞이하도록 명령했다. 도시의 옛 단체들을 대표하는 왕의 대소인, 서기, 법관들과 선거인들이 왕의 앞길을 열어주도록 했지만 구시대의 단체들은 선거인단과 나란히 서기를 꺼리면서 옛날식 예복을 입고 왕을 알현하겠다고 주장했다.

17일 라 살 후작과 새 시장 바이이가 앞장서서 파리 시정부 대표단을 이끌고 10시에 청사를 떠나 왕을 영접하러 갔다. 그들 앞에는 악대가 음악을 연주하고 뒤에는 파리 국민방위군 300명이 따라갔다. 왕 일행은 국회의원 100명을 거느리고 오후 3시에 파리로 들어갔다. 베르사유 궁에서 파리의 입구인 푸앵 뒤 주르까지는 베르사유 지역 국민방위군이 왕을 호위하고 파리 경계에서 파리의 국민방위군에 임무를 넘겨주었다. 왕의 호화마차에는 빌르루아 공작, 보보 대원수, 빌키에 공작, 에스탱 백작이 함께 타고 있었다. 파리 시장 바이이는 센 강 오른쪽의 라 콩페랑스 입시세관 앞으로 나아가 왕을 맞이했다. 이 입시세관도 12일 밤에 시위대가 불을 지른 곳이었다. 바이이는 마차로 다가가 왕에게 행운의 열쇠를 주면서 말했다.

"전하, 파리 시의 열쇠를 올립니다. 이것은 앙리 4세께 바쳤던 것과 같은 열쇠입니다. 앙리 4세께서는 인민을 되찾으셨습니다. 여기, 우리의 인민은 왕을 되찾았습니다."

바이이의 환영사가 끝난 뒤 파리 선거인 회의 의장인 들라비뉴가 별 내용도 없이 짧게 환영사를 했다. 왕도 간단히 대답했다.

"과인은 충성스러운 도시 파리가 표현한 존경심을 기꺼이 받아들였소."

왕은 다시 마차에 오르고 시청으로 향했다. 왕의 할아버지를 기리는 루이 15세 광장을 지나 생토노레 거리, 룰 거리, 라 모네 거리, 강둑길을 따라 늘어선 시민들이 외쳤다.

"국민 만세! 왕 만세! 바이이, 라파예트, 선거인단 만세!"

루이 16세가 시청 앞에 도착하자 바이이가 시청 층계 앞에서 왕에게 새로운 화합의 상징물인 삼색 표식을 주었다. 왕은 그것을 받아 모자에 달았다. 이렇게 해서 왕은 지난 두 달 반 동안 베르사유와 파리에서 일어난 모든 일을 추인하는 것 같았다.

선거인단은 이렇게 파리 시민들에게 인정받았지만 법적 지위는 언제나 허약했다. 그들이 과연 파리 시 주민의 대표로서 계속 일할 수 있는 법적 근거가 있는 것인가? 선거인단의 합법성이 문제가 되는 한 시장과 국민방위군 사령관도 합법성 문제에 걸릴 수 있었다. 7월 15일에 시청의 대회의실에 선거인단뿐만 아니라 시민도 다수 참여해 바이이를 시장으로 추대했고, 바이이는 먼저 플레셀의 자격과 칭호Prévôt des marchands를 물려받았다. 그 뒤 오늘날까지 쓰는 칭호인 '르메르Le Maire'를 얻었다. 새로운 칭호 '르메르'는 사실상 메로빙 왕조 때 궁중고위직을 지칭하는 말이었지만 뜻이 확대되면서 각급 행정단위의 장을 가리키는 말이 되었다. 바이이는 7월 17일에 초대 민선시장 자격과 칭호를 가지고 왕을 영접했다. 그럼에도 아직 '파리 주민la Commune'의 정식승인을 받지는 못했던 것이다. 그와 함께 라파예트의 자격도 문젯거리였음은 말할 필요도 없다. 그리하여 바이이와 라파예트는 선거인단에게 합법성을 얻을 방안을 마련해달라고 요청했다. 선거인단은 18일 오전 60개 선거구에 지난 4월 선거인단을 뽑을 때와 같은 형식으로, 그러나 신분을 구별하지 말고 모여서 각 선거구마다 시정부를 구성할 대표를 뽑으라고 명령했다. 이 대표들은 라파예트와 바이이가 선거인단으로부터 받은 권력이 합법적인 것임을 인정할 것이다. 비록 왕이 그들의 권력을 인정했지만 그것만으로는 부족하다고 생각했기 때문이다. 선거인 회의는 7월 20일에 60개 선거구에서 모인 대표 60명으로 임시위원회를 구성하고 그들을 15명씩 나눠 분배 (통신)위원회, 치안위원회, 식량위원회, 군사위원회의 4개 부서에서 일하도록 결정했다. 이러한 조건 아래 이미 식량위원회에서 활동하던 선거인들은 새로 구성하는 식량위원회에서 함께 일하게 했고 국민방위군의 참모급 장교는 군사위원회에 들어가 활동하게 했다. 이러한 결정은 갈등의 씨를 뿌렸다. 기존의 선거인 회의의 합법성을 인정하지 않는 선거구가 있었기 때문이다. 선거구가 새로 뽑은 대표들은 각 선거구의 의견을 반영했는데 16개 선거구가 기존의 선거인단을 합법적인 기관으로 인정했고 16개 선거구는 그들의 권리를 취소했으며 새로 추가한 '대학교Université' 선거구를 합쳐 29개 선거구는 명확히 의견을 밝히지 않았다. 임시위원회는 며칠이 지나도록 기존 선거인단의 합법성 문제를 해결하지 못했다.

한편 시장 바이이는 19일 모든 선거구에 편지를 보내고 나서 그 내용을 선거인 회의에서 공개했다.

여러분, 파리 시민 대다수가 참여한 선거인 회의는 영광스럽게도 나를 파리 시장으로 임명했습니다. 이 중요한 자리에서 어떤 일을 해야 하는지 제대로 알 수 없는 상태에서 내 동료 시민들이 내게 힘을 주시고, 또 내 소임을 다할 충고를 아낌없이 해주시리라 믿습니다. 그러나 여러분, 일부 선거구만이 완전한 합법성을 내게 인정해주었습니다. 따라서 나는 여러분이 나를 시장으로 뽑아주신 사실을 인정해달라는 내 요구에 부응해주실 것을 감히 간청합니다.

이 편지에서 보듯이 바이이는 17일에 왕이 자신과 라파예트를 승인해주었다는 사실을 굳이 언급하지 않았다. 그는 자신의 정통성이 '파리 주민'의 합의에서 나온다는 점을 이런 식으로 강조했다. 바이이와 선거인단이 함께 힘쓴 결과, 19일부터 21일 사이에 55개 선거구에서 바이이와 라파예트의 임명이 합법적이라고 승인했다. 23일에 또다시 2개 선거구가 거기 동참했다. '대학교' 선거구까지 합쳐 모두 61개 선거구 중에서 앙팡 트루베 생탕투안, 생마르탱 데 샹, 생조제프, 소르본의 4개 선거구가 아직 미적거렸다.

그러는 사이에 라파예트의 권위를 시험하는 사건이 터졌다. 7월 22일 새벽 5시, 시청에서 밤을 새운 식량위원회 위원들 앞으로 생마르셀 선거구 민병대장 카레트가 풀롱을 잡아왔다. 조제프 프랑수아 풀롱은 1715년에 태어나 육군대신과 해군대신을 거치고 테레 재무총감 아래서 재무관으로 일한 경력이 있으며 루이 16세가 네케르를 해임했을 때 브르퇴이 남작을 도와 재무회의에서 일한 거물급 귀족이었다. 그는 새로운 사상을 혐오했다. 그의 이름은 이미 팔레 루아얄에서 돌아다니던 수배자 명단에 올라 있었다. 왕의 작은 동생 아르투아 백작이나 폴리냑 공작부인은 바스티유 요새가 함락당한 뒤에 짐을 싸서 외국으로 빠져나갔는데 풀롱은 한발 늦었기 때문에 붙잡혔다.

파리 시민들은 그가 파리 주변에 군대를 배치하는 데 크게 한몫했다고 생각했다. 더욱이 그들은 풀롱이 그의 사위이면서 파리 지사인 베르티에 드 소비니와 함께 파리에 곡식을 들이지 못하게 했다는 혐의를 두었다. 풀롱은 기발한 꾀를 냈다. 그는 하인 한 명이 죽자 자기가 죽은 것처럼 호사스럽게 장사를 지냈다. 그러고는 늦게나마 파리와 베르사유에서 자취를 감추는 것이 안전하다고 생각해 한때 파리 치안총감과 해군대신으로 활동한 거물급 귀족 사르틴의 저택이 있는 비리 샤티용(파리 남쪽, 오를리 공항 근처)으로 갔다. 그러나 21일에 정체가 들통 나서 농민과 그 자신이 부리던 하인들에게 붙잡혔다.

그들은 75세 늙은이에게 "너는 우리에게 꼴을 먹이려 했지? 이제 네 차례다!"라고 하면서 입에 꼴을 물리고 신도 신기지 않은 채 파리까지 끌고 갔다. 그가 무더위를 견디지 못하고 목이 마르다고 호소하면 그들은 그에게 후추를 친 식초를 들이켜게 하고 얼굴의 땀을 쐐기풀로 닦아주었다. 새벽에 파리 시청으로 끌려갔을 때 풀롱의 몰골은 비참하기 그지없었다. 사람들이 시청의 어느 빈 사무실에 그를 처넣었을 때 그는 비로소 잠시나마 편안히 쉴 틈을 얻었다.

9시에 여러 선거인단이 출근해 상황을 파악한 뒤 풀롱을 살리려고 결심했다. 그들은 은밀히 그를 생제르맹 수도원 감옥으로 옮기는 명령을 통과시켰다. 라파예트가 곧 출근해 풀롱을 무사히 감옥까지 호송하겠다고 장담했다. 선거인단은 시 행정부 조직을 합법적으로 꾸리는 문제에 매달렸다. 그러나 정오가 되자 사람들이 시청 광장으로 몰려와 아우성을 쳤다. 사람들은 선거인단이 역겨운 관리를 구해주려고 버틴다면 시청 건물에 불을 지르겠다고 위협했다. 이미 바스티유 요새를 정복한 그들이 못할 일은 없었다. 시장 바이이가 여러 사제를 포함해 20명의 동료와 함께 그들 앞에 나서서 설득하려 했지만 군중의 화만 더욱 돋우고 말았다. 군중이 풀롱을 빼돌리지 않았는지 의심했기 때문에 그들은 불쌍한 풀롱을 창문가에 세워 확인시켜주어야 했다. 그의 모습을 본 사람들은 더욱 치를 떨었다. 시위대는 국민방위군을 밀치고 장애물을 부수면서 홍수처럼 시청 건물로 밀려들었다.

선거인단은 이제 풀롱을 감싸주지 못할 처지가 되었다. 샤를 니콜라 오슬랭은 책상 위로 뛰어올라가더니 풀롱을 재판에 부치자고 제안했다. 조금이라도 풀롱을 오래 살려두려는 심산이었다. 그러나 군중은 즉시 재판을 열어 판결을 내리라고 재촉했다. 오슬랭이 재판관을 임명해야 한다고 하자 군중은 곧바로 생테티엔 뒤 몽의 사제, 생탕드레 데자르 사제를 임명했다. 다시 오슬랭이 일곱 명이 필요하며 서기도 필요하다고 하니까 군중은 오슬랭더러 서기를 맡으라고 맞받아쳤다. 이렇게 해서 기숙사감 바랑그, 심문판사 피카르, 옛 부시장 마지멜이 진행하고 뒤베리에가 왕의 대소인 역할을 맡기로 했다.

곧 홀에 탁자를 놓고 그 위에 의자를 올려놓은 뒤 풀롱을 데려다 앉혔다. 뒤베리에가 물었다.

"도대체 무슨 죄로 기소합니까?"

"인민을 괴롭혔으며 인민에게 풀을 먹일 것이라고 말했습니다. 그리고 밀에 투기했습니다."

그러나 사제 두 명이 교회에서는 피를 흘리지 말라고 가르쳤기 때문에 재판을 맡을 수 없다고 사양했다. 군중은 곧장 라파예트와 바이이에게 그 임무를 맡겼다. 하지만 이들이 현장에 없었으므로 결국 뒤포르 뒤 테르트르가 맡았다. 그때 라파예트가 현장에 나타나 30분 동안 연설했다. 풀롱을 정식재판에 부쳐야 하며 재판이 열릴 때까지 생제르맹 수도원 감옥에 가두어야 한다고 말했다.

밖이 소란해지고 팔레 루아얄, 생탕투안 문밖에서 사람들이 몰려왔다. 그리고 라파예트에게 "옷을 잘 차려입은 어떤 남자가" 도발적으로 물었다. "지난 30년간 줄곧 심판을 받은 사람을 또 심판할 필요가 있습니까?" 라파예트는 말을 억지로 이었지만 점점 반발이 드세졌고 결국 그가 "감옥에 가두어야 한다"고 말을 마치자 군중은 드세게 밀고 나가 풀롱이 앉은 의자를 뒤집어엎었다. 선거인단과 라파예트가 손을 쓸 틈도 없이 군중은 풀롱을 끌고 밖으로 나가 가로등에 밧줄을 걸고 매달아 죽였다.

시청에 모인 선거인단은 겁을 먹고 풀롱의 사위 베르티에 드 소비니만이라도 구해야겠다고 생각했다. 파리 징세구 지사였던 베르티에는 7월 20일에 콩피에뉴에서 잡혔는데 파리의 선거인인 에티엔 드 라 리비에르와 앙드레 드 라 프렐이 그를 보호해주려고 그곳의 기마대 240명을 붙여 파리로 오고 있었다. 선거인단은 베르티에를 부르제에서 하룻밤 머물게 하라고 급하게 명령을 내렸다. 그러나 무장한 600명이 선거인단의 명령에 반대했고 베르티에는 계속 호송되었다. 선거인 회의는 다시 명령을 내렸다. 이번에는 베르티에를 곧바로 생제르맹 수도원 감옥으로 데려가라고 했지만 이 명령을 시행하기도 전에 벌써 베르티에가 시청 앞 광장에 도착했다는 소식이 들어왔다. 광장에서는 군중이 마치 반가운 사람이라도 맞이하듯이 환호성을 질러댔다. 밤 9시가 거의 다 되었지만 아직도 완전히 어두워지지 않았다. 시장 바이이는 어떻게든 시간을 벌려고 베르티에를 시청으로 들게 하여 심문했다. 라파예트가 군대를 풀어 울타리를 만들었지만 시민들이 안으로 밀고 들어갔다. 바이이는 베르티에를 생제르맹 수도원 감옥에 넣으라고 명령했지만 시민들은 베르티에를 낚아채서 데리고 나갔다. 그리고 얼마 뒤 어떤 용기병이 그의 심장을 꺼내가지고 들어와 책상 위에 던졌다.

　이즈음에서 의문을 품는 독자가 있을 것이다. 바이이와 라파예트 그리고 파리 선거인단은 왜 군중이 바라는 대로 하지 않고 귀족 관리의 목숨을 구해주려고 애썼던가? 우리가 오늘날의 낱말을 쓴다면 일종의 '계급의식'이 작용했기 때문이라고 이해할 수 있다. 선거인단은 성인 남자 가운데 어느 정도 수입이 있는 사람들이고, 그들이 뽑은 전국신분회 대표는 여느 선거인보다 더 뚜렷한 계급의식을 가진 사람들이었다. 그들이 비록 제3신분을 대표하고 귀족이나 종교인이라는 특권층과 맞섰다고 할지라도 여느 제3신분이 그들에게 다가서는 만큼 뒤로 물러날 사람들이었다. 그들은 새로 태어나는 질서를 자신들의 구미에 맞게 지배하려고 했으며 그것이 그들이 생각하는 '합법성'이었기 때문에 '정식재판'을 거치자고 주장했던 것이다. 그러나 조상 대대로 탄압당한 기억을 현실적 행위에 투영한 시위 군중은 '재판'이라는 과정에는 동의하더라도 이제 자신들의 세상이 된 만큼 자신들의 방식대로 재판을 진행하고자 했다. 그래서 군중은 이미 유죄판결을 하고 잡아들인 풀롱이나 소비니 같은 사람에게 형을 집행하는 일만이 남은 절차라고 보았다. 앞으로도 그들은 자신들을 대표할 시장이나 국민방위군 사령관, 선거인단의 소극적인 태도에 수없이 좌절할 것이다.

　선거인 회의는 7월 23일 베르사유의 국회에 대표단을 보내 국가반역죄를 다룰 법원을 설치하는 법을 만들어달라고 간청하도록 의결했다. 곧이어 그들은 베르티에를 파리로 데려오던 에티엔 드 라 리비에르와 앙드레 드 라 프렐의 보고를 들었다. 한편 라파예트는 전날 일어난 끔찍한 사건을 제대로 막지 못한 책임을 지고 국민방위군 사령관직을 내놓겠다고 바이이와 60개 선거구에 편지로 알렸다. 선거인들은 이 소식을 듣고 깜짝 놀라 바이이와 라파예트가 있는 식량위원회 사무실로 몰려갔다. 라파예트는 그들의 간곡한 부탁을 듣고 마음을 돌렸다.

다시 바이이 시장의 신임문제로 되돌아가자. 7월 23일 바이이 시장은 직접 모든 선거구에 편지를 보냈다. 파리 같은 대도시가 무정부 상태의 비정상적인 상황으로 살아가는 것이 상당히 불편한 일임을 호소했다. 한시라도 빨리 합법적인 행정부를 갖추도록 도와달라고 호소했다.

여러분, 지금은 파리 시정부를 설립하고 조직해야 하는 시점입니다. 지극히 중요한 사태가 수없이 일어나고 있음에도 제대로 대처하지 못하고 있는 실정입니다. 라파예트 후작과 나만이 자유선거로 합법적으로 뽑힌 뒤 우리가 간청한 대로 인준을 받았을 뿐입니다. 대다수의 선거구가 우리를 인정해주셨습니다. 그러나 우리와 함께 일하는 다수는 정식으로 인준을 받지 못했습니다. 이 때문에 일을 처리하는 데 지극히 어렵습니다. 합법적이고 지속적으로 질서를 바로잡아야 합니다. 선거구 여러분이 사물의 질서를 바로잡아주셔야 합니다.

각 선거구에서는 모든 시민계급을 소집해 대표 두 명씩 뽑아주시고, 그렇게 해서 120명을 나와 라파예트 후작이 있는 시청으로 보내시어 시정부를 세우는 계획을 마련하게 해주십시오. 그리고 여러분이 허락하신다면 나와 라파예트 후작이 먼저 임시정부를 수립해놓고 여러분의 승인을 기다리겠습니다.

대부분의 선거구가 이미 시청으로 대표 두 명씩 보내주셨습니다. 그러므로 아직 대표 두 명을 보내주지 않은 선거구에서는 23일 토요일 오전 10시까지 시청으로 대표를 보내주시기 바랍니다. 라파예트 후작과 나는 모든 대표와 함께 시정부 조직안을 마련해 모든 선거구의 승인을 받도록 하겠습니다.

여기서 한 가지 짚고 넘어가야 할 것이 있다. 그것은 바로 당시 선거구의 정확한 투표자와 득표의 수가 남아 있지는 않지만 전국신분회 제3신분 대표를 뽑을 때와 마찬가지로, 그러니까 결과적으로 국회(제헌의회)의 제3신분 대표를 뽑을 때와 마찬가지로 파리 주민 대표를 뽑을 때에도 납세자만이 유권자가 되고 피선거권을 가졌다는 사실이다. 그리고 7월 25일 월요일부터 61개 선거구 대표 122명이 모였다. 그들은 파리 시청에 모여 새로운 시정부를 꾸려나갔다. 아직까지 이들을 '파리 주민'이라는 뜻으로 '코뮌'이라 할 수도 있겠지만 이들이 꾸려나갈 파리 시정부가 앞으로 프랑스 혁명사에서 정치의 한 축을 담당하게 될 '파리 코뮌'으로 그 의미가 확대·발전해나간다.

7월 하순의 파리 시정부 조직을 정리하면 다음과 같다. 먼저 '임시시장le maire provisoire'이 있었다. 그의 권위를 그 어떤 곳에도 규정해놓지 않았지만 전임 시장 플레셀(앙시앵레짐 시대의 파리 시장〔원래 상인들의 대표 행정관prévôt des marchands〕)이 하던 일, 사임한 치안총감이 하던 일, 도망치다 잡힌 파리 징세구(또는 지사관구généralité)의 지사 베르티에 드 소비니가 하던 일을 당연히 떠맡는 것으로 모두가 말없이 동의했다. 바이이는 1790년 5월 21일에 제정한 파리 시정부 조직법la loi organique sur la Municipalité de Paris으로 8월에 정식 취임할 때까지 '임시시장'이었다. 그는 회고록에서 파리 시장은 진정한 의미의 '파리 장관ministre de Paris'이었다고 말했다. 임시사령관 라파에트 후작이 국민방위군을 지휘했지만 그는 국민방위군이 민간권력에 종속한다는 사실을 이해했다. 그는 선거구의 대표들로 구성한 군사위원회의 도움을 받았다. 군사위원회는 이미 군대조직법을 만들기 시작했다. 민간정부조직법은 선거구 대표자 의회에서 조금 뒤부터 만들기 시작했는데 두 법 모두 선거구의 인준을 받아야 했다.

7월 하순까지 명맥을 이은 선거인 회의는 권위도 없고 쓸모도 없이 저주받은 목숨을 이어나갔다. 하지만 플레셀 시장과 함께 시작한 '상임위원회'가 '임시위원회'로 지위가 낮아졌음에도 거기서 만든 몇몇 위원회나 사무국에서 선거인들이 활동했다. 선거인 회의는 새로 뽑은 선거구 대표들 의회 Assemblée des Représentants에 자리를 비켜줘야 했다. 끝으로 가장 기본적인 조직이면서 가장 활발한 세력인 선거구가 있었다. 선거구만이 진정한 권위의 근원이었다. 그들은 헌법을 제정할 권력을 직접 행사했다. 그들은 그 권력의 일부를 대표에게 위임하면서도 대표의 권한을 엄격히 제한했다. 그리하여 다른 대표를 마음대로 뽑아 새로운 권리를 맡길 수 있었다. 파리 선거구 대표들의 의회가 파리 시청에 보낸 공식기관이지만 선거구는 '파리 선거구 중앙위원회Comité central des districts'를 조직하기도 했다.

파리 선거인 회의는 7월 29일까지 존속하고 60개 선거구에서 두 명씩 새로 보낸 대표들로 구성된 120명에게 그때까지 수행하던 임무를 넘겨주었다. 29일에 120명은 '파리 코뮌의 대표들Représentans de la commune de Paris'이라는 이름을 정식으로 채택했다. 이렇게 해서 파리 코뮌 의회가 탄생했다.

마지막으로 파리 시정부의 첫 회의체가 시작한 사업을 간단히 세 가지로 정리한다. 첫째, 파리에서 가장 빨리 해결해야 할 문제는 생활필수품의 문제였다. 혁명의 시작이 국가재정의 파탄과 식량문제가 함께 작용해 걷잡을 수 없는 분노를 불러일으켜 사회를 분열시키고 무질서 상태로 만들었기 때문이다. 그리하여 그들은 수도원 같은 곳에 쌓아둔 밀이나 밀가루가 없는지 조사했다. 둘째, 국민방위군을 조직하려고 군사위원회가 애썼지만 안이 어느 정도 모양을 갖추자 그 안을 의회에 보고했다. 이것은 시의회가 안을 검토한 뒤 선거구의 승인을 받아야 한다는 원칙, 다시 말해 군사력을 민간권력 아래 두려는 원칙을 지키려고 했기 때문이다. 끝으로 한시바삐 시정부 조직안을 만들어야 했다. 그들에게는 61개 선거구 가운데 절대다수가 승인해준 임시권력만 있었기 때문이다.

9
지방 도시의 봉기

지방 도시민은 전국신분회가 국회로 바뀌는 과정에서 '평민'이 큰 역할을 했으며 왕이 군대를 배치해 파리를 위협했는데도 파리 시민이 그 위협을 물리치고 왕의 추인을 받았다는 소식을 들었다. 그렇다고 언제나 파리가 일을 시작하면 지방이 따라 했다고 주장할 수는 없다. 지방이 파리보다 앞선 사례도 많기 때문이다. 1788년 그르노블 근처 비질에서 도피네 지방신분회가 능동적으로 모였다는 사실은 그 지방 사람들이 혁명에 앞장섰다는 자부심을 갖는 이유다. 더욱이 각 지방민은 국회의원들이 선거구 유권자들에게 보내는 통신문을 읽고 국회와 파리에서 무슨 일이 일어나는지 알았고, 또 애국자들이 발행하는 신문을 읽고 소식을 알기도 했다. 또 각 지방은 국회에 지지문이나 호소문을 보내 혁명의 흐름에 뒤따르거나 유도하거나 반발했다.

한마디로 말해 지방민도 자기 운명이 제 손에 달려 있다는 사실을 깨달았다. 물론 지방민을 동질성 있는 집단이라고 말하기는 어려우므로 귀족, 종교인, 평민을 구분할 필요가 있으며 도시와 농촌의 실정이 달랐다는 사실도 잊지 말아야 한다. 단지 큰 경향을 살피자면 귀족과 종교인, 그중에서도 특히 대귀족과 고위성직자는 파리의 소식을 듣고 대부분 몸을 사렸으며 평민은 억누르고 살던 분노를 희망과 버무려 표출했다. 대귀족은 파리의 봉기와 루이 16세의 의지가 꺾인 일을 심각하게 받아들이고 자신들의 미래가 밝지 못하다고 생각했다. 대주교나 주교 가운데 뜻밖에 화해의 몸짓을 하는 사람도 있었지만 대체로 고위직은 새로운 물결에 반발했다.

그럼에도 평민의 각성이 중요했다. 평민은 파리에서 무슨 일이 일어났는지 듣고 물리력을 동원해 주도권을 행사하기 시작했다. 그러므로 앞에서 풀롱과 그의 사위 베르티에의 사례를 보았듯이 베르사유와 파리에서 도망치는 귀족은 지방에서 안전한 피난처를 찾기 힘들었다. 약삭빠른 사람들은 이미 가까운 국경을 통해 외국으로 빠져나갔으나 어물거리던 사람들은 평민의 증오의 표적이 되어 두려워했다. 7월 중순 이후 지방 도시에서 봉기가 일어났다. 지방민들은 6월 23일 이후 왕이 베르사유와 파리에 군대를 동원했다는 소식을 들었고, 7월 12일 네케르를 해임했다는 소식을 들었을 때는 파리 시민들처럼 화를 냈다. 수많은 지방 도시에서 시민들이 공공금고와 무기고를 손에 넣었다. 파리를 본받아 민병대를 조직하고 이웃 도시와 농촌을 도우면서 공조체제를 구축했다. 역사가들은 이것을 '지방 도시의 혁명révolution municipale' 또는 '도시들의 반란révoltes des villes'이라 부른다.

7월 20일, 국회에서 랄리 톨랑달이 일어났다.

"수도는 마침내 평온한 상태로 되돌아갔습니다. 날마다 수도가 더욱 안정되는 것을 여러분도 보셨습니다. 그러나 우리는 날마다 다른 도시에서 잇달아 소요사태가 발생한다는 보고를 받습니다. 만일 우리가 그 사태를 막는 조치를 취하지 않는다면 소요와 혼란은 더욱 먼 도시까지 번질 것입니다."

베르사유의 국회에서 20일에 이러한 문제를 논의하자고 할 때 이미 여러 도시에서 시정부와 왕의 군대가 시민들의 공격을 받고 있었다. 렌 주민은 15일에 네케르 해임 소식을 전해 듣고 시위를 벌였다. 16일에는 젊은이들이 무기고를 털었다. 렌 시의 군사령관 랑주롱은 군대를 동원했다. 아르투아 연대, 일드프랑스 연대, 로렌 연대에 대포까지 동원하라고 명령했고, 오를레앙 용기병도 함께 출동시켰다. 그러나 막상 병사들은 무기를 쓰지 않고 주민들과 한편이 되었다. 사령관은 도망치고 주민들이 도시정부를 손아귀에 넣었다. 그들은 곧바로 밀 창고를 조사하기 시작했다. 왕국의 모든 곳에서 식량을 확보하는 일이 무엇보다도 급했다. 생말로의 젊은이들은 국회를 구원하러 베르사유로 행진하기 시작했고 군대는 아무런 행동도 하지 않았다. 봉기한 사람들이 도시를 지배했다. 그르노블 시민의 모든 계층은 15일에 생루이 교회에 모여 대신들을 해임한 일과 왕의 의도에 거칠게 항의했다. 그들은 국회의 안전을 확실히 보장받을 날까지 그 어떤 세금도 내지 않겠다고 선언했다. 그들은 국회, 오를레앙 공작, 도피네 지방의 모든 도시와 읍에 자신들의 결정을 알리기로 했다. 이미 1788년부터 혁명의 물꼬를 튼 지방답게 그르노블의 노트르담 대성당 참사원 사부아, 생튀그 성당의 사제 엘리, 상인조합장 보튀르, 왕의 대소인 알르망 뒬로롱 같은 사람이 앞장서서 서명했다.

리옹에서는 7월 초 주민과 군대가 충돌했다. 7월 2일과 3일에 세 신분이 함께 모여 축제를 벌일 때 부르주아 계층은 리옹 시 군사령관 청사 앞에 5월의 나무를 심었다. 5월의 나무는 경의를 표하고 싶은 사람의 집 앞에 심는 나무였다. 그들은 나무에 '시민들이 사랑하는 시민에게Cives, dilecto civi'라는 표찰을 붙여놓았다. 일자리도 없는 데다 굶주리고 화가 난 서민이 밤에 나무를 뽑아버리고 여기저기 흩어져 수비하던 병사들의 무기를 빼앗고 생클레르 세관 울타리와 징세업자 사무실을 공격했다. 사령관은 용기병을 출동시켜 총을 쏘라고 명령했고 시위대는 저항했다. 양쪽 모두 사상자가 생겼다. 마침내 시위대의 저항을 받은 용기병이 뒤로 물러서고 밤에는 조용해졌다. 그 뒤 왕이 대신들을 해임했다는 소식을 들은 리옹의 세 신분 대표들이 모여 왕에게 항의하고 국회에 보내는 글을 작성했다.

"대부분의 도시가 단지 충동을 따라 움직일 뿐입니다. 어디서나 심지어 농촌에서도 사람들이 무장을 하고 부르주아 민병대를 조직하고 수비대를 배치합니다. 어디서나 사람들은 공공이익을 생각하여 행동하려고 노력합니다. 그럼에도 모든 곳이 들고일어난 것은 기근에 대한 걱정 때문입니다. 이같은 봉기에서 특별한 성격을 볼 수 있습니다. 처음에 봉기할 때는 애국심만을 앞세웠습니다. 그러나 두 번째 이후에는 투기꾼을 벌하려고 들고일어났습니다."

캉의 시민은 모두 삼색 표식을 달고 성채를 공격해 무기를 빼앗았다. 그들은 감옥이 있는 레비 탑을 부수고 들어가 갇힌 사람들을 구했다. 이 감옥은 파리의 바스티유 감옥만큼 악명 높은 곳이었다. 그곳 판사들은 징세청부업자들의 편을 확실히 들어주었고, 그래서 그들에게 고용되었다고 할 만큼 그들의 이익을 대변했다. 판사들은 정부가 비싸게 파는 소금보다 싼 소금을 들여다 판 사람들을 군선의 노를 젓는 벌을 내리거나 교수대로 보내기 전에 레비 탑에 가두었다. 사람 몇 명 구했다고 시위대의 분풀이가 끝나지는 않았다. 그들은 소금세관원들의 사무실과 집까지 쳐들어가서 서류를 빼앗았다. 이처럼 극단적인 행동을 본 시정부 관리들은 빵값을 낮추라고 명령하고 부르주아 민병대를 조직해 질서를 바로잡았다. 며칠 뒤 렌에 주둔한 아르투아 연대 병사 몇 명이 캉을 찾아갔다. 그들은 공공의 명분에 동참했다는 사실을 인정하는 메달을 달고 있었다. 캉에 주둔한 부르봉 연대 병사들은 아무런 무기도 들지 않고 캉을 방문한 병사들을 모욕했다. 양측이 싸우는 와중에 무기가 없는 측이 피를 흘리고 메달을 빼앗겼다. 그들은 시 당국에 불만을 터뜨렸고 시 당국은 부르봉 연대의 부사령관 벨중스가 부하들을 부추겨 이런 결과를 낳게 했다고 비난했다. 시위대가 무기를 들고 복수하러 달려가고 부르봉 연대는 병영 문을 닫아건 채 대응하지 않았다. 밤이 되면서 척탄병들이 보셀 다리를 점령했다. 부르주아 민병대가 순찰을 돌다가 총을 쐈다. 총소리와 함께 경종이 울리자 주민들이 모였다. 인근 농촌 지역에서도 사람들이 몰려들었다. 자정쯤 거의 2만 명이 대포를 앞세우고 군부대를 포위 공격했다.

캉의 관리들과 연대의 장교들은 살육을 막으려고 협상을 시작했다. 벨중스는 억울하다면서 스스로 시청에 나가 자신이 결백하다는 증거를 대겠다고 제안했다. 연대는 벨중스의 안전을 보장해줄 인질을 요구했고 그 뒤 벨중스는 용감하게 시위대 앞으로 나아갔다. 국민방위군이 그를 호송해갔다. 노르망디 군사령관 아르쿠르는 연대에 도시 밖으로 나가라고 명령했다. 그렇게 해야만 질서를 되찾을 수 있으리라고 생각했기 때문이다. 실제로 질서를 회복한 것 같았고 군부대에 인질로 넘겼던 부르주아 몇 명이 풀려났다. 그러나 연대가 도시 밖으로 나가자마자 또다시 폭동이 일어났다. 민중이 갑자기 성채를 공격하며 밀고 들어갔다. 국민방위군이 그들을 막았지만 그들은 벨중스를 잡아 시청 광장으로 끌고 가서 순식간에 총살해버렸다. 푸아투의 샤텔로에서는 아주 흥미로운 사건이 일어났다. 민중이 시청으로 쳐들어가 시 지도부를 임명하고 자신들에게 반대하는 법관들을 체포했다. 그러고 나서 곧 밀가루를 수색하라는 조치를 발표하고 부자와 가난한 자를 구별해 빵값을 정했다. 노동자는 1리브르(약 500그램)짜리 빵을 3수, 귀족은 5수에 구할 수 있었다.

7월 15일 이른 오후, 디종에 아직 바스티유 함락 소식이 도착하지 않았을 때 그 지역 사람들이 '푸른 옷의 얼간이들(또는 '푸른 엉덩이culs bleus')'이라 부르던 포도재배자들의 구역에서 누군가 경종을 울렸다. 즉각 농부들이 무기를 든 채 모여들었고 곧 부르고뉴 지방신분회 위원인 변호사를 대장으로 뽑아 명령체계를 갖추었다. 디종의 군사령관이 질서를 잡으려고 노력했지만 군사력이 부족해서 제대로 대응하지 못하고 오히려 농민군의 포로가 되었다. 반란자들이 생니콜라 탑과 성관을 점령했다.

이 성은 마지막 부르고뉴 공작 샤를 르 테메레르가 죽은 뒤에 디종을 지키려고 쌓은 성이었다. 오늘날에는 그 흔적으로 생니콜라 탑이 남아 있다. 1790년 왕국을 83개 데파르트망(도)으로 나눌 때 이 지역이 코트 도르Côte d'or(황금의 언덕)가 되었다. 이 이름이 부르고뉴산 포도주에서 차지하는 비중이 얼마나 큰지 알면 18세기 포도재배자들의 사업을 이해할 수 있다. 한 걸음 더 나아가 로마네 콩티Romanée-Conti는 부르고뉴 지방에서도 최고의 명산지인데 18세기 콩티 공이 비싸게 사들였기 때문에 당당히 '콩티'라는 이름을 얻었다. 콩티 공은 이 포도원을 얻으려고 루이 15세의 애첩 퐁파두르 부인과 경쟁했다고 한다.

반란자들은 부르주아 민병대를 조직하고 성직자들을 가택연금했다. 왕이 파견한 지사는 도망쳤고 과거의 정치조직은 무너졌다. 16일 시청을 장악한 민병대는 그 지역의 모든 공동체에 대표 두 명씩을 보내라고 했다. 그렇게해서 거의 150명이 모여 시정을 논의했다. 그들은 가진 자의 편에서 결정했다. 그 성격을 가장 잘 드러내는 결정은 하인들에 관한 것이었다. 그날 이후하인은 낮이건 밤이건 지팡이나 막대기를 가지고 밖으로 나다니지 못하며세 사람 이상 모일 수 없었다. 또 대표들은 민병대의 참모부를 조직했다. 7월20일 참모부 구성원들은 "조국과 왕에게 충성하고 국회의 자유로운 명령을준수한다"는 맹세를 했다. 그 전날까지 디종의 행정을 맡던 지도부는 곧 사임하면서 디종은 국회와 파리의 어떤 지침도 받지 않은 상태에서 파리와 비슷한 과정을 겪었다.

스트라스부르의 사례도 흥미롭다. 19일 밤부터 파리에서 일어난 일을 기념하는 불꽃축제를 하고 모두가 기뻐하는 가운데 사람들이 무리지어 가장 미워하는 법관들의 집으로 쳐들어가 위협했다. 수비대 병사들이 출동해 그들을강제로 해산했다. 20일 월요일에 부르주아 대표들이 육류에 매긴 세금을 돌려달라고 하면서 시청에 시민들의 위원회를 만들어주고 선거구와 도시 민병대를 조직하게 해달라고 요구했다. 도시 행정위원들은 이런저런 반대 구실을붙여 그들의 요구를 들어주지 않고 미적거렸다. 이튿날인 화요일에 사람들이시청을 공격하고 문서를 약탈했다. 그들은 수많은 관청을 공격하고 그 건물들을 이용했다. 부르주아 계층은 공공광장에서 물러나 조직을 갖추기 시작했다. 그러나 병력이 출동해 총 한 발 쏘지 않고 그들을 해산시켰다. 수요일에부르주아 계층은 조직을 갖춰 무장하고 광장을 지켰다. 그러고는 광장에 모이는 사람들을 400명이나 잡아들였다. 며칠 뒤 병사들은 그동안 수고했다고 특별수당을 받았는데 그들은 공공장소에서 서민과 어울리더니 수요일에 잡힌 사람들을 가둔 감옥으로 몰려갔다. 장교들은 병사들에게 질서를 지키라고 명령했지만 꼬박 하루 동안 질서를 되찾지 못했다. 병사들은 거리를 쏘다니면서 서민들과 형제애를 나누었다. 술에 취해 난동을 부리기도 했다. 마침내 질서를 되찾았지만 병사들 가운데 오직 다름슈타트 연대만 벌을 받았다. 그들은 며칠 동안 성문 밖에서 머물라는 명령을 받았던 것이다.

파리에서 선거인단이 주민들의 대표로 시청을 차지했듯이 지방 도시에서도 선거인단이 시청을 차지했다. 그러나 모든 지방의 도시정부가 완전히 뒤바뀌었다고 말하긴 어렵다. 간단히 몇 가지 사례만 살펴보자. 스트라스부르에서는 완전히 새로운 세력이 정부를 장악했고 디종이나 파미에에서는 옛 정부에서 일하던 사람들이 다수 물러나고 새로운 세력이 등장했다. 보르도에서도 혁명을 지지하는 위원회가 주도권을 잡았다. 노르망디의 일부 도시에서는 옛 권력과 혁명세력이 나란히 공존했다. 동부의 메스와 낭시에서는 두 세력이 아웅다웅하면서 다투었지만 어느 한편이 완전히 승리하지는 못했다. 몽토방과 님에서는 사회적인 대립과 종교적인 대립이 함께 작용해 사회 불안을 키웠다. 이처럼 기존의 시정부는 소수파가 되거나 해산되었다. 새로 시청을 점령한 사람은 대부분 변호사 출신이었다.

그러나 새 세력에 도전하는 지방도 있었다. 리옹과 트루아의 경우, 구체제의 지지자들이 일시적으로 쫓겨났다가 곧 반격을 시작해 주도권을 되찾았다. 툴루즈의 경우는 옛 정부가 새로운 혁명세력과 힘을 합치면서 살아남았다. 엑스에서는 군대의 힘을 빌려 옛 체제를 유지했다. 도시마다 이렇듯 형편이 제각각이었지만 대체로 절대왕정의 기구들이 권위를 잃기 시작했다. 그리하여 19세기 역사가 이폴리트 텐Hippolyte Taine이 '지방자치화 municipalisation'라고 부른 현상이 왕국 대부분의 도시에서 일어났다. 중앙집 권화가 무너지고 각 지방정부가 중요한 결정을 내릴 수 있게 되었다. 도시들 은 자율성을 유지하고 서로 도와주기로 약속했다. 프랑스는 자율적인 도시 의 연방처럼 바뀌었다. 베르사유의 국회나 파리에서 달리 지침을 내리지 않 아도 각 지방정부가 독자적으로 결정할 수 있었고, 이렇게 해서 유능한 인재 가 저절로 두각을 나타낼 수 있었다. 1790년 7월 14일 전국연맹제Fête de la Fédération의 기원을 여기서 찾을 수 있다. 조르주 르페브르는 파리 선거구민 들이 국민주권 원칙을 직접민주주의 개념으로 적용하면서 훗날 정치무대에 등장할 상퀼로트에게 넘겨주었다고 평가했다.

10
농민의 봉기와
대공포

혁명이 일어나는 시점에 프랑스의 공간 은 18세기 초반보다 훨씬 빠르게 소식을 주고받을 만큼 통합되었고 크게 보 아 여행속도는 두 배나 빨라졌다. 게다가 수세기 동안 농촌 사회가 파리에 비 해 거의 변화를 느낄 수 없을 만큼 정체되었다고 할지라도 대도시 근처의 농 촌, 특히 파리 근처의 농촌에 사는 농민들은 대도시와 직간접으로 얽혀 있 었기 때문에 미약하나마 변화를 겪었다. 그들은 도시의 도매업자나 제조업 자가 일감을 대준 뒤 돈을 주고 반제품이나 완제품을 받아가는 가내제조업 domestic system(또는 선대제putting-out system) 체제로 도시와 밀접히 관련을 맺거나 직접 기른 농산물을 가지고 도시 장터로 나가 도시민과 접촉했다. 그러므로 그들은 도시민의 변화를 보고 놀라거나 화를 냈으며 그러면서도 언젠가 수용할 태세를 갖추어나갔다. 바야흐로 1789년 7월에 이르러 모든 지역에서 프랑스인은 국민방위군을 조직하고 거의 어디서나 쌓였던 울분을 터뜨릴 수 있게 되었다. 농촌도 예외가 아니었다.

그런데 농촌이 들고일어난 사정을 좀더 잘 이해하려면 그들이 작성한 진정서로 잠시 돌아가야 한다. 그들의 현실과 희망을 담은 진정서를 읽고 그 희망이 조금도 실현되지 않는 상황 때문에 그들이 느껴야 했던 분노에 공감할 수 있을 것이다. 농민은 인구의 80퍼센트 정도였고 경제수준도 차이가 나지만 대부분이 자급자족도 할 수 없는 실정이었다. 농민 가운데 약 4분의 1 정도가 자기 땅을 가지고 있었다. 그러나 자기 땅을 가졌다고 잘사는 농부가 되는 것이 아니라 남의 땅이라도 좋은 땅을 많이 빌려서 부쳐야 부유해질 수 있었다. 귀족, 종교인, 부유한 부르주아가 가진 좋은 땅을 부칠 수 있는 사람은 소수였다. 그들은 땅을 빌려 다소 소작을 놓고 자기가 쓰고 남는 생산물을 팔 수 있었다. 인구가 늘어나면서 농산물 값이 오르면 그들이 가장 큰 이익을 보았다. 그러나 대부분의 농민은 수지를 맞추기조차 힘들었다. 곡식을 자유롭게 거래할 수도 없었고 생산물의 일부를 '이유도 모른 채' 징수당했기 때문이다. 다음의 사례는 알자스 지방의 오지 마을(몽주아 보프레)의 농민들이 쓴 진정서의 일부다.

영주는 대부분의 토지에서 생산한 곡식 6다발에서 1다발씩 요구합니다. 생산자에게는 5다발이 남는데, 그중에서 씨앗으로 1.5다발을 써야 합니다. 1다발을 뿌리면 4다발을 얻을 뿐이기 때문입니다. 나머지 3.5다발에서 다른 세금을 내고 나머지를 식량으로 쓸 수 있습니다. 1다발을 뿌려 4다발을 얻는 땅은 무척 경작하기 힘듭니다. 그래서 다른 사람에게 땅을 맡긴 지주는 세금을 내고 일꾼을 먹이기도 벅찹니다. 이처럼 불행한 지역에서 이러한 땅이라도 부쳐서 얻을 수 있는 이익이란 오직 보리와 귀리를 반반 섞은 빵, 우유, 채소를 먹을 수 있다는 것일 뿐입니다. 십일조를 내고서도 개인은 밀을 교구 사제에게 일정량 바쳐야 합니다. 겨우 10가구가 모여 사는 몽퓌랭 마을은 '이유도 모른 채' 영주에게 밀 25카르(약 3.125킬로그램), 귀리 20카르(약 2.5킬로그램)를 바칩니다.

영국 같은 곳에서는 밀 한 알에 10알을 수확하기도 했고 프랑스 일부 지역에서는 6~7알을 수확하기도 했지만 위의 지역 농민은 겨우 4알을 수확했음을 알 수 있다. 모든 지방 농민이 똑같이 수확하지는 않았다 해도 대부분의 농민은 대표들이 진정서를 가지고 베르사유로 가면 문제가 해결되리라고 생각했다. 그러나 두 달이 지나도 문제가 해결되기는커녕 불안한 소식만 들려왔다. 이러한 상황에서 인근 도시 주민들이 왕의 하수인들을 몰아내고 행정권을 장악한 뒤 민병대를 조직해 질서를 유지한다는 소식이 날아들었다.

장 조레스의 말대로 파리 시민이 바스티유 요새와 감옥을 정복했다면 농민은 그 나름의 '봉건적 바스티유'를 무너뜨릴 수 있었다. 그것은 그들에게 케케묵은 문서를 뒤져가면서 세금을 걷어가는 영주들의 저택이었다. 모든 농촌 지역이 들고일어나지는 않았지만, 상당히 많은 지역이 무질서를 경험했다. 노르망디의 관목숲 지역(캉과 알랑송의 초원지대 서쪽)과 에노, 오트 알자스에서 농민은 성관(군주나 귀족의 별장)과 수도원으로 쳐들어가 문서를 불태우고 영주권을 포기하도록 강요했다. 프랑슈 콩테와 마코네에서도 농민이 수많은 귀족의 성관에 불을 지르고 황폐하게 만들었다. 이들은 진정서에서 '부유하고 쓸모없는 부르주아'라고 적대감을 드러냈듯이 부르주아의 저택도 침입했다. 농업 자본주의의 산물인 울타리를 부수고 공동 목초지의 권리를 되살리라고 주장했다. 공동 목초지란 황무지의 풀밭, 길가, 벌목한 지 4~5년 지난 숲을 일컫는 말로 그 지역 공동체 구성원은 아무나 거기서 가축을 먹일 수 있는 권리가 있었지만 수익을 높이려는 영주나 부르주아가 그 권리를 인정해주지 않았기 때문에 농민의 불만이 그만큼 컸던 것이다.

농민은 밀을 수확하는 시기가 가까워오면서 더욱 예민해지고 불안해졌다. 더욱이 파리 같은 대도시에서는 부랑자와 거지를 대대적으로 내쫓는다는 소식을 듣고 그들이 농촌을 휩쓸고 갈까봐 두려워했다. 도시에서 곡식 때문에 발생하는 폭동과 농민의 반란은 전국을 더욱 불안하게 만들었다. 게다가 도시에서 새로 생긴 국민방위군이 곡식을 쌓아둘 만한 곳을 수색하러 다녔기 때문에 민심이 더욱 흉흉해졌다. 이런 분위기 속에서 전에는 볼 수 없던 새로운 현상이 나타났고 역사가들은 그것을 '대공포la Grande Peur'라 부른다.

7월 20일부터 8월 6일까지 보름 이상 농촌 지역을 휩쓴 대공포는 시간차를 두고 모두 여섯 곳에서 시작되어 다른 곳으로 번져나갔지만, 이미 소요 사태가 심했던 지역을 대부분 피해가면서 새로운 혼란을 불러일으켰다. 조르주 르페브르는 『1789년의 대공포La Grande Peur de 1789』에서 이 현상을 세심히 분석했다. 농민의 굶주림이 무엇보다도 가장 큰 적이었다. 흉년이 들면 농촌의 날품팔이 노동자는 거지가 되었고 이리저리 몰려다니면서 농촌 마을 인심을 흉흉하게 만들었다. 또 농민들은 생산자이지만 불리한 생활조건 때문에 자기가 생산한 곡식을 마음대로 처분하지 못해 불만이었고 가혹한 세금과 빵값을 참을 수 없게 되자 마침내 들고일어났다. 그들은 잠시 전국신분회를 소집한다는 소식에 희망을 품었지만 현실은 여전히 더 나아질 것 같지 않았다. 그럼에도 농민은 성직자와 귀족이 왕과 결탁해 농민의 짐을 덜어줄 전국신분회를 해체하려는 음모를 꾸민다고 여겨 어떻게든 전국신분회를 지켜야 한다고 생각했다.

음모론은 당시 농촌에서도 증폭되기에 충분했다. 파리와 지방의 주요 도시에 일간신문이 발행되었으며 애국파건 왕당파건 비교적 마음 놓고 자기주장을 할 수 있는 시점에서도 농촌의 의사소통 방식은 주로 문자보다는 입말에 의존했기 때문에 입소문으로 접하는 외부 소식이나 멀리서 일어나는 먼 지바람만 보고서도 조상 대대로 물려받아 무의식의 세계에 잠재하던 두려움까지 되살려낼 수 있는 조건이 형성되어 있었던 것이다. 그렇다면 두려움의 근원은 무엇인가? 바로 굶주림, 도적떼에 대한 소문, 귀족의 음모였다. 한마디로 굶주리는 농촌에 귀족의 하수인이 된 도적떼가 아직 완전히 익지도 않은 곡식을 베어간다는 소문이 농민을 두렵게 만들었다. 그러나 소문으로 그친다면 대공포가 아니다. 농민은 그 소문을 진짜로 믿었기 때문에 대공포가 되었던 것이다. 농민은 경종을 울려 다른 마을에 두려움을 알려주고 그렇게 해서 두려움은 여러 마을로 중계되었다. 더욱이 경계심을 불러일으키는 종소리는 사람이 직접 전하는 소문보다 훨씬 빨리 퍼져나가기 때문에 두려움을 더욱 증폭시켰고, 그렇게 해서 대공포가 발생했던 것이다. 두려움을 느낀 농민은 곧 분노하면서 이른바 '처벌의지'를 가지고 귀족의 성관을 공격했다. 그들의 행동에서 자발적인 면을 볼 수도 있으며 혁명의 지지자들과 연결된 모습도 볼 수 있다.

7월 20일 낭트 근처에서 처음 발생한 대공포는 용기병들이 마을로 다가온다는 소문 때문에 생겼다. 가난한 마을에서 용기병의 주둔비용을 내는 일도 힘겨웠을 뿐 아니라 용기병의 횡포까지 예상하면 충분히 반감을 느낄 만했다. 낭트에서 발생한 대공포 현상은 남쪽으로 퍼져나갔다. 그리고 20일이나 21일 멘 지방, 22일 프랑슈 콩테 지방, 24일 샹파뉴 지방, 26일 클레르몽 투아 지방, 28일 앙굴렘 이남에서 각각 시작해 사방으로 퍼져나갔다. 이렇게 해서 프로방스의 바르졸은 8월 4일, 피레네 산맥 근처의 루르드는 8월 6일에 대공포를 경험했다. 이 17일 동안 대공포를 경험하지 않은 곳은 브르타뉴, 알자스, 마코네, 랑드, 페이 바스크, 보카주 노르망, 에노, 캉브레지였다.

대공포가 전국을 휩쓸 때 도시는 민병대를 더욱 효과적으로 조직했고 그 때까지 서로 모르고 지내던 도시와 농촌 마을은 새로운 관계를 맺게 되었다. 일종의 연맹관계가 생겨나는 계기가 되었다. 농민이나 도시민은 모두 귀족과 특권층을 더욱 미워하게 되었고 지방에서 혁명을 더욱 가속화하는 계기가 되었다. 농민은 귀족과 부르주아만 미워하지 않았고 심지어 농촌의 일꾼도 미워했다. 가난한 날품팔이 일꾼은 떼 지어 다니면서 비록 익지 않은 곡식은 베어가지 않는다 할지라도 막 수확한 밭에 마구 들어가 낟알을 주워가기 때문이었다. '대공포' 현상은 국회의원들을 압박해 8월 4일에 중대 결정을 내리는 계기를 마련했다.

프랑슈 콩테에서 무슨 일이 일어났는지 설명하는 7월 29일자 편지를 인용해 당시 상황을 이해해보자.

선생은 파리에서 무슨 일이 일어났는지, 또 파리가 어떻게 자신을 방어할 수 있었는지 아실 겁니다. 네케르가 갑자기 물러남으로써 왕국 전체가 불행한 혁명을 겪었습니다. 우리가 사는 지방은 가장 절망적인 상태입니다. 영주들은 안전한 곳을 찾아 도망처버렸습니다. 4개 교구민이 함께 수도원으로 쳐들어가 수도사와 관리자를 몰아냈습니다. 가구, 거울, 침대, 은식기를 모두 빼앗고 하나도 남겨놓지 않았습니다. 그들은 수도 원에서 나흘 동안 머물면서 술창고를 바닥냈습니다. 하느님의 허락을 받 고 그들은 감히 교회의 문을 마구 부수고 들어가 성배 같은 성물을 훔쳤 으며 물건을 하나도 남기지 않고 쓸어갔습니다. 이 같은 재난은 오랫동 안 본 적이 없습니다. 그들은 모두 총, 쇠스랑, 도끼를 들고 설쳤습니다. 그들은 학교교사의 뒤를 따라 교회로 갔습니다. 그들 중 4명이 죽고 29명 이 다쳤으며 12명이 감옥에 갇혔습니다.

이게 전부가 아닙니다. 샹파녜에 아름다운 저택이 있다는 사실을 아시지 요? 밤에 사방이 고요하자 우리 친구들이 거기 쳐들어가 모든 것을 부수 고 떼어내었습니다. 어느 것 하나 손을 대지 않고서는 지나치지 않았습니 다. 실내의 모든 벽돌까지 무너뜨렸습니다. 그들은 농장에 딸린 집 40채 를 모두 부수고 사람들의 목을 따겠다고 말했습니다. 우리 아들이 일어나 이렇게 터무니없는 일을 멈추라고 말하러 갔습니다. 아들은 그들의 행동 이 어떤 결과를 낳을지 보여주었습니다. 그리하여 몹시 어려웠지만 아무 튼 그들을 차분하게 가라앉힐 수 있었습니다.

오늘, 모든 것이 조용합니다. 어제까지 우리가 얼마나 두려웠을지 상상 해보시기 바랍니다. 선생이 예상하듯이 나는 아직도 아픕니다. 마담 드 보페르몽이 소유한 소시 성은 완전히 무너졌습니다. 가구 손실만 4만 리 브르라고 합니다. 보페르몽 공작부인은 르미르몽으로 도망쳤습니다. 끝 으로 모든 귀족도 마을을 떠났습니다. 실로 그들을 대상으로 맹렬한 전 쟁을 일으켰다고 할 수 있겠지요. 어쨌든 그들은 특권의 일부를 포기해 야 합니다만, 그렇게 한다 해도 결과는 아주 나쁠 것입니다.

대공포의 물결이 프랑스를 휩쓸고 지나가는 기간을 7월 20일부터 8월 6일까지로 인식한다고 해서 그 기간의 앞뒤로 도시나 농민이 조용했다고 말할 수는 없다. 그리고 대공포의 원인이 모든 곳에서 한결같았다고 말하기도 어렵다. 그럼에도 세 가지 원인 가운데 하나 이상이 작용했음을 알 수 있다. 영주권에 대한 농민의 반발, 도적떼에 대한 두려움, 귀족과 그 하수인들에 대한 두려움이 주요 원인으로 작용했다. 농민은 소문을 듣고 약탈자들이 오기만을 기다리기보다는 스스로 무장하고 자신들을 괴롭히던 사람들을 직접 처벌하려고 찾아다녔다. 실제로 귀족이 하수인들을 풀어 농민을 해치려 했는지 말하기는 어렵지만, 귀족은 그러한 혐의를 부정하면서 오히려 오를레앙 공작이 하수인을 사방에 풀어 왕과 구체제 지지자들에게 불리한 분위기를 조성했기 때문에 불행한 사태가 발생했다고 주장했다. 대공포가 전국을 한바탕 휩쓸고 지나갈 때 부르주아 군대인 국민방위군이 그들을 진압하러 출동했다고 하지만 국회에 모인 대표들, 특히 귀족 대표들은 몹시 충격을 받았음이 분명하다. 그리하여 자유주의에 물든 귀족이 앞장서서 특권을 포기한다고 선언했으며 곧이어 사회적 앙시앵레짐이 무너질 차례가 되었다.

1789년 7월 17일 파리 시청에 도착한 루이 16세(판화 작자 미상, BNF 소장).

노래하자, 축하하자, 세 신분의 모임을
(작자 미상, BNF 소장).

평등
(작자 미상의 수채화, 카르나발레 미술관 소장).

Vive le Roi, Vive la Nation.

왕 만세, 국민 만세.
"곧 우리 차례가 오리라는 사실을 알고 있었어."
(작자 미상, 카르나발레 미술관 소장)
제3신분 여성이 귀족의 등에 타고 있고 수녀가 길라잡이 노릇을 한다.

부러지느니 차라리 휘는 편이 낫다(BNF 소장).
저울을 든 여성은 '정의'의 여신이다. 민중의 곁에서 특권층을 날려 보낸다.

이제 정의는 더 무거운 편으로 기울었다(판화 작자 미상, 카르나발레 미술관 소장).

귀족 작위 폐지, 허영을 불태우자
(작자 미상, BNF 소장).

인간과
시민의 권리

제 3 부

1789년 6월 23일 루이 16세가 국회 앞에서 세 신분이 각자 배정받은 회의실에서 회의를 하라고 명령했지만 특히 평민 대표들이 그의 명령을 무시했고, 그렇게 해서 정치적 앙시앵레짐이 끝났음을 앞에서 보았다. 다시 말해 절대군주정이 무너지면서 왕은 행정부를 책임지고 국회가 헌법을 제정하는 입헌군주제가 탄생했는데, 이제부터 사회적 앙시앵레짐이 어떻게 무너지는지 살펴보자.

1
강제위임 문제를
어떻게 해결할 것인가?

국회의원들이 새로운 일을 하려면 한 가지 어려운 고비를 넘어야 했다. 그것은 유권자들이 맡긴 임무만 할 수 있느냐, 아니면 새로운 일도 할 수 있느냐의 문제였다. 5월 초 전국신분회가 모였을 때와 6월 17~23일의 국회 활동 이후의 상황이 달라졌기 때문에 생기는 문제였다. 그리하여 의원들은 7월 7일 유권자가 강제위임한 것, 다시 말해 그들에게 맡긴 임무만 처리하는 데서 스스로 벗어나는 문제를 논의하기 시작했다. 이미 6월 27일에 왕이 귀족과 종교인 대표에게 제3신분과 함께 회의를 하라고 명령했을 때 선거인단의 강제위임 문제는 공식적으로 해결된 것이나 마찬가지였다. 그러나 국회 대표 가운데 일부 귀족과 종교인은 자신을 뽑은 선거인의 뜻을 자기 마음대로 거스를 수 없다면서 항의했기 때문에 이 문제를 해결하지 않고서는 개혁을 조금도 추진할 수 없을 터였다. 오툉의 주교 탈레랑 페리고르가 이 문제를 제일 먼저 거론했다.

강제위임의 문제는 (……) 중대한 문제를 해결하는 일과 자연스럽게 맞닿아 있습니다. 그것은 아주 미묘한 윤리문제, 모든 사회집단의 구성원리와 관련 있습니다. 그래서 아주 주의 깊게 분석해야 합니다. (……) 전체의 일부분, 단 하나의 일부는 근본적으로 일반의지에 협조하건 하지 않건 일반의지에 종속되어 있습니다. 게다가 기본적으로 일반의지에 협조할 권리를 가집니다.

그렇다면 선거구에서 뽑은 의원은 어떤 존재입니까? 그는 선거구가 그 이름으로 임무를 부여하는 사람이지만 전체 회의에서 모든 선거구의 의견을 충분히 토의하고 비교한 뒤에는 독자적으로 결정하기를 바라는 사람이기도 합니다. 의원의 위임장은 무엇입니까? 그것은 선거구의 권한을 의원에게 넘겨준 증서입니다. 그 증서는 의원이 선거구를 대표하게 만들어줍니다. 그렇게 해서 의원은 모든 국민을 대표하게 되는 것입니다.

위임은 완전히 자유로워야 합니까? 우리는 자유를 제약하는 위임과 진정 강제적이라고 할 수 있는 두 종류의 위임을 생각할 수 있습니다.

자유를 제약하는 제한적 위임에는 세 가지 종류가 있습니다. 선거구가 의원의 임기, 목적, 활동시기를 고려해 의원의 권한을 제한할 수 있습니다. 임기에 대해 수많은 선거구는 의원의 권한을 1년으로 제한합니다. 이 기간이 끝나면 의원은 권한을 잃습니다. (……) 목적에 대해 선거구는 의원에게 "우리는 당신을 이러한 것을 하라고 보내며 (당신은) 오직 그것만 해야 합니다"라고 말할 수 있습니다. 의원의 목적이 될 이 임무에 대해 의원은 마치 선거구가 회의에 참석한 것처럼 모든 권한을 행사할 것입니다. (……) 이 의회에서 목적에 대해 권한을 제한당한 의원은 거의 없을 것입니다. 이러한 점에서 제한적 위임은 가장 넓은 범위로 적용할 수 있습니다. 왜냐하면 모든 진정서를 보면 선거구마다 헌법, 법률, 조세에 대한 사항을 결정하고 행정의 모든 폐단을 개혁하라는 목적을 가지고 의원을 보냈기 때문입니다. (……) 끝으로 권한을 행사할 시기와 관련한 제한적 위임이 있습니다. 선거구는 의원에게 "우리는 당신이 이런저런 목표를 완전히 달성한 뒤에야 비로소 조세를 다룰 권한을 줍니다"라고 분명히 말할 수 있습니다. (……)

그러나 제한적 위임mandat limitatif은 진정한 강제위임mandat impératif과 완전히 다릅니다. 강제위임 또는 금지적 위임은 명령으로 정해놓은 것입니다. (……) 선거인들이 의원에게 맡긴 권한은 목적, 기간과 관련해 선거인들이 한정할 수 있음은 의심할 여지가 없습니다. 그러나 일단 목적과 기간이 끝나면 그것을 달성하라고 준 권한을 절대적 또는 금지적인 구절에 묶을 수 있는 것입니까? 다시 말해 의원은 제한적 위임 외에 강제적 위임으로 얻은 권한을 가질 수 있는 것입니까?

나는 가끔 강제위임이 무엇인지 생각해보았습니다. 그리하여 세 가지가 있음을 알았습니다. 선거구는 의원에게 "우리는 당신에게 이러한 문제에 대해서는 이러한 의견을 말하도록 명령합니다" 또는 "우리는 당신이 이런 경우 심의에 참여하는 것을 금지합니다" 또는 "우리는 당신에게 만일 회의에서 이러한 의견을 채택하면 뒤로 물러나라고 명령합니다"라고 말할 수 있겠지요. (……)

이 세 가지 강제명령은 오직 선거구만 줄 수 있습니다. 선거구는 의원에게 "우리는 당신에게 이러한 문제가 불거질 때 이러한 의사를 표명하도록 명령합니다"라고 말하지 못했습니다. 그 이유는? 그들이 의원을 보내는 목적이 무엇인지 생각해보면 알 수 있습니다. 토의하라고, 토의에 참여하라고 의원을 보내는 것이 확실하기 때문입니다. 그런데 의원이 강제로 어떤 의견을 가지고서는 토의하기란 불가능합니다. 더욱이 선거구는 다른 선거구 의원들이 함께 어떤 문제를 자유롭게 토론한 뒤 자기 의견이 어떻게 바뀔지 확실히 알 수도 없습니다. 따라서 선거구는 사전에 의견을 명령할 수 없습니다. 끝으로 모든 선거구는 의원들에게 목표를 일러주고 시기를 한정해줍니다. 바로 이 점에서 의원들이 진정한 국민의 대표가 되는 것입니다. 의원들은 길을 선택하고 자유롭게 방법을 조합할 수 있습니다. (……)

그리하여 나는 강제위임에 대해 이렇게 생각합니다.

1. 선거구가 명령한 의견은 대체로 모든 원칙에 어긋납니다. 국회는 자유롭게 의논하는 기구이기 때문입니다. (……)

2. 의원에게 준 절대적인 명령을 내려 의논하지 못하게 한다는 것 자체가 나쁜 명령입니다. (……) 특히 국회와 관련해 그러한 명령은 아무것도 아닙니다. 그 어떤 경우에도 국회의 결정에 반대할 수는 없기 때문입니다.

3. 끝으로 만일 선거구의 의견을 국회가 받아들이지 않을 때 국회에서 물러나라는 명령은 그 자체로 아무런 의미가 없습니다. 그 명령은 국회의 결정에서 벗어나려는 바람을 좀더 적극적으로 표현하기 때문입니다. (……)

나는 다음과 같은 법안을 제출합니다.

국회는 특정 선거구나 그 일부가 일반의지를 형성할 권리만 가지고 있으며 일반의지에서 벗어날 권리는 없다고 생각한다. 또한 개별의지일 뿐인 강제위임으로 전국신분회의 활동을 정지시킬 수도 없다고 생각하면서 다음과 같이 선언한다.

모든 강제위임은 국회에 대해 근본적으로 무효다.

강제위임으로 발생하는 모든 종류의 의무를 선거구가 즉각 철회해야 한다. (······)

랄리 톨랑달이 일어났다.

원칙을 따져봅시다.

사회의 각 부분은 종속된 존재입니다. 주권은 모든 부분이 모여서 이룬 전체 속에만 들어 있습니다. 네, 전체입니다. 입법권은 전체의 한 부분에 속하지 않기 때문입니다. 나는 모든 부분이 모여서 이룬 전체라고 했습니다. 국민은 분열한 상태에서 입법권을 행사할 수 없기 때문입니다.

공동의 의사결정은 오직 대표들만이 할 수 있습니다. 2,500만 명의 대표가 있는 곳에서 나는 완전한 주권을 갖는 전체를 봅니다. 국민에게 대항하고자 하는 일부분이 있다 할지라도 나는 그를 전체보다 더 강한 척하는 일개 부분으로밖에 여기지 않습니다. 그는 저항하고 결정을 보류하라는 허락을 받지 못했습니다. 만일 허락을 받았다면 그것은 다수파의 힘을 침해하는 것입니다. 모든 항의에 맞서는 원칙은 강제위임에 맞서는 원칙과 같은 종류입니다. 어떻게 조화를 이룰 수 있을까요? 만일 각 의원이 전체 의견에 맞서라는 명령을 받고 왔다면 국회는 무엇이 되겠습니까? 오퇭의 주교(탈레랑 페리고르)가 발의한 것은 모든 원칙에 관한 것입니다.

둘째, 그 발의는 양심을 편안하게 해줍니다. 우리의 잘못을 용서합니다. 그것은 우리에게 말하지 않습니다. 여러분은 이런저런 방식으로 맹세할 수 없었습니다. 그것은 우리가 맹세를 하면 잘못이라는 사실을 깨닫게 해줍니다.

끝으로 여러분, 나는 외퇭의 주교가 공공교육의 중대한 목적을 담는 내용을 발의했다고 말했습니다. 만일 강제위임이라는 것이 존재한다면 시민들이 그것을 줄 권리가 있다는 뜻이겠지요. (……)

여러분, 나는 감히 조금 수정해서 발의하겠습니다. 국회는 자발적이고 애국심에서 우러난 관대한 태도로 강제위임을 받은 사람들에게 아주 짧은 기간만 그 권한을 인정해주면서 새로운 권한을 주도록 합시다.

수많은 의원이 랄리 톨랑달의 발의를 크게 환영했다. 그러나 관행상 표결은 다음 날로 연기했다. 7월 8일에 의장인 비엔 대주교는 전날 의원들이 발의한 내용을 다음과 같이 정리했다.

1. 강제위임권으로 의원의 활동을 정지시킬 수 없다.
2. 의원들은 자신들을 불러 모은 중대한 문제에 당장 매달려야 한다.
3. 국회의 모든 구성원은 (……) 국회를 소집할 때의 조건대로 다수로 구성해야 한다는 점이 중요하다는 사실을 인식한다.
4. 강제위임권에 대한 정관을 만들 필요가 있다.
   바로 이러한 정신으로 나는 여러분에게 다음과 같이 법령의 초안을 제안합니다.

국회는 (……) 다음과 같이 선언한다.

1. 국회의 권위에 대한 모든 반대나 항의는 아무런 권한을 갖지 못한다.
2. 국회는 회기 중 사임한 의원이나 다른 종류의 명령을 받은 의원이나 의원들을 대신하라고 선거인들이 뽑은 새로운 의원들을 받아들여야 한다.
3. 국회는 전국신분회의 형식과 구성에 대해 관심을 가져야 할 때 강제 위임에 관해 결정할 권리를 가진다.

시에예스 신부가 곧바로 일어나 "이미 나온 모든 발의에 대해 논의할 필요도 없다고 선언"하자고 제안했다. 그러나 수많은 의원은 이제까지 나온 발의를 하나씩 다시 읽어보자고 제안했다.

미라보는 먼저 시에예스의 안부터 표결에 부치자고 제안했다. 시에예스 신부가 일어났다.

"나는 내가 발의한 내용을 상기시켜드리겠습니다. 이 문제에 대한 내 의견은 예전부터 한결같습니다. 국회에 관한 한 그 근본에 대해서는 논의할 필요가 없다는 것입니다. 내 의견의 바탕이 되는 기본 원칙은 이미 (6월) 17일의 결정에서 확립되었습니다."

그는 지난 6월 17일 국회를 선포할 때 이미 의원자격심사를 했고, 그렇게 해서 국민의 진정한 대표인 국회가 쪼갤 수 없는 하나임과 국민의 일반의지를 구현하는 기관임을 천명했다는 사실을 상기시켰던 것이다. 여러 논란이 있었지만 결국 국회는 700표 대 28표로 시에예스 신부의 의견을 채택하고 다음과 같이 선언했다.

"국회는 이 문제에 대해 이미 확고한 원칙이 있음을 확인하고 몇몇 의원들이 항의하거나 불참한다 하더라도 국회의 활동을 멈출 수 없으며 또 그 결정을 약화시킬 수 없다고 생각하면서, 앞으로 이 문제를 더 논의할 이유가 없다고 선언한다."

이로써 선거구의 강제위임 문제는 해결되었고 국회의원들은 개혁과 더 나아가 혁명의 과제를 자유롭게 논의할 근거를 마련했다. 국회의원들은 제헌의회로 태어나면서 처음 넘어야 할 고비를 이렇게 넘었다.

2
제헌의회의
활동 시작

7월 1일 국회는 각 40명으로 위원회 30개를 구성했고 6일에는 30개 위원회에서 한 명씩 모아 30인으로 헌법준비위원회Comité préparatoire를 구성했다. 「인간과 시민의 권리선언」을 연구한 스테판 리알Stéphane Rials은 이 위원회의 성격이 이미 온건한 경향을 보여주었다고 말한다. 예를 들어 무니에와 시에예스가 속한 제8위원회에서는 좀더 급진적인 시에예스보다 입헌군주정을 바라는 무니에를 뽑았던 것이다. 그리고 무니에는 헌법준비위원회에서 뜻이 맞는 위원들과 함께 주도권을 잡았다. 7월 8일 위원회는 네 가지 안 가운데 무니에가 마련한 안을 택했다. 7월 초순부터 베르사유와 파리에 왕의 군대가 집결하고 긴장이 고조되는 동안 국회는 헌법 초안을 준비하는 데 매달렸다. 무니에는 9일 헌법의 '전문'으로 "짧고,

간결하고, 정확한" 인권선언문을 넣어야 하며, 따라서 인권선언문을 가장 먼저 작성해야 한다고 주장했다.

파리가 가장 소란스러웠던 7월 14일, 베르사유의 국회에서 페티옹 드 빌뇌브는 위원 여덟 명을 투표로 뽑아 헌법위원회le Comité de Constitution를 만들자고 제안했고, 의원들은 토론 끝에 그의 안을 채택해 무니에, 오퇭의 주교 탈레랑 페리고르, 시에예스 신부, 클레르몽 토네르 백작, 랄리 톨랑달 백작, 보르도 대주교 샹피옹 드 시세, 샤플리에, 베르가스를 뽑아 헌법위원회를 구성했다. 이제 온건파 무니에와 그 지지자를 견제하는 세력이 생겼다. 그 세력은 비록 수적으로 밀리지만 그들보다는 진보적인 시에예스와 그 지지자들이었다.

7월 27일에 보르도 대주교인 샹피옹 드 시세는 위원회 활동 결과를 공식 보고했다. 그는 특히 헌법을 기초할 때 고려해야 할 사항과 기본 정신을 다음과 같이 설명했다.

> 여러분은 헌법 초안을 작성하도록 위원회를 임명하셨습니다. 오늘 위원회는 지금까지 작업한 결과를 보고하오니 오늘밤부터 토론을 시작해주시기 바랍니다. (……)
> 우리의 유권자들은 오랫동안 헌법을 요구하고 기다렸습니다. 우리가 모인 뒤 뜻하지 않은 사건이 일어날 때마다 헌법은 더욱 급박하고 절실한 것이 되었습니다. (……)
> 국가가 지금까지 번영을 누렸다면 그것은 오직 우리의 왕과 대신들의 성격이나 개인적인 재능 덕택이거나 또는 정부의 악덕으로도 파괴하지 못한 우발적인 사건들이 결합한 덕택일지 모릅니다. 그러나 이제 밝은 이

성이 옛날부터 내려온 위신을 흩어버릴 시간이 왔습니다. (……)
우리(헌법위원회)는 신분이나 단체의 이익을 멀리했습니다. 모든 관습에 대한 애착을 버렸습니다. 심지어 조국이 인정하지 않을 권리에 대한 애착도 버렸습니다. 공공의 이익 앞에서 모든 것이 무릎을 꿇었습니다. 왕조차 법 앞에서 왕홀을 내리고 백성의 행복을 지키는 일을 자신의 가장 신성한 권리이자 대권과 권위의 규칙이며 척도라고 생각할 때 어떤 계급의 시민이 부당한 특권을 주장할 수 있겠습니까? (……)
그리하여 우리는 (헌법에 담을 정신을 알아야 했기에) 진정서에 나타난 유권자들의 의지를 검토했습니다.

다음으로 클레르몽 토네르 백작이 진정서에 나타난 유권자들의 의지와 요구사항을 정리해서 보고했다.

유권자들의 의견은 국가를 혁신해야 한다는 점에서 일치합니다. 그러나 어떤 이는 모든 폐단을 단순히 개혁하고 지난 14세기 동안 존재한 헌법을 회복해주기를 기대합니다. (……) 또 어떤 이는 기존의 사회체제가 몹시 타락했다고 생각하면서 새로운 헌법을 제정해달라고 요구했습니다. 그러나 프랑스인이라면 군주정을 소중히 생각하고 존중하기 때문에 군주정만큼은 유지해달라고 요청했습니다. (……) 그들은 헌법의 첫 장에 인간의 권리선언문을 담아야 한다고 믿었습니다. (……)
(모든 진정서를 검토해 차이와 모순을 보여주는 조항을 가리고 다음과 같은 원칙을 정리할 수 있었습니다.)

1. 프랑스 정부는 군주정이다.

2. 왕은 신성불가침의 존재다.

3. 남성만이 왕위를 계승할 수 있다.

4. 왕은 행정권을 가진다.

5. 공권력을 행사하는 사람은 모두 그 책임을 진다.

6. 법률을 반포할 때 반드시 왕의 승인을 받아야 한다.

7. 국민은 왕의 승인을 받아 법률을 제정한다.

8. 국채와 조세에는 반드시 국민의 동의를 받아야 한다.

9. 조세를 신설할 때는 반드시 전국신분회를 소집해야 한다.

10. 재산권은 신성하다.

11. 개인의 자유는 신성하다.

(그리고 앞으로 우리가 토론해야 할 문제는 다음과 같습니다.)

1. 왕에게 헌법이 제한하는 입법권을 줄 것인가?

2. 왕은 전국신분회가 열리지 않는 동안 치안과 행정의 임시법을 제정할
   권리가 있는가?

3. 최고법원은 왕이 제정한 임시법을 자유롭게 등기할 수 있는가?

4. 전국신분회는 스스로 해산할 수 있는가?

5. 오직 왕만 전국신분회를 소집하고 회기를 연장하고 해산할 수 있는가?

6. 전국신분회를 해산할 경우 왕은 당장 다음 소집일을 결정해야 하는가?

7. 전국신분회는 상임회의가 될 것인가, 아니면 주기적인 회의가 될 것
   인가?

8. 만일 주기적인 회의체라면 중재위원회가 필요할 것인가, 아닌가?

---

9. 제1신분, 제2신분은 같은 회의실에서 함께 모일 것인가?

10. 신분을 구별하지 않고 회의실을 두 개 구성할 것인가?

11. 종교인을 제2신분과 제3신분으로 나눌 것인가?

12. 세 신분의 대표를 비례제로 뽑을 것인가?

13. 세 번째 신분을 농촌 신분이라는 이름으로 구성할 것인가?

14. 궁중에 고용되거나 중요 직책을 맡은 사람도 전국신분회 대표가 될
    수 있는가?

15. 투표로 결정할 때 3분의 2가 찬성해야 하는가?

16. 조세는 나라의 빚을 청산하려는 목적을 가졌으므로 나라의 빚을 완
    전히 갚을 때까지 걷어야 하는가?

17. 봉인장 제도를 폐지할 것인가, 수정할 것인가?

18. 출판의 자유를 무한정 허용할 것인가, 일부 제한할 것인가?

새로운 제도를 만드는 시점에 정리해본 진정서의 내용은 국회가 앙시앵 레짐도 아니고 혁명도 아닌 시기를 지나고 있음을 보여준다. 국회가 헌법을 제정하는 시점에도 전국신분회 문제를 거론하고 있기 때문이다. 제아무리 전국신분회에 제출한 진정서를 검토하고 요약했다 할지라도 이제 국회가 출범해 헌법으로 새 체제를 만든다면 마땅히 전국신분회보다는 국회의 구성원칙을 토론거리로 삼아야 했던 것이다.

이제 무니에가 헌법위원회의 이름으로 마련한 안을 가지고 일어나 제1장 인간과 시민의 권리선언 23개 조항, 제2장 프랑스 정부 구성 원칙 35개 조항을 읽었다. 무니에가 초안을 읽은 뒤 의장 리앙쿠르 공작은 외무대신 몽모랭 백작과 영국의 대사 도싯 공작이 보낸 편지를 공개했다. 몽모랭 백작은 영국

대사의 편지를 받고 국회에 보내어 프랑스에서 일어나는 혼란을 이웃 나라에서도 걱정하고 있음을 알려주고자 했다. 영국 대사는 파리의 소요사태를 영국 정부가 조종했다는 의혹은 사실무근이라고 주장하고 양국의 우호관계가 깨지지 않기를 바란다고 외무대신에게 말하면서 부디 자기의 편지를 국회와 파리 시 당국에 알려주기를 바랐다. 헌법위원회가 헌법 초안을 마련하는 과정에서 왕국의 혼란이 국제관계에 어떤 영향을 미칠까 걱정하는 모습을 볼 수 있다. 그러므로 지방 도시와 농촌의 봉기 그리고 거의 전국을 휩쓴 '대공포'는 헌법을 제정하는 국회에 큰 근심거리를 안겨주었고 방향을 수정하게 만들었다.

국회는 왕, 정부관리, 외교관, 각 지방정부에서 보내는 편지뿐만 아니라 의원에게 보내는 편지도 다루어야 했다. 그러나 의장이 받는 편지와 의원이 개인적으로 받는 편지는 격이 달랐다. 예를 들어 그레구아르 신부는 8월 3일 익명의 편지를 받고 의원들에게 읽어도 좋겠느냐고 물었지만 다수가 거절했다. 신부는 만일 편지를 의원들에게 읽어주지 않는다면 자신을 팔레 루아알에서 고발하겠다는 위협을 받기 때문에 읽도록 해달라고 간청했지만 역시 거절당했다. 의원들은 헌법을 제정하는 일만도 벅찬데 왕국의 질서를 잡고 국제관계를 고려해야 했기 때문에 몹시 신경이 날카로웠다. 이러한 분위기를 반영하듯 8월 3일 오를레앙 바이아주 주민 대표인 살로몽 드 라 소즈리는 보고위원회Comité des rapports의 이름으로 강경하게 말했다.

각 지방에서 들어오는 편지를 보면 어떤 성격의 재산이건 가장 사악한 도적떼의 먹이가 되었습니다. 사방의 성관이 불타고 있습니다. 수녀원이 파괴되고 농장은 약탈당합니다. 세금과 영주 부과금 제도가 모두 엉망진

창이 되었습니다. 법률은 힘을 잃었고 법관은 권위를 잃었습니다. 그리하여 법원에서도 정의를 찾기 힘들 만큼 법체계는 유령이 되었습니다. 이러한 무질서를 바로잡으려고 보고위원회는 다음과 같이 법안을 제출합니다.

국회는 (……) 헌법과 국가의 재건에 관한 문제에 쉬지 않고 전념해왔기 때문에 급박한 문제가 계속 터져 나오고 있긴 해도 이제까지 전념하던 문제에서 눈을 돌릴 수 없었다. 또 새로운 세금을 신설할 때까지 기존의 세금과 부과금을 동결할 만한 아무런 합법적인 명분도 없었다. 따라서 세금과 부과금에 대한 저항으로 혼란이 발생하는 것을 애달프게 여기면서도 세금과 부과금에 저항하는 것은 국회가 끊임없이 유지하려는 공공의 권리 원칙에 분명히 어긋난다는 사실을 선언한다.

살로몽이 제출한 안을 놓고 찬반이 팽팽하게 맞섰다. 반대하는 사람은 국회가 사회를 보호하는 책임을 져야 한다는 점을 앞세웠다. 여기서 주목할 점은 보고위원회의 안을 마련한 사람들은 봉건적 재산권을 신성한 권리에 포함시켰다는 것이다.

그레구아르 신부는 알자스 지방에서 유대인을 대대적으로 학대하는 사례를 보고했다. 아몽 앙 프랑슈 콩테 출신 의원 라즈는 농촌에서 '봉건제도'의 문제는 아주 미묘하고 특히 가장 중요한 문제이기도 하다면서 헌법을 완성할 때까지 이 점에 대해 아무것도 반포하지 않으면 무척 위험할 것이라고 경고했다. 이에 여러 의원이 동의했다. 귀족 의원이 일어나 국회는 이미 인민들에게 질서를 되찾으라고 선언했으므로 전통적인 법률을 되살리는 선언문을 채택해야 한다고 주장했다. 다른 의원은 의회 안에서 오고가는 이야기가 진짜인지 여부가 중요하다고 했다. 한편 보고위원회의 살로몽은 국회가 받은 편지는 모두 긍정적이라고 말했다. 파리 출신 데뫼니에 의원이 일어섰다.

"내 생각에 모든 사실을 확인할 수 없으므로 국회에서 의심스러운 문제를 놓고 선언문을 채택하는 것은 적절하지 않습니다. 국회는 증거를 세심하게 채택해야 합니다."

아르투아에서 뽑힌 막시밀리앙 드 로베스피에르가 반대의사를 밝혔다.

"행정권이 특정 판결을 하려면 아주 강한 확신이 필요합니다. 그러나 입법권은 공식화된 사실이라면 확신하는 것으로 충분합니다. 더욱이 보고위원회가 받은 편지는 충분합니다. 편지를 보낸 사람들은 각 지방의 고위직과 법관들이기 때문입니다."

의장은 당장 이 문제를 두 가지로 좁혀 제안했다. 첫째, 선언문 초안을 채택할 것인가? 둘째, 보고위원회가 제안한 것을 채택할 것인가, 아니면 법안을 기초하는 위원회에 맡길 것인가? 그러나 수많은 의원이 이의를 제기하면서 의장이 규칙을 어겼다고 비판했다. 모든 안건은 발의한 다음 날 표결에 부치기로 했는데 당장 결정하는 것은 충분히 검토할 시간도 없을 뿐만 아니라 본래 규칙을 정하던 취지와 다르다는 이유였다.

이 문제에 대해 르 샤플리에가 의견을 내놓았다. 그는 세금, 재정, 입법에 관한 발의를 구별해야 하며 이러한 발의만이 이튿날 의결해야 할 문제라고 말한 뒤 선언문 초안을 채택하는 문제, 보고위원회가 제안한 것을 채택하느냐 마느냐의 문제는 지금 당장이라도 국회의 의지를 물을 수 있을 것이라고 말했다. 그리하여 의견을 묻자 절대다수가 당장 결의하자는 데 찬성했다. 그럼에도 일부가 계속 반대했기 때문에 질서를 되찾는 데 시간이 걸렸다. 어떤 의원은 법안을 기초하는 위원회에 맡기자고 제안했지만 다수가 거부했다. 여러 의원이 선언문은 필요없다고까지 주장했다.

보고위원회는 누아용의 주교가 다른 종교인과 함께 여행하다가 돌Dôle에서 붙잡힌 사례를 보고했다. 돌 지방정부는 그를 심문하고 소지품을 검사하게 한 뒤에도 그를 가두었다. 그는 의심받을 만한 점이 없었는데도 국회의 지침을 기다린다고 했다. 보고위원회는 그 문제를 검토한 뒤 불법감금이라고 판단해 이 사건을 관계대신에게 보내서 처리하도록 제안했다. 더불어 국회의장이 돌 지방의 행정관들에게 편지를 써서 누아용 주교 일행을 감금한 것은 불법이라는 원칙을 상기시켜주는 것이 마땅하다는 의견도 제시했다. 위원회의 제안을 표결에 부친 결과 다수가 찬성했다. 이 미묘한 시기에 국회는 왕의 대신들이 해야 할 일을 나누기 시작했다는 사실을 알 수 있다. 더욱이 처음으로 헌법을 만드는 기관으로서 스스로 권위를 찾아나갔다. 국회의장이 돌 지방의 행정관들에게 편지를 쓰기로 결정한 직후 툴롱의 해군에서 왕의 대리관 노릇을 하다가 리옴의 대표로 뽑힌 말루에가 일어나 시대의 변화와 국회의 역할을 정리했다.

> 헌법을 만들고 확실히 정착시키려면 헌법이 가져올 새로운 질서는 말할 것도 없고 옛 질서에서 새 질서로 급격히 이행하는 과정에 주목해야 할 것입니다. (……)
>
> 우리는 수세기 동안 잘못한 것과 실수를 폐지했습니다. 모든 세대의 경험과 지식이 우리의 헌법을 이끌어줄 것입니다. 그러나 가장 훌륭한 원칙을 설명하는 것은 입법가의 의무와 재능의 아주 작은 부분일 뿐입니다. 입법가가 보편적인 동기와 견해만 깨닫도록 할 때에도 그는 내부의

세세한 사항을 모두 알아야 하며 현재와 미래를, 현재의 필요성과 새로운 제도를, 그리고 국가의 도덕적인 면과 물질적인 측면을 조화시키면서 사회의 모든 구성원이 분열하지 않도록 경계하고 그들의 행동에 대한 규칙을 마련해야 합니다. 우리 국회가 처한 상황을 정리해보겠습니다.

(지금까지 터무니없이 대우한 수많은 공직을 줄이고 새로운 질서를 만들어야 한다. 그러면 두 가지 확실한 효과가 나타날 것이다. 하나는 사치를 줄이는 긍정적인 결과요, 또 하나는 온갖 종류의 하인, 고용인, 노동자들이 일자리를 잃을 것이다. 그렇게 되면 가난한 사람을 구제하는 기금도 부족하게 되고, 부자들의 소비가 줄어 상인과 기업가들의 이익도 줄어들 것이다. (……)

지난 몇 년 동안 생산계급의 일자리가 두려울 만큼 줄었고 수많은 지방에서 가내수공업과 수많은 직업인이 몰락했다. 거지가 도시와 농촌에서 눈에 띄게 늘었다. 해상무역도 위축되고 외국인이 우리나라 바다에서 고기를 잡아간다. 오늘의 현실은 내일 더욱 악화될 것이 분명하다. 그 결과는 여러분에게 돌아간다. 여러분이 만일 세세한 조치와 주의사항을 따로 마련한다면 오히려 실직자, 거지, 가난을 더욱 증가시킬 것이다.)

현 상황에서 반드시 필요한 조치라고 믿는 것을 여러분에게 말씀드리기에 앞서 그 조치가 성공할 수 있는 원칙과 방법을 알려드리겠습니다.

제아무리 부자라 해도 쓸데없이 돈을 펑펑 쓰면 재산만 축납니다. 국가도 마찬가지라서 유익한 곳에 돈을 써야 부유해집니다.

부유하고 자유로운 나라는 외국의 도움, 이를테면 대대적으로 돈을 꾸지 않고서 자체적으로 재정을 확보할 수 있습니다. (……)

일자리를 늘리고 가난한 사람들에게 식량을 나눠주는 목적으로 국내에

서 쓰는 비용은 국가가 실질적으로 부담해야 할 돈입니다. 그 돈으로 인
구와 식료품을 실제로 늘릴 수 있을 것입니다. (……)
따라서 나는 우리가 합리적인 재정체계의 뒷받침을 받고 진정 위대한 국
가에 걸맞은 헌법을 탄생시키리라고 확신합니다.

르 샤플리에는 새로운 국가를 만드는 일이 무엇보다도 쓸데없는 지출을
줄이고 경제적 난관을 극복하는 데서 출발한다고 생각했다. 그는 상인과 제
조업자와 기업가들의 이익이 줄더라도 새로운 돌파구를 찾을 수 있지만, 오
로지 근면과 봉사로 살아가는 가난한 임금노동자들에게 일자리와 식량을 확
보해주는 방법을 찾아야 한다고 주장했다.

제헌의회는 이렇게 헌법의 원칙을 놓고 끊임없이 토론했지만 대체로 옛
사회의 틀을 크게 벗어나지 못하면서 당장 사회적 혼란을 정상화하려고 노
력했다. 그리고 7월 29일에 '국회의 관습에 대한 규칙Règlement à l'usage de
l'Assemblée Nationale'을 정했다. 제1장에서는 15일 동안 일하는 의장과 총무
여섯 명의 역할을 규정했다. 제6장에서는 심의위원회bureau의 구성에 대한
규칙을 정했다. 위원회는 30명씩 한 집단으로 묶어 발의안을 토의하되 결론
을 내지 않는다고 했다. 의원의 ABC순 명부에서 1, 31, 61번…… 순으로 뽑
아 한 위원회를 구성한다. 위원회 구성원은 한 달에 한 번씩 다른 순서로 바
꾼다. 그리고 일요일을 빼고 날마다 오전에 전체회의를 하고 밤에는 위원회
별로 모여 의안을 검토한다. 5개 위원회가 발의하면 전체회의를 소집할 수
있게 했다. 이렇게 해서 국회, 곧 제헌의회는 활동방식을 완전히 정할 수 있
었다. 그러나 그들은 헌법을 제정하는 작업이 1791년 9월에야 끝나리라는
것을 1789년 7월 말에는 도저히 예측할 수 없었다.

3
8월 4일 밤의 선언

8월 4일 의원들은 개혁을 혁명의 길로 바삐 몰고 가는 중대한 결정을 내렸다. 그들이 낮 회의를 마치고 헤어졌다가 저녁 6시에 다시 모이자 의장은 먼저 왕국의 안전에 관한 법안을 낭독하라고 말했다. 변호사 출신 타르제가 법안을 읽은 뒤 루이 드 노아유 자작이 일어섰다. 그는 특권을 포기하자고 제안했다. 자작은 노아유 원수의 손자이자 노아유 백작의 아들로서 명문가 출신이지만 맏아들이 아니었기 때문에 사실상 별로 잃을 것도 없는 사람이었다.

방금 낭독한 법안의 목적은 지방의 소요를 멈추게 하고 공공의 자유를 확보하며 지주들의 진정한 권리를 확인해주는 데 있습니다.
그러나 우리가 왕국을 휩쓰는 봉기의 원인이 무엇인지 알지도 못한 채 어찌 그 목적을 달성하겠습니까? 그리고 사람들을 들고일어나게 만든 악덕을 고치는 방법을 적용하지 않은 채 어떻게 악덕을 고친단 말입니까?
모든 공동체가 저마다 요구합니다. 그들은 헌법을 바라지 않았습니다. 그들은 이러한 바람을 오직 전국신분회 대표를 선출하는 선거구에서 가졌을 뿐입니다. 그들은 무엇을 요구했습니까? 소비세를 폐지해달라고 요구했습니다. 더는 피위임자가 대리인을 내세우지 말라고 요구했습니다. 영주에게 바치는 세금을 가볍게 해주거나 다른 것으로 바꿔달라고 요구했습니다.
지난 3개월 동안 모든 공동체는 대표들이 우리가 사실상 국가ᵃ chose

publique라 부르는 것을 만들려고 전념하는 모습을 보았습니다. 그러나 그들이 생각하는 국가는 그들이 바라는 것이며 그들이 열렬히 얻고 싶어 하는 것이어야 합니다.

국민의 대표들 사이에 존재한 온갖 논쟁거리를 보면 농촌은 오직 그들의 행복을 바라면서 그들의 동의를 받은 사람들만 인정했습니다. 그들은 논쟁거리에 반대한 강한 사람들을 인정했습니다.

이러한 상황에서 무슨 일이 생겼습니까? 농촌 공동체들은 물리력에 맞서 무장해야 한다고 믿었으며 오늘 그들은 아무런 제약도 받지 않고 무기를 휘두릅니다. 이 순간 왕국이 사회를 파괴할 것인지, 아니면 모든 유럽이 존경하고 따를 정부를 파괴할 것인지 선택해야 하는 갈림길에서 흔들리는 지경에 이르렀습니다.

그렇다면 정부를 어떻게 세워야 할까요? 공공의 평온한 상태를 찾아야 합니다. 그렇다면 어떻게 찾아야 할까요? 대중을 차분하게 만들어야 합니다. 그들이 자신의 생존에 필요한 것이라고 생각해 저항하지 않을 만한 것을 제시해야 합니다.

이처럼 필요한 평온을 되찾으려면 다음과 같이 해야 합니다.

1. 법안을 공포하기 전에 국회 대표들은 왕국의 모든 개인이 소득에 비례해 세금을 내야 한다고 말해야 하며,

2. 앞으로 모든 사람이 모든 공직에 취임할 수 있으며,

3. 공동체는 모든 봉건적 권리를 상환할 수 있으며, 다시 말해 정당한 가치를 평가해 연평균 소득의 10년치에 해당하는 돈이나 물건으로 상환할 수 있으며,

4. 영주에 대한 부역, 상속하지 못하는 재산, 그 밖의 개인적 예속상태는

상환하지 않고 무조건 폐기한다고 선언한다.

에기용 공작이 일어나 현실을 좀더 자세히 짚어보았다. 에기용 공작은 전통무관 가문 출신으로 왕 다음가는 부자였지만 노아유 자작의 제안을 지지하고 봉건적 권리를 아주 싸게 상환하자고 제안하는 한편, 자기가 귀족으로 누리는 특권을 포기하겠다고 선언했다.

여러분, 프랑스를 휩쓴 두려운 장면을 보고 몸서리를 치지 않은 사람이 없습니다. 비난받을 만한 대신들이 우리의 자유를 빼앗으려 할 때 자유를 확고히 만든 대중의 봉기는 지금 이 순간 자유를 방해하는 것이 되었습니다. 이 순간 정부는 공공의 행복을 바라는 우리의 염원과 일치하는 것처럼 보입니다.
손에 무기를 들고 설치면서 재산을 훔치려 드는 도적떼만이 문제가 아닙니다. 수많은 지방에서 대중이 힘을 합쳐 성관을 부수고 토지를 황폐하게 만들고 특히 문서보관소를 약탈했습니다. 문서보관소에는 봉건적 부동산권을 증명하는 문서가 있었습니다. 그들은 수백 년 동안 자기네 머리에 있던 멍에를 마침내 떨치려고 노력합니다. 여러분, 이번의 봉기가 (아주 폭력적이라서) 비난받을 만한 것에도 오랫동안 그들을 제물로 삼은 억압을 떨치려 일어났다는 점에서 명분을 찾을 수 있습니다. 봉토와 영주권을 소유한 사람들은 그들의 봉신들이 불평을 들을 만큼 지나치게 비난받을 만한 일을 거의 하지 않았음도 인정해야 합니다. 그러나 그들의 대리인들이 종종 혹독하게 행동했으며 불행한 경작자들은 봉건적인 법률 가운데 아직도 프랑스에 남아 있는 야만적인 유물에 얽매여 신음하고 있습니다. 이러한 권리가 그들의 재산이라는 사실을 감추기는 어렵습니다. 그런데 재산권은 모두 신성합니다. 그러나 그러한 권리는 서민들에게 큰 부담을 주며 그들에게 지속적으로 구속력을 지닌다는 사실에 모든 사람이 동의합니다.

건전한 철학이 영향력을 행사하는 계몽주의 시대에, 공공의 행복을 위해 개인적 이익을 추구하지 않는 우리가 국가를 재건하려고 모인 시기에, 국민이 그렇게도 바라는 헌법을 제정하기 전에 우리가 할 일이 있습니다. 우리는 그들이 원하기 전부터 이미 모든 사람의 자유를 확실히 보장해줄 권리상의 평등을 되도록 빨리 수립하기를 바라고 노력했다는 사실을 증명해야 한다고 생각합니다. 나는 봉토의 소유자, 영주들이 이러한 진실을 외면하기는커녕 자기 권리를 희생해 정의를 실현하리라는 사실을 의심하지 않습니다. 그들은 이미 그들의 특권을 포기했고 세제상의 혜택도 포기했습니다. 이 순간 우리는 그들에게 봉건적 권리를 완전히 깨끗하게 포기하라고 요구할 수는 없습니다.

이러한 권리는 그들의 재산입니다. 그것만이 수많은 개인의 재산입니다. 자신의 목적에 맞는 즐거움을 양도하는 지주에게 정당한 보상을 해주지 않으면서 재산권을 포기하라고 강요하는 것은 형평의 원칙에 벗어납니다. (……)

나는 국회가 모든 시민의 능력에 맞게 공평하게 세금을 부담해야 하고 이제부터 영주의 봉토와 토지재산에 관한 모든 봉건적 권리를 상환할 수 있으며 상환비율은 국회가 정한다고 선언하기 바랍니다. (……)

나는 이러한 원칙을 좇아 여러분에게 다음과 같이 제안하오니 부디 현명하게 심의해주시기 바랍니다.

"국회의 가장 신성한 의무는 개인의 이익보다 공공의 이익을 먼저 생각하도록 만드는 것이다.

모든 시민의 능력을 고려해 세금을 평등하게 부과하면 대중의 부담이 훨씬 줄어들 것이다.

정확한 과세비율을 준수하도록 법을 제정한다.

지금까지 특권을 누리고 모든 의무에서 벗어났던 모든 단체, 도시, 공동체, 개인은 이제부터 부과금을 정량제로 하든 특정한 형식으로 징수하든 공공부담금과 정부의 지원금을 모두 평등하게 분담해야 한다.

국회는 봉건적인 영주권과 부과금도 아주 과중하며 농업을 방해하고 농촌을 황폐화한다고 생각한다.

그럼에도 이러한 권리가 진정한 재산권이며 모든 재산권은 신성하다는 사실을 부인하지 않는다.

그리하여 국회는 다음과 같이 명령한다.

이러한 권리는 채무자의 동의를 받아 30드니에에 상환하거나 국회가 각 지방의 세율을 바탕으로 형평을 고려해 판단한 비율로 상환할 수 있다. 또한 이러한 권리를 완전히 상환할 때까지 계속 부과금을 징수할 수 있다."

먼저 30드니에는 얼마를 뜻하는가? 드니에는 12분의 1수를 뜻하는 화폐 단위인 동시에 이자율을 뜻하는 말이다. 그런데 에기용 공작이 말한 용법으로 볼 때 30드니에는 1년치 부과금의 30배를 뜻한다. 30년치 부과금을 내면 상환할 수 있다는 뜻이다.

에기용 공작이 제출한 안은 전국신분회에서 가장 처음 제3신분의 편에 가담한 귀족답게 파격적이었고 농촌 주민들의 부담을 줄여주어 그들을 안정시키기에 충분했다. 별로 잃을 게 없는 노아유 자작의 제안은 조금 역설적인 면을 보여주었지만 에기용 공작의 제안은 비록 일부 특권층의 미움을 사면서도 대체로 국회의 다수를 열광하게 만들었다.

샤토루 출신 변호사 르그랑은 봉건적 권리를 법적으로 분석해 다양한 종류가 있음을 설명하면서 노아유 자작과 에기용 공작의 제안을 반대했다. 거기에는 진정하게 봉건성을 대표하는 것, 진정한 의미의 조세 또는 일종의 배타적인 특권, 그리고 군주권을 찬탈하거나 자연권을 침해한 것의 세 가지 문제가 있다는 것이다. 그러나 회의장의 분위기는 이처럼 차분한 설명을 귀담아들을 상황이 아니었다. 루이 16세가 즉위하자 재무총감으로 임명된 튀르고 밑에서 일한 경력이 있는 제3신분 출신 중농주의자였던 뒤퐁 드 느무르가 일어나 르그랑보다 더 충격적인 발언을 했다.

> 지금 모든 권력기관이 무력하기 때문에 전국이 혼란에 빠졌습니다. 어떤 정치사회도 자유와 신체와 재산권을 안전하게 지켜줄 법과 법원이 없다면 한순간도 존재할 수 없습니다. 나는 현재의 법이 제아무리 불완전하다 할지라도 국가질서를 보존할 목적을 가진 것이라면 결코 버리지 말고 유지해야 한다고 강력히 주장합니다. (……)
> (따라서 국회가 다음과 같이 선언하자고 발의합니다.)
> 모든 시민은 다른 시민의 자유, 신변 안전, 재산권을 존중하면서 법률에 복종해야 한다.
> 법원은 법률을 집행하려고 끊임없이 노력해야 한다.
> 모든 부르주아 민병대와 군병력은 질서와 평화를 회복하고, 모든 인명과 재산을 보호하는 데 힘쓰는 지방정부와 법관들에게 필요할 때마다 지원

해야 한다.

　이처럼 혁명기 국회에서는 뜻밖의 일도 일어났다. 두 귀족은 구체제를 버리자고 파격적으로 제안했지만 제3신분 출신 의원들이 뒤집어엎었던 것이다. 특히 뒤퐁 드 느무르는 도시와 농촌에서 소요사태가 일어난 원인을 없애기보다는 질서를 되찾는 일만 강조했다.
　바스 브르타뉴 출신 르 그웬 드 케랑갈이 일어섰다. 그는 상인 출신이었지만 농민처럼 입었기 때문에 유난히 눈길을 끌었다. 뒤퐁 드 느무르가 피를 흘리면서라도 질서를 바로잡으라고 발언하면서 찬물을 끼얹은 회의장에서 농부 복장을 한 그가 일어나니 모든 사람의 눈길을 끌기에 충분했다.

　여러분, 오늘 우리는 중대한 문제를 놓고 열렬히 토론했습니다. 인간과 시민의 권리선언은 필요한 것이라고 판단했습니다. 이러한 권리를 침해하는 문제를 놓고 여러분은 각자의 의견과 함께 넘어서는 안 되는 경계를 말씀하셨습니다. 물론 그것은 뒤에서 서로 연관이 있는 문제임이 분명합니다.
　여러분이 만일 강제상환을 명령했다면 인민을 수백 년 동안 괴롭혀온 (……) 무서운 무기를 무력화해서 성관의 방화도 막을 수 있었겠지요. (……)
　압제에 싫증이 난 인민은 우리의 조상이 야만스럽게 세운 온갖 권리를 부랴부랴 파괴하려 합니다.
　여러분, 우리 공평하게 봅시다. 여러분이 앞세우는 권리는 수치스러운 것일 뿐만 아니라 인간성마저 거스르는 것입니다. 이처럼 인류를 모욕하는 권리를 앞세우는 사람은 인간을 마치 짐승처럼 수레에 묶으라고 합니다. 이러한 권리를 앞세우는 사람은 인민에게 연못의 개구리가 탐욕스러운 나리의 단잠을 방해하지 못하게 밤새 막으라고 명령합니다.

여러분, 우리 가운데 이 빛의 시대에 이처럼 부끄러운 문서를 속죄의 불구덩이에 태우는 것을 반대할 사람이 어디 있습니까? 부끄러운 문서를 공공행복의 제단 위에 제물로 바치지 않겠다는 사람이 누구란 말입니까?

요컨대 그는 국회가 인민에게 모든 종류의 봉건적 권리를 돈으로 상환할 수 있다고 약속할 때 비로소 프랑스가 질서를 되찾을 것이라고 주장했다.

"그들(인민)에게 언제인지 까마득한 시절에 얻은 이러한 권리가 부당하다는 사실을 국회가 인정한다고 말하십시오."

그가 긴 연설을 끝내자 의원들은 열렬히 환영했다. 모든 사람이 열광했다. 그 뒤에도 수많은 사람이 일어나 중요한 제안을 쏟아냈다. 그는 회의실의 분위기를 완전히 바꿔놓았던 것이다.

푸코 후작은 군대의 은급이 얼마나 잘못된 것인지 맹렬히 비판했다. 그는 무엇보다도 거물급 인사들과 귀족의 생계비가 너무 지나치니 모두 삭감해야 한다고 주장했다. 보아르네 자작은 모든 시민이 똑같은 죄에 똑같은 형벌을 받아야 한다고 주장했다. 종교인이든 민간인이든 군인이든 형벌을 똑같이 받아야 한다는 것이다. 낭트 출신 코탱은 영주권을 집행하는 하수인들이 너무 가혹하기 때문에 서민이 신음한다고 지적하면서 영주권을 빨리 폐지하라고 촉구했다. 낭시 주교 라파르는 교회 재산에 대한 상환을 요구하면서도 교회의 영주권이 침해받지 않도록 해달라고 요구했다. 교회는 그 이익을 가지고 가난을 구제해야 하기 때문이다. 샤르트르 주교 뤼베르사크는 사냥권을 문제 삼았다. 그것은 농촌에 큰 해를 입히는 것이기 때문에 폐지해야 마땅하다고 주장했다. 생트 귀족인 리세는 영주의 재판권을 폐지하고 더 나아가 왕국 전체에 무료 재판으로 서민의 한을 풀어줘야 한다고 주장해 큰 박수를 받았다. 소금세와 소비세의 폐단을 고발하고 판사들의 특권을 폐지하자고 주장하는 사람도 있었다.

1,000년 이상 천천히 그리고 먼저 제도에 중첩하여 형성된 앙시앵레짐을 공격하는 일인 만큼, 또한 영주들이 케케묵은 문서를 뒤져가면서 자기 권리를 주장하던 전통을 폐지하는 일인 만큼 모든 의원이 저마다 한 가지씩 얘기하기에 충분했다. 심지어 티보 신부는 사제가 결혼식이나 장례식 등에서 받는 성식사례비casuel를 포기하겠다고 말했다. 파리 평민 의원인 트롱셰는 수도의 주민들이 누리는 금전상의 면제특권도 폐지해야 한다고 주장했다. 이처럼 너도나도 너그러운 제안을 한 덕에 국회의 분위기는 한껏 들떠 있었다.

국회의원들은 5일 새벽 2시에 회의를 끝마치기 전, 다음과 같이 결의했다.

농노와 그들의 재산을 상속하지 못하도록 하는 제도를 폐지한다.

영주의 사법권을 폐지한다.

사냥권, 비둘기 사육권, 토끼 사육권을 폐지한다.

모든 특권과 금전상의 면제권을 폐지한다.

1789년 초부터 지방의회가 정하는 규정에 따라 모든 종류의 조세를 평등하게 부과한다.

모든 시민은 민간과 군대의 모든 직책을 수행할 수 있다.

향후 재판을 무료로 받을 수 있으며 모든 관직의 매매제도를 폐지한다.

특정 도시와 지방의 특권을 폐지한다. 관련 도시와 지방 출신 의원들은 유권자들에게 편지를 써서 동참하도록 호소한다.

파리, 리옹, 보르도 같은 도시의 특권을 폐지한다.

다양한 성직록과 성직자의 첫해 수입을 교황에게 납부하는 의무를 폐지한다.

아무런 자격도 없는 사람에게 주는 은급을 폐지한다.

동업조합 제도를 개혁한다.

그리고 이처럼 자발적이고 아름다운 희생을 기리는 뜻으로 기념 메달을 만들기로 하는 데 모든 사람이 동의했다. 파리 대주교는 루이 16세와 국회가 함께 베르사유 궁전의 교회에 모여 테 데움 미사를 올리자고 제안했다. 그러나 그것으로 끝이 아니었다. 루이 16세의 충실한 신하인 랄리 톨랑달은 왕을 칭송하자는 제안을 했다.

"여러분, 여러분이 회의를 시작했던 때와 마찬가지로 회의를 끝마쳐야 합니다. 회의와 여러분에게 걸맞은 마지막 도장을 찍어줘야 합니다. (……)

일찍이 루이 12세는 전국신분회에서 '만백성의 아버지'라고 칭송받았습니다. 나는 그 어느 때보다 존엄하고 가장 유익한 국회에서 루이 16세를 '프랑스의 자유를 회복하신 분'으로 선언하자고 제안합니다."

그리하여 모든 의원과 방청석의 대중이 모두 "왕 만세, 루이 16세 만세, 프랑스 자유의 회복자 루이 16세 만세"를 차 한잔 마실 시간 동안이나 외쳐댔다. 앙시앵레짐의 법적 토대를 허물어버린 기쁨의 합창이었다.

의원들은 8월 5일 오후부터 8월 11일까지 세부적인 내용을 다듬었다. 마침내 11일 밤에는 다음과 같이 결의했다.

특권의 폐지에 관한 법

제1조. 국회는 봉건체제를 완전히 폐지한다.

제2조. 크고 작은 비둘기장을 가지는 배타적인 권리를 폐지한다.

제3조. 사냥의 배타적인 권리도 폐지한다.

제4조. 영주의 법원을 무조건 폐지한다. 단, 소속 판사들은 국회가 새로운 사법체계를 수립할 때까지 자격을 유지한다.

제5조. 모든 종류의 십일조는 종교적이건 세속적이건 폐지한다. 단, 종교적 숭배와 제단의 사제, 교회 재건축, 신학교, 소학교, 중등학교, 병원을 짓는 일에 쓰이는 돈은 예외로 한다.

제6조. 모든 종류의 항구적인 부동산세는 상환할 수 있다. 모든 종류의 현물세는 국회가 정하는 비율로 상환한다.

제7조. 모든 사법직과 지방정부의 직책의 매매제도는 곧장 폐지한다. 재판은 무료로 한다. 그러나 이러한 직책을 보유한 사람은 계속해서 그 직을 수행하고 국회가 특별한 조치를 마련할 때까지 보수를 계속 받는다.

제8조. 농촌 사제의 성식사례비를 폐지한다.

제9조. 보조금 형식의 금전적 특권은 완전히 폐지한다. 모든 시민과 모든 재산에 대해 똑같은 방법과 형식으로 세금을 징수한다.

제10조. 모든 주, 공작령, 지방, 도시, 주민공동체가 누리는 모든 특권을 폐지한다.

제11조. 모든 시민은 태생과 관계없이 민간, 종교, 군대의 모든 직책을 수행할 수 있다.

제12조. 앞으로는 교황청, 아비뇽 교황령, 뤼체른 교황대사관으로 어떠한 세금도 보내지 않는다.

———

219

(제13조~제14조. 종교인과 성직록)

제15조. 국회는 왕과 상의해 과도한 은급을 조정하거나 폐지한다.

제16조. 국회는 프랑스의 행복을 위해 중대한 결정을 한 것을 기념해 메달을 제작한다.

제17조. 국회는 루이 16세를 프랑스 자유의 회복자로 엄숙히 선언한다.

제18조. 국회는 왕을 방문해 이 법을 바치고 궁전의 성당에서 테 데움 미사를 올리도록 청한다.

국회는 이 법에서 정한 원칙을 발전시키는 데 필요한 헌법과 법률을 차례로 만드는 일에 즉시 착수한다.

그 시대의 천재이며 보수적 성향의 작가인 리바롤Rivarol은 8월 4일 밤부터 이튿날 새벽까지 일어난 일을 '재산권의 성 바돌로메 사건'이라고 얘기했다. 성 바돌로메 사건에서 가톨릭교도들이 개신교도를 학살하듯 만행을 저질렀다는 뜻이다. 보수 성향의 그가 한탄할 만큼 일주일 동안 국회(제헌의회)는 프랑스의 사회적 앙시앵레짐을 여지없이 무너뜨렸다.

4
인권선언

미국 역사가 티모시 타켓Timothy Tackett은 『혁명가 되기Becoming a Revolutionary』(1996)에서 국회의원들이 앙시앵레짐 시대에 계몽주의 사상에 물들었다 해도 어떤 사상이 그들의 활동과 직결되는지 말하기란 어렵다고 했다. 그들은 대부분 철학보다 문학·과학·역사에 관심이 많았고, 대체로 파리나 지방에서 어느 정도 법조계나 행정 분야의 경험을 쌓아 전국신분회 대표로 뽑힌 사람이 많았다. 그러므로 그들이 체계적으로 혁명을 수행했다고 말하기보다는 점진적으로 앙시앵레짐에서 멀어졌고, 그런 식으로 한두 해 동안 활동하다 보니 혁명가가 되었다고 말하는 편이 안전하다. 이렇게 볼 때 「인간과 시민의 권리선언」에서 루소가 『사회계약론』에서 내세운 '일반의지'라는 말을 중시했다 할지라도 그것을 만든 배경이 곧바로 루소의 사상과 직결된다고 말하기도 어려울 것이다.

그럼에도 인권선언에 담긴 언어는 분명히 사상적 뿌리를 가진 말이기 때문에 인권선언이 계몽주의와 무관하다고 주장하기는 어렵다. 이탈리아의 역사철학자 베네데토 크로체Benedetto Croce의 말대로 "역사는 자유의 이야기"라고 생각할 때, 성 토마스 아퀴나스에 둔스 스코투스나 오컴의 윌리엄이 맞서고, 가톨릭이 이성을 오만하게 활용하는 데 마르틴 루터가 맞섰으며, 사회적인 신분을 앞세우면서 불합리한 제도를 강요할 때 계몽사상가들이 법의 합리화(베카리아), 합리적인 정부의 건설(루소) 같은 명제로 맞선 것은 인간 정신이 자유롭게 활동해 그릇된 제도를 바꾸려는 투쟁이었다. 그러므로 1789년의 정신이 '자유'라는 것, 그리하여 1789년을 '자유의 원년'이라고 할 수 있는 이유를 8월 26일의 「인간과 시민의 권리선언」에서 찾을 수 있다.

먼저 정치적인 앙시앵레짐을 무너뜨리고 나서 사회적 앙시앵레짐을 무너뜨린 지 보름 뒤에 나온 인권선언은 계몽사상을 반영했다. 그러나 계몽사상을 단순하게 생각해서는 안 될 것이다. 계몽사상가들이 똑같은 관념을 똑같이 주장하지도 않았으며 평생 서로 만나지 못한 사람들이 각각 다른 시기에 주장한 내용까지 18세기에 나온 것이라고 해서 계몽사상으로 지칭하는 것은 분명 무리한 일이기 때문이다. 그럼에도 계몽주의자들이 앙시앵레짐 시대의 자유(일종의 특권)와 다른 종류의 자유(모든 구성원의 자유)를 주장하고, 게다가 앙시앵레짐 시대의 신분사회에서 부정하는 사회적 평등을 주장했다는 점은 분명하다. 더욱이 인권선언은 앞에서 보았듯이 대부분의 진정서에서 요구한 것이기 때문에 그것은 다른 곳의 진정서에 영향을 끼친 모범 진정서를 작성한 사람, 그리고 지역 사람들의 의견을 종합해 진정서를 작성한 사람들이 계몽주의의 주요 개념을 알고 있었다는 사실을 증명한다.

의원들의 인권선언문 초안

국회에 나간 의원 가운데 시에예스, 콩도르세, 라파예트 같은 사람은 이미 1789년 초부터 인권선언의 안을 써놓았다. 또 국회가 헌법을 논의하기 시작할 때인 7월부터 안이 조금씩 나왔다. 예를 들어 라파예트 후작은 7월 11일 헌법제정 작업 가운데 "권리선언이 가장 먼저 주목해야 할 목표"라고 하면서 자기가 마련한 안을 제시했다. 그는 인권선언이 두 가지 목표를 가져야 한다고 주장했다.

"첫째는 자연이 개인의 마음속에 새겨놓은 감정을 되살리는 것입니다. (……) 둘째는 모든 제도의 기원이 되어야 하고 국민의 대표들의 작업을 언제나 자연권과 사회적 권리의 원천으로 충실히 이끌어줄 영원한 진리를 담아내야 합니다."

국회는 7월 7일에 30인으로 헌법위원회를 구성했지만 일주일 뒤인 14일에 8인으로 헌법위원회를 다시 구성했다. 이때 평민으로 시에예스(신부지만 제3신분 대표였다), 무니에, 르 샤플리에, 베르가스를, 종교인으로 오텡의 주교 탈레랑, 보르도 대주교 샹피옹 드 시세를, 귀족으로 클레르몽 토네르 백작과 랄리 톨랑달 백작을 뽑았다. 그러나 그날 파리의 소식을 들은 뒤 국회에서는 당분간 인권선언에 대해 논의하지 않았다. 또한 21일에 시에예스가 「인간과 시민의 권리 설명Exposition des droits de l'homme et du citoyen」을 제출했지만 별다른 진전이 없었다. 그렇게 7월 27일이 되었을 때 8인 헌법위원회를 대표해 무니에가 헌법 안을 보고했던 것이다. 이처럼 인권선언을 할지 말지 좀더 본격적으로 논의하는 시기는 7월 말부터였으며 8월 초 거의 보름 동안 의원들은 너도나도 인권선언의 안을 내놓았다.

8월 13일 정오에 제헌의회 의원들은 의장의 뒤를 따라 베르사유 궁으로 루이 16세를 만나러 갔다. 그들은 8월 4일 밤에 결정한 내용을 보고하고 8월 11일에 결정했듯이 왕과 함께 궁전 교회에서 테 데움 미사를 올렸다. 그날 저녁 회의실에 다시 모인 뒤 의장은 가장 먼저 5인 위원회Comité des Cinq를 만들어 그때까지 들어온 여러 가지 안을 검토하도록 했다. 데뫼니에Desmeuniers, 랑그르 주교 라 뤼제른La Luzerne, 트롱셰Tronchet, 미라보 백작, 레동Rhédon이 뽑혔고, 바로 한 달 전 아버지 미라보 후작을 여읜 미라보 백작이 위원회를 지배했다. 8월 17일 미라보는 5인 위원회를 대표해서 말했다.

여러분, 사회에서 인간의 권리선언은 모든 형태의 정부에 두루 적용할 수 있는 몇 가지 원칙을 보여주는 것임이 분명합니다.
이러한 관점에서 우리는 이렇게 단순한 성격의 일에는 이론과 의심이 따를 이유가 거의 없다고 믿을 것입니다.
그러나 (……) 인권선언은 아주 어려운 작업입니다. (……)

"사회 속의 인간의 권리선언(안)
국회를 구성한 프랑스 인민의 대표들은 인간의 권리를 모르거나 잊거나 무시하는 것이 모든 공동체의 불행과 정부의 부패를 가져오는 유일한 원인이라고 생각하면서 인간의 양도할 수 없고 신성한 자연권을 회복하려고 결의했음을 엄숙히 선언한다. 사회체의 모든 구성원에게 항상 존재하는 이 선언은 그들에게 끊임없이 그들의 권리와 의무를 상기시키려는 목적을 갖는다. 또한 입법과 행정권의 행위는 매 순간 모든 정치제도의 목적과 비교할 수 있으며 그만큼 더 존중받도록 해야 한다. 또한 이제부터 단순하고 이론의 여지가 없는 원칙 위에 수립된 모든 시민의 정당한 요구는 헌법의 유지와 모든 사람의 행복으로 향하게 해야 한다."

미라보는 모두 19개 조항으로 구성된 안을 읽었다. '사회 속의 인간'은 '시민'을 뜻하기 때문에 미라보가 제시한 안은 인간 그 자체를 뜻하는 보편성보다는 상대성을 포함한 개념이었다. 미라보가 흡족하지 못하다고 미리 말했듯이 다른 의원도 대개 만족하지 못하는 안이었다.

이튿날 불만이 터져 나왔다. 방돔 출신 크르니에르는 미라보가 전날 제시한 인권선언에는 결함이 있음을 지적했다.

원칙이란 진실의 표현입니다. 권리는 협약convention의 결과입니다. 원칙을 가지고 추론하고 토론합니다. 권리를 가지고 행동합니다. 그러나 종종 아메리카의 권리선언에 대해 말합니다. 만일 그렇게 선언문을 작성한다면 그것은 모순이라고 생각합니다.
자유를 유지하는 문제는 권리선언(모든 사람은 권리를 알아야 합니다)과 헌법에 달렸습니다.
우리의 권리는 언제나 변치 않고 꾸준히 존재하며 똑같은 것입니다. 그러나 권리선언문을 작성하는 저자의 의견에 의해 늘어나거나 줄어듭니다. 5인 위원회는 19개조의 안을 제시했습니다. 어떤 의원은 20개조 안, 또는 30개조 안, 심지어 66개조 안까지 제시할 수 있습니다.

권리는 협약의 결과입니다. 협약에는 두 가지 종류가 있습니다. 하나는 필요한 협약, 또 하나는 가능한 협약입니다.

필요한 협약이란 사회가 존재하려면 반드시 필요한 것을 뜻합니다. 그것은 최대다수의 의지로서 일반의지인 동시에 전체의지입니다. 가능한 협약은 개인이 개인끼리 맺을 수 있는 협약입니다.

따라서 권리에도 두 가지 종류가 있습니다. 그런데 만일 인권선언에 (필요한 권리가 아니라) 가능한 권리를 설명한다면 그 선언문은 불완전한 것이 되겠지요. 그러한 권리를 모두 나열할 수 없기 때문입니다. 또한 그 선언문은 불확실합니다. 계속 권리를 수정하고 끊임없이 다른 권리를 열거해야 할 테니까요.

비고르 의원 뒤포르가 뒤를 이었다.

무엇보다도 논점을 분명히 해야 합니다. 내 생각에 다음과 같이 문제를 정리할 수 있겠습니다.

1. 작업의 전반적인 계획이나 체제를 검토한다.
2. 각 조항의 진위를 논의한다.
3. 글을 작성하는 방법을 결정한다.

첫 번째 문제에서 나는 인권선언이 무엇을 뜻하는지 자문합니다. 그것은 사회 속의 인간에게 속한 권리를 표현하는 것이라고 생각합니다. 그가 할 수 있는 것, 폭력의 수단이 아니라면 그가 할 수 없도록 막을 수 없는 것입니다. 그러나 권리는 오직 협약으로만 존재할 수 있습니다.

앙베르메닐의 사제인 그레구아르 신부가 인권선언도 신이 준 것임을 밝히자는 취지로 말했다.

"사람이 어느 곳에 태어났다면 그만한 이유가 있습니다. 그가 권리를 가진다면 그 이유에 대해 말해야 합니다. 그가 의무를 가진다면 그의 권리를 제한하는 것이 무엇인지 상기시켜야 합니다. 우리가 선언문의 첫머리에 놓아야 할 이름 가운데 신의 이름만큼 존엄하고 위대한 이름이 어디 있겠습니까?"

미라보 백작의 동생인 미라보 자작이 뒤를 이었다.

"먼저, 사람들은 인권선언의 첫 번째 동기가 인간의 권리를 회복하는 것이라고 말합니다. 이러한 권리는 양도할 수 없습니다. 결코 부정할 수도 없습니다. 자유를 잃어버릴 수는 있지만 권리를 잃어버리지는 않습니다. 그러나 프랑스인은 왕과 대신들의 전제주의에 권리를 희생하겠다고 동의한 적이 없습니다. 그러므로 나는 '회복하다rétablir'라는 말 대신 '되돌아오게 하다rappeler'라는 말을 쓰자고 제안합니다."

베지에 출신 제스 남작, 니베르네 출신 보네 후작, 님과 보케르 출신의 개신교 목사 라보 드 생테티엔, 생장당젤리 의원 레뇨가 줄줄이 일어나 이의를 제기했다. 논란이 끊이지 않자 마침내 5인 위원회를 대표해 미라보 백작이 다시 한번 상황을 정리했다.

"국회가 오랫동안 난국을 벗어나지 못하는 것을 보면서 헌법의 다른 부분들을 완전히 결정한 뒤 인권선언문을 작성하자고 제안합니다."

헌법 전문에 해당하는 인권선언에 대해 논란이 많으니 아직 세부사항도

정하지 않은 헌법의 다른 부분들을 결정한 뒤에 작성하자는 미라보의 임시방편에 대해 일부 의원들은 박수를 쳤고, 또 일부는 웅성거렸다. 그만큼 인권선언문을 작성하는 문제는 아직까지 먼 훗날의 일처럼 보였다. 그럼에도 인권선언문에 대해 골똘히 생각하는 의원들이 계속 발언했다.

19일에 티에르 성당 참사회원이며 리옹 의원인 본푸아 신부는 "여태껏 나온 안을 라파예트의 안과 비교해보니 다른 안은 모두 라파예트의 글에 주석을 단 수준이었고 무니에의 안도 별로 다를 것이 없다"는 사실을 알았으며, 단지 다음과 같은 말을 추가하면 좋겠다고 했다.

"인간은 자신을 보전하고 평화롭게 살 수 있는 신성한 권리를 가지며, 최고존재는 인간을 자유롭고 또 권리상 평등하게 만들었다."

낭트 출신인 펠르랭은 자유와 재산권을 모든 사회의 기본 원리라고 주장했고, 미라보 자작은 고르디우스의 매듭을 풀려면 인권선언을 넣지 말고 단지 "각자의 행복과 모두의 행복을 위해 우리는 다음과 같이 결정한다"는 구절만 헌법 첫머리에 넣자고 제안했다. 오수아 출신 기요는 "편견을 벗어나고 형이상학의 모호한 내용보다는 자연의 단순한 진리를 찾아야 한다"고 주장하면서 "인간의 모든 권리와 의무를 담은 원리를 찾아야 한다. 그것은 자기 보존의 원리다"라고 덧붙였다.

제6위원회의 안

곧 사태가 완전히 달라졌다. 의장은 5인 위원회의 안을 조목조목 토론에 부칠 것인지 말지 결정하자고 제안했고 거의 전체가 그렇게 하지 말자고 결정했다. 그럼에도 의회가 선언문을 작성할 때 고려할 밑그림이 필요하다는 데 동의했다. 의장이 어떤 안을 기본으로 삼을 것인지 물었을 때 의원들은 제

6위원회에서 논의한 "인간과 시민의 권리선언 안Projet de déclaration des droits de l'homme et du citoyen"을 가지고 논의하기로 결정했다. 이 안의 내용은 다음과 같다.

국가의 헌법을 쇄신하고 입법권과 행정권이 행사할 수 있는 권력과 그 한계를 확정하기 위해 국회에 모인 프랑스 인민의 대표는 사회질서와 훌륭한 헌법은 기본적으로 변하지 않는 원리를 바탕으로 해야 한다는 점, 인간은 자유롭게 살도록 태어나 공동의 힘이 그의 자연권을 보호해주는 경우에만 정치사회체제에 복종한다는 점을 고려하고, 우주의 최고입법가 앞에서 인간과 시민의 권리를 확립하고 엄숙히 인식하기를 바라면서 이러한 권리는 근본적으로 다음과 같은 진리를 담고 있음을 선언한다.

제1조. 모든 사람은 자기 보존에 힘쓸 권리와 행복해지려는 욕망을 자연으로부터 받았다.

제2조. 모든 사람은 자기 보존과 행복을 확실히 추구할 수 있는 능력을 자연으로부터 받았다. 자유는 이러한 능력을 완전히 전부 활용할 때 존재한다.

제3조. 이러한 능력을 이용하는 데서 재산권이 발생한다.

제4조. 모든 사람은 자유와 재산권에서 동등한 권리를 가진다.

제5조. 그러나 모든 사람은 자기 권리를 이용할 수단을 똑같이 받지 않았다. 거기서 인간의 불평등이 발생한다. 따라서 불평등은 자연의 일부다.

제6조. 사회는 수단의 불평등 속에서 권리의 평등을 유지할 필요가 있기 때문에 형성되었다.

제7조. 사회상태의 인간이 자기 능력을 자유롭고 합법적으로 행사하려면

다른 사람의 능력을 자유롭고 합법적으로 행사하도록 인정하고 존중해 주어야 한다.

제8조. 이처럼 사회상태에서 필요한 상호관계에서 권리와 의무의 이중관 계가 발생한다.

제9조. 모든 사회의 목적은 이 두 가지 관계를 유지하는 것이다. 그리고 그 때문에 법률이 필요하다.

제10조. 따라서 법의 목적은 모든 권리를 보장해주고 모든 의무를 확실 히 지키도록 하는 일이다.

제11조. 모든 시민의 첫 번째 의무는 능력과 재능을 발휘해 사회에 봉사 하는 것이므로 그는 어떤 공직에도 취임할 권리가 있다.

제12조. 법은 일반의지의 표현이므로 모든 시민은 법을 제정하는 데 즉 시 협조해야 한다.

제13조. 법은 모든 사람에게 평등하다. 그리고 어떠한 정치권력도 법의 이름으로 명령하는 경우에만 시민에게 의무를 지울 수 있다.

제14조. 법으로써 미리 금지하지 않는 한 모든 시민의 재산권과 자유를 제한할 수 없다.

제15조. 법이 정한 형벌은 신분, 지위, 재산의 차이를 고려하지 않고 오 직 죄의 무게만을 고려해야 한다.

제16조. 법은 마음속으로 짓는 은밀한 죄에 미치지 못하므로 종교와 도 덕으로 법을 보충해야 한다.

제17조. 종교를 유지하려면 공공의 예배가 필요하다. 따라서 공공의 예 배를 존중해주어야 한다.

제18조. 기존의 종교를 불안하게 만들지 않는 시민은 불안해할 필요가

없다.

제19조. 사상의 자유로운 소통은 시민의 권리이므로 다른 사람의 권리를 방해하지 않는 한 제한받지 않는다.

제20조. 인간과 시민의 권리를 보장하기 위해서는 공공의 힘이 필요하다. 이 힘은 그것을 맡아서 행사하는 개인이 아니라 모든 사람의 이익을 위한 것이어야 한다.

제21조. 공공의 힘과 정부의 지출을 유지하려면 구성원의 공동부담이 필요하다. 그것은 모든 시민에게 능력에 비례해 분배해야 한다.

제22조. 공공의 분담금은 모든 시민이 자기 재산의 일부를 나누어 내는 것이므로 시민은 그 필요성을 확인하고 자유롭게 동의하며 쓰임새를 추적하고 할당액, 기준, 징수방법과 기간을 결정할 권리를 가진다.

제23조. 사회는 모든 공복에게 그가 사용한 돈의 회계보고를 요구할 권리를 갖는다.

제24조. 권리를 온전히 보장해주지 못하고 권력을 제대로 나누지 못하는 사회는 진정한 헌법을 갖지 못한 사회다.

제6위원회에서 마련한 안을 읽어보면 8월 26일에 나올 '선언문'보다 조항도 많고 더욱 현실적이라는 사실을 알 수 있다. 시에예스가 제출한 안이 그 다음으로 많은 지지를 받았는데, 두 안 모두 급진적 성향과 보수적 성향을 함께 보여주었다. 아무튼 한 조항씩 토론을 거쳐 다듬는 과정에서 본래 모습이 사라지고 오늘날의 관점으로 볼 때 굳이 이런 조항이 필요할까 싶은 요소가 있음에도 크게 어색하지 않은 '선언문'이 나왔다는 점은 높이 평가할 만하다.

인권선언문 전문, 제1~3조 | 8월 20일

20일부터 최종 선언문을 발표하는 일주일 동안 온건파의 입김이 셌기 때문에 무니에가 읽었던 전문을 거의 살렸다는 사실, 그레구아르 신부가 '신'의 이름을 거론하자 본푸아 신부가 신을 뜻하는 '최고존재'로 바꾸자고 제안한 의견을 받아들였다는 사실을 주목해야 한다. 20일에 회의가 시작되자 파리 출신 앙송은 제6위원회 안은 너도나도 생각나는 내용을 집어넣은 것이므로 좀더 조직적으로 완성도를 높여야 한다고 말했고, 타르제는 "이 선언문은 이론의 여지가 있는 원칙을 담지 않고 짧고 단순하며 정확하지만 표현상 힘이 없다"고 논평하면서 조금씩 손질하면 좋겠다고 말했다. 데뫼니에 의원은 시간도 별로 없고 제12조까지는 상식적으로 문제가 없으니 제13조부터 심의해 시간을 절약하자고 파격적으로 제안했다.

에탕프 출신 라보르드는 "어떤 정치체라도 권력의 테두리를 넘어설 수 없으므로 입법부를 인권을 지키는 범위 안에 한정시켜 그 범위를 벗어나 권력을 남용하지 못하게 해야 한다"는 내용을 넣자고 주장해 바르 르 뒤크 앙바루아 출신 뒤케누아의 지지를 받았다. 도피네 귀족 비리외 백작은 제6위원회의 전문이 훌륭하다고 하면서 두 사람의 주장을 일축하고 자신의 안을 제시했다. 오 리무쟁 의원, 미라보 자작, 앙주 의원 볼네, 님 주교 코르투아 드발로르가 차례로 발언했지만 마지막에 드라기냥의 무쟁 드 로크포르 의원이 데뫼니에의 수정안을 고려해 자신의 안을 제출했다. 의원들은 이 안을 '선언문'의 전문으로 채택했다.

이제부터 제6위원회의 안을 토론거리로 삼아 '선언문'의 내용을 한 조씩 만들어갈 차례가 왔다. 이미 마련해놓은 한 가지 안을 놓고 얘기하는 일이었지만 누구나 안을 제출하던 8월 초와 다를 바 없이 수많은 논쟁을 불러일으켰다. 엑스의 귀족이며 고등법원 판사인 앙드레는 제6위원회의 안을 적절히 비판했다.

"제1조는 욕망과 필요성을 말하고 있습니다만, 우리가 만드는 것은 욕망의 선언문이 아닙니다. 나는 제2조를 이해할 수 없습니다. 나를 뽑은 선거인들도 과연 이해하실지 의문입니다. 제3조부터 제5조까지 함께 묶을 수 있겠습니다. 나는 라파예트의 의견을 좇아 다음과 같이 제안합니다.

'양도할 수 없고 금지할 수 없는 권리는 자유, 재산, 안전, 권리상의 평등, 명예와 생명의 보전, 사상의 소통, 압제에 대한 저항이다.'"

앙드레가 제안한 내용에 대해 제6위원회를 옹호하는 발언이 한마디도 나오지 않았다. 이렇게 해서 앙드레가 제안한 곳에서 출발할 수 있는 돌파구를 마련했다. 타르제가 앙드레를 이어서 말했다.

"나는 처음 10개 조항 대신 다음의 내용을 넣자고 제안합니다.

제1조. 모든 사람은 자연으로부터 능력을 행사할 권리를 받았으며, 다른 사람이 능력을 행사하는 일을 방해하지 않을 의무가 있다.

제2조. 안전, 자유, 재산. 어떤 것은 인간이 누릴 권리이며, 또 어떤 것은 확실한 것을 소유할 수 있는 배타적 힘이다. 바로 거기에 인간의 권리를 이루는 것이 있다.

제3조. 인간의 수단과 능력은 같은 것이 아니다. 모든 사회의 목적은 수단의 불평등 속에서도 평등을 유지하는 데 있다.

제4조. 인간이 시민사회에 들어가면서 그전에 누리던 권리를 잃는 것 같아도 사실상 그 권리를 확인할 수 있는 더 큰 보장을 받는다.

제5조. 사회를 떠나서는 그 어떤 보장도 없다. 그와는 반대로 사회에서는 법이 모든 권리를 보장한다."

타르제의 뒤를 이어 고위성직자 두 명이 잇달아 발언했다. 랑그르 주교 라 뤼제른은 '자연의 창조자'라는 말을 쓰면서 인권선언의 뿌리가 하느님과 닿아 있음을 분명히 하자고 주장했다. 엑스 대주교 부아즐랭도 아주 멋지게 연설하며 라 뤼제른의 주장을 지지했다. 이름을 알 수 없는 사람이 인간은 신의 자식이라는 비유로 '어머니와 아들'의 관계를 들먹이며 고위성직자들의 발언을 지지할 때 의원들이 슬그머니 자리를 뜨기도 했다.

시간이 많이 흘렀으나 의회가 채택한 것은 하나도 없었다. 마침내 무니에가 또 일어났다.

"제1조. 인간은 자유롭게 태어나고 평등한 권리를 누리면서 살아간다. 공공의 이익만이 사회적 차별의 근거가 될 수 있다.

제2조. 모든 정치적 연합의 목적은 인간의 절대적인 자연권을 보전하는 데 있다. 이러한 권리는 자유, 재산, 안전, 압제에 대한 저항이다.

제3조. 모든 주권의 원리는 근본적으로 국민에게 있다. 어떤 단체, 어떤 개인도 분명히 거기서 나오지 않는 권위를 행사할 수 없다."

국회는 이 세 조항을 채택해서 '선언문'에 넣기로 하고 해산했다. 실제로 26일의 인권선언문에서는 이 세 조항의 문구가 조금씩 달라진 것을 볼 수 있지만 어떤 과정을 거쳐서 문구를 고쳤는지 밝히기는 어렵다.

제4~6조 | 8월 21일

8월 21일 금요일, 의장은 무슨 까닭인지 제6위원회 안의 제7조부터 논의하자고 제안했다. 전날 채택한 3개 조항이 심의안의 첫 6개 조항을 대신한다고 판단한 것 같지만 정확한 이유는 알 수 없다. 좌파로 분류할 수 있는 알렉상드르 드 라메트 의원이 먼저 일어났다. 아메리카 독립전쟁에 참가한 귀족 라메트 3형제의 막내인 그는 군주정의 제도를 위험하게 할 만한 자유사상에 물들어 있었다.

"7, 8, 9, 10의 4개 조항의 원칙은 좀더 힘차게 표현할 필요가 있으므로 다음과 같이 2개 조항으로 묶을 것을 제안합니다.

1. 자유는 다른 사람에게 방해가 되지 않는 것을 할 수 있는 힘이다. 따라서 사회의 다른 구성원이 같은 권리를 누릴 수 있도록 보장하는 면에서 개인이 자연권을 행사할 때 분명히 한계를 가진다. 이 한계는 오직 법으로 규정할 수 있다.

2. 법은 사회에 명확히 해로운 행위만을 금지할 수 있다. 법으로 금지하지 않은 것이면 모두 자유롭게 행할 수 있다. 그리고 그 누구도 법이 명령하는 것만 할 수 있다."

이처럼 라메트는 원안(제6위원회 안)을 말하면서도 전혀 다른 내용으로 발전시킨 안을 제안했다. 이제 라메트의 제안이 새로운 토론거리가 되었다. 예를 들어 파리 출신 카뮈가 1조에서 '분명히évidemment'라는 말을 빼자고 제안했는데 몇몇 의원이 지지하자 그 말을 빼기로 했다. 몇 사람이 라메트의 안을 수정했다. 그럼에도 라메트는 두 조항을 완성하는 데 결정적인 역할을 했다.

곧이어 제6위원회 안에서 제11조를 심의했다. 그것은 시민이 사회의 모든 공직에 취임할 수 있는 권리에 대한 것이었다. 비고르 출신 바레르 드 비외자크가 시민의 경쟁에 관한 항목이므로 "사회의 다양한 분야에서 일할 수 있는 권리는 자의적이거나 배타적이어서는 안 된다"는 문구를 넣자고 제안했고, 블루아 귀족 보아르네 자작이 일어나 제11조부터 제15조까지 한꺼번에 대체할 조항을 제안했다. 보아르네 자작이 제안한 조항은 이미 '선언문' 제6조의 모습을 거의 갖추었다.

"시민사회의 평등의 원리에서 다음과 같은 결과가 나온다. 법이 정한 형벌은 신분이나 지위를 구별하지 않고 오직 범죄의 정도만 고려해 부과해야 한다. 모든 직책과 자리는 신분이나 지위를 구별하지 않고 오직 재능과 덕성만 고려해 허용해야 한다. 모든 시민은 능력에 맞는 자리에 취임할 수 있다."

파리 출신 마르티노는 전혀 다른 조항을 제안해 많은 지지를 받았다.

제1조. 법은 시민들의 모임이 만든 협약이다. 그것은 일반의지로 형성된다. 만일 법을 만드는 데 직접 또는 대표를 통해 참여하지 않은 사람은 그 법에 복종할 필요가 없다. 그 사람은 법이 명령하는 것을 강요당할 필요가 없다.

제2조. 그가 저항하면 그는 법에 저항하는 것이다.

제3조. 법의 이름으로 소환되거나 잡힌 시민은 법 또는 법의 이름으로 말하는 법관에게 복종해야 한다.

제4조. 모든 시민은 오직 법의 이름으로, 법이 정한 경우에, 법이 정한 형식에 맞게 소환되거나 잡히거나 구금될 수 있다.

제5조. 모든 사람은 법 앞에 평등하다. 법은 모든 사람에게 똑같은 벌을 주며 오직 재능과 공덕만을 고려해 사회의 모든 고위직을 포함한 자리와 직책에 취임할 수 있게 해준다.

카뮈, 르 샤플리에, 타르제, 볼네, 피종 뒤 갈랑, 베르니에, 무니에, 데샹을 비롯한 여러 의원이 줄줄이 일어나 한마디씩 거들어 문구를 수정했다. 마침내 오툉의 주교 탈레랑 페리고르가 다음과 같이 제안했다.

"법은 일반의지의 표현이므로 모든 시민은 법을 만드는 일에 직접 또는 대표를 통해 참여해야 한다. 법은 모든 사람을 보호할 때나 벌할 때나 똑같이 대해야 한다. 모든 시민은 법 앞에 평등하므로 능력에 따라 모든 공직과 자리에 취임할 수 있다."

거의 1,200명의 의원들 가운데 회의에 늘 참석하던 사람은 900여 명이었는데 발언자들은 비록 그 일부였지만 귀족, 종교인, 평민 가리지 않고 모두 계몽주의에 물들어 있었음을 알 수 있다. 특히 루소의 『사회계약론』에 나오는 '일반의지'는 의원들이 너 나 할 것 없이 자연스럽게 입에 올리는 개념이었다. 의원들은 탈레랑의 안도 고치고 또 고쳐서 마침내 채택했다.

제7~9조 | 8월 22일

8월 22일 토요일의 회의에서는 '선언문'의 제7, 8, 9조를 집중적으로 논의했다. 의원들은 먼저 제6위원회의 안 가운데 제14조를 심의했다. 타르제는 이렇게 제안했다.

"제1조. 오직 법의 이름으로만. 법이 정한 형식과 절차를 따라야만, 시민을 고소하고 체포하고 구금할 수 있다.

제2조. 자유를 침해하는 자의적 질서는 처벌해야 한다. 그러한 질서를 간청하거나 처리하거나 집행하거나 집행하도록 만든 사람은 처벌받아야 한다."

타르제의 안은 제6위원회의 안에 밀려서 공식심의에 오르지 못한 시에예스의 안과 무니에의 안에 나타난 주장을 잘 절충한 것으로서 '선언문'의 제7, 8, 9조의 내용을 모두 포함했으며 논의를 자연스럽게 그 방향으로 이끌어주었다.

니베르네 출신 보네 후작이 "여러 조항의 원칙을 한꺼번에 담은 안"을 제안했다. 그는 특히 인권선언문에서 법이 결코 소급력을 가져서는 안 된다는 점을 강조해야 한다고 주장했다. 공공의 자유는 신성한 원리 위에 서는 것이며 모든 법전보다 그 원리가 먼저라고 주장했다. 그 원리란 법을 제정해 특정 범죄를 처벌할 수 있겠지만 그 법을 만들기 전에 저지른 똑같은 범죄는 처벌할 수 없다는 것이다.

"제1조. 어떠한 법도 소급력을 가지지 못한다. 그러나 법을 반포한 직후, 모든 시민은 복종해야 한다. 모든 시민은 법에 평등하게 복종해야 하며, 여기서 시민사회의 평등이 나온다.

제2조. 법과 법이 정한 형식만이 시민을 고소, 체포, 구금할 수 있다.

제3조. 그 누구도 기성 종교 때문에 고통을 받지 않듯이 종교적 의견 때문에 불안해할 필요가 없다."

파리 귀족의 대표 아드리엥 뒤포르는 원론적인 얘기를 했다. 이 서른 살의 젊은이는 장차 라메트, 바르나브와 함께 3두정을 이끌면서 활약할 것이다. 그는 변호사답게 형법에 대한 견해를 밝혔다. "국가가 범죄자를 온화하고 인간적인 법으로 교화하면 오히려 영광과 명예가 뒤따른다"고 주장했다. 프랑스는 아주 야만스러운 형벌을 집행했다면서 그는 바스티유의 지하감옥과 샤틀레 감옥을 방문했는데 거기서 주는 형벌보다 더 끔찍한 형벌을 집행하는 관습이 있다는 것이다. 그래서 그는 같은 죄에 같은 형벌을 주는 원칙, 범죄자를 교화하는 수단은 온화해야 한다는 원칙을 근거로 다음과 같이 제안했다. 18세기 후반 유럽 여러 나라 지식인이 읽은 베카리아의 『범죄와 형벌Dei delitti e delle pene』의 영향이 나타나는 대목이다.

"제1조. 법은 엄밀히 또한 분명히 필요한 형벌만 규정할 수 있으며 범죄를 저지른 죄인은 그 범죄에 대해 이미 제정하여 합법적으로 적용하는 법으로만 처벌할 수 있다.

제2조. 모든 사람은 유죄판결을 받기 전에는 무죄다. 그를 반드시 체포해야 한다고 판단할지라도 그의 신체의 안전을 확인해주지 못하는 어떠한 조처도 엄격히 배제해야 한다."

랄리 톨랑달은 뒤포르의 안을 강력히 지지했다. 랄리 톨랑달은 인도 총독이었다가 1766년 참수형을 당한 아버지 랄리 남작을 회상하면서 가슴속의 슬픔을 털어놓았음이 분명하다.

"사회는 살아 있는 존재에게 사형을 주는 끔찍한 권리를 용서받아야 합니다. 전횡적 사법제도가 큰 병폐를 안겨준 나라, 불행한 경쟁관계가 온갖 정념을 불러일으키고, 그 결과 한 사람의 죽음을 다른 사람이 기뻐하는 나라, 단 한 사람의 전제정 때문에 피고인이 된 불행한 사람에게 실컷 치욕을 안겨준 나라에서 피고인을 심판하고 사형을 언도한 판사들에게 인류애와 정의를 일깨워줄 필요가 없을까요? 우리는 진실을 짊어지도록 합시다. 이 나라는 우리가 사는 나라지만 동시에 우리가 새롭게 만들어야 할 나라이기도 합니다."

1777년 이후 42개월 동안 뱅센 성에 감금된 경험이 있는 미라보 백작이 발언했다.

"1705년까지 유익한 법이 존재했습니다. 그리하여 구금된 사람은 모두 24시간 안에 심문을 받아야 했습니다. 그런데 1705년 그 법은 폐지되었습니다. 산더미 같은 봉인장이 시민들을 줄줄이 바스티유의 지하감옥으로 몰아넣었습니다. 다시 한번 말하겠습니다. 우리의 자유는 높고 낮은 관리가 책임져야 할 사항입니다. 하위직도 책임을 져야 합니다. 총리대신부터 말단 경찰관까지 책임을 지는 체제를 확립하지 않는다면 우리는 노예가 될 것입니다."

미라보는 그동안 사람들을 자의적으로 구금하는 수단이었던 봉인장 제도를 비판했다. 영국에서는 17세기에 이미 '인신보호영장habeas corpus'으로 신체의 자유를 보장했지만, 프랑스에서는 18세기에 구속영장인 봉인장을 마구 발행하고 있었다. 또한 사전에 발행하기보다 먼저 구속한 뒤 구색을 맞추려고 발행했기 때문에 계몽사상가들의 표적이 되었던 것이다. 법을 집행하는 각급 관리들이 모두 인권을 존중해야 한다는 원칙을 세우고, 그들이 모든 시민의 자유를 존중해 24시간 이내에 심문하는 제도를 마련하자는 미라보의 안에 대해 여러 의원이 수정안을 제시하고 토론한 끝에 '선언문'의 제7, 8, 9조의 문안을 확정했다.

제10조 │ 8월 22일, 23일

이제 자연스럽게 그다음 주제로 넘어갔다. 제6위원회 안의 제16, 17, 18조를 심의하기 시작했다. 그것은 종교와 양심의 자유에 관한 문제로서 토론을 거쳐 '선언문'의 제10조로 나올 것이다. 클레르몽의 주교 보날은 종교란 모든 나라의 기초이며 사물의 질서를 지키는 것은 영원한 이성이라고 말했다. 신을 숭배하는 원칙을 지키지 않는 공화국을 만드느니 차라리 공중에 도시를 건설하겠다는 플루타르쿠스의 말을 인용했다.

"따라서 나는 프랑스 헌법의 원칙은 종교를 영원한 기초로 삼아야 한다고 주장합니다."

이처럼 보날이 종교의 원칙을 지켜야 한다고 선수를 쳤지만 다른 사람들은 그렇게 생각하지 않았다. 에탕프 출신 라보르드 드 메레빌은 "지금 이 순간 우리는 관용을 느껴야 합니다"라면서 말문을 열었다.

만일 여러 사람의 종교적 의견을 마음대로 조종하고 싶다면 모든 시민의 마음속에 가장 잔인한 전제주의를 심어주게 될 것입니다.

나는 여기서 비관용이 수많은 나라에 얼마나 피를 많이 흘리게 했으며 또 참화를 입혔는지 다시 생각하기도 싫습니다. (……)

중립이야말로 가장 현명한 편에 서는 일입니다. 지도자들은 오직 평화를 유지하는 데 전념합니다. 평화를 해치지 않는 유일한 방법은 모든 종교를 존중하는 것입니다. (……)

확실히 이 세상의 권력은 모두 종교와 아무런 공통점이 없습니다. 합법적인 권력은 사람들이 여러 종류의 예배행위를 해치지 않도록 하며 양심의 자유를 규정하지 못하게 해야 합니다. 종교의 자유는 모든 시민이 누리는 신성한 재산입니다. 권위로써 그것을 빼앗을 수 없습니다. 예수 그리스도와 사도들은 사랑을 권유했기 때문입니다. 다른 종교를 존중해야 그들도 우리의 종교를 존중해줍니다.

정치와 종교의 분리는 근대국가를 만드는 첫걸음이었고, 그것은 종교적 관용을 주장하는 계몽사상가들의 바람이었다. 16세기 이후 관용의 문제가 늘 관심거리였고 계몽사상가의 '왕'이자 '신'으로 떠오르던 볼테르는 말끝마다 "수치스러운 것(가톨릭교)을 짓밟아 뭉갭시다"라고 했다. 심지어 그는 가톨릭교를 미신이라고까지 공격했다. 국회 안에서도 종교적 관용과 종교의 자유를 옹호하는 분위기가 조성되었고, 의원들 가운데 다수가 이미 종교적 관용이 대세임을 인식했다. 이러한 분위기에서 미라보 백작이 정곡을 찔렀다.

나는 관용을 설교하지 않겠습니다. 종교의 무한한 자유는 내가 보기에 아주 신성한 권리입니다. 그래서 관용이라는 말 자체가 일종의 압제를 전제로 하는 것처럼 보입니다. 관용을 베풀 수 있는 권위적 존재는 관용이 너그럽게 봐주는 사상의 자유를 해칩니다.

나는 어째서 우리가 아직도 오지 않은 날에 대한 질문의 근본을 파헤치는지 모르겠습니다.

우리가 지금 만드는 것은 인권선언문이기 때문에 우리는 반드시 권리만 제시해야 합니다. 그렇지 않으면 우리가 원하는 모든 원리를 거기에 집어넣을 수 있으며, 그 결과 권리선언문은 모든 원리를 모아놓게 될 것입니다.

지금까지 여러 의원이 제시한 조항이 과연 권리인지 검토해야 합니다. 확실히 그러한 조항은 권리에 대해 설명하지 않기 때문에 다른 식으로 제안해야 합니다. 그러나 그러한 조항을 반드시 권리선언의 형식에 집어넣어야 합니다. 그리고 이렇게 말해야 합니다. 인간의 권리는 종교를 존중하고 유지하는 것이라고.

그러나 종교를 존중하고 유지하는 것은 권리가 아니라 의무임이 분명합니다. 인간은 종교를 사회에 가져오지 않습니다. 종교는 오직 공동체 안에서 탄생합니다. 그것은 순전히 사회적이고 관습적인 제도입니다.

따라서 의무에 관한 문제입니다. 그러나 이 의무는 권리를 탄생시킵니다. 그 누구도 종교 때문에 고통받지 않는다는 것입니다.

사실, 항상 수많은 종교가 있습니다. 왜 그럴까요? 언제나 종교적인 의견이 다양하게 존재하기 때문입니다.

그러나 의견의 다양성은 반드시 정신의 다양성에서 나오며 누구도 이러한 다양성을 막을 수도 없고 공격할 수도 없습니다.

어떤 종류의 종교를 자유롭게 실천하는 것은 각자의 권리입니다. 그래서 모두가 그의 권리를 존중해야 하고 또 모두가 그의 종교를 존중해야 합니다.

이러한 목적에서 인권선언문에 집어넣을 조항은 하나만 필요합니다. 그리고 그것은 반드시 포함시켜야 하는 조항입니다. 인간의 능력은 권리를 가지지 않으니까요. 그러나 인간은 그 능력을 행사할 권리를 가지고 우리는 이런저런 능력을 구별해야 합니다.

그러나 권리는 협약의 산물이며, 협약은 자기 능력을 자유롭게 행사하는 것입니다. 따라서 우리는 인권선언문에서 능력의 실천을 상기할 수 있고 상기시켜야 합니다.

나는 어떤 식으로든 문제의 기초에 들어가지 않은 채, 만일 종교의 자유를 선언문에 도입한다면 왕국을 무질서가 휩쓸 것이라고 걱정하는 분들에게 간청합니다. 신성한 낱말인 관용은 우리의 이웃에게 독이 든 과실을 안겨주지 않았다는 사실, 저세상에서는 반드시 저주받을 개신교도들은 우리가 두루 알다시피 이 세상에서는 최고존재가 베푸는 선 덕택에 보상을 받으면서 만족할 수 있으리라는 사실을 생각해주십시오.

우리는 오로지 이 세상의 사물과 뒤섞일 권리를 가지므로 우리는 종교의 자유를 인정하고 평화롭게 잠들 수 있습니다.

미라보 백작이 얼마나 현란한 말솜씨로 의원들을 설득하는지 알 수 있는 대목이다. 특히 가톨릭 국가에서 개신교도도 똑같은 권리와 의무를 가져야 한다는 말은 결국 그가 애써 쓰지 않으려던 '관용'의 문제와 닿아 있다. 그러나 수구세력도 만만치 않았다. 알자스 지방의 성직록을 받는 수도원장 신부 에마르는 미라보 백작의 말을 받아쳤다.

"종교는 인간에게 의무입니다. 그러나 인간이 의무를 평화롭게 행사해야 하는 것은 권리입니다. 그러므로 심사숙고해야 합니다. 인권선언문에서 그 사실을 언급해야 합니다. 인간은 모든 권리를 가지고 사회에 들어갑니다. 인간이 사회를 구성하기 전부터 권리를 가지고 있었다는 데는 아무런 이의가 없을 것입니다. 누군가 그는 혼자였기 때문에 그에게는 어떠한 종교도 없었다고 말하겠지요. 그러나 그는 최소한 동반자 한 명을 가지고 있었습니다. 더욱이 나는 그가 혼자였다는 사실을 부인합니다. 영국 사람들은 오직 개신교만 공식종교로 인정합니다. 나는 모든 종교를 금지하자고 요구하지 않습니다. 나 자신도 한 번 이상 관용을 설교했습니다. 나는 우리가 제16조와 18조를 분리해서 심의하자고 요구합니다."

프랑스 종교인단 변호사로서 얀센주의자인 파리 출신 카뮈는 에마르 신부의 주장을 지지했다. 그러나 의원들이 소란스럽게 떠들어 의사진행을 할 수 없게 되자 의장은 회의를 이튿날로 연기하자고 제안했다. 미라보 백작은 반대했다. 그는 가톨릭교도로서 "주일을 거룩하게 지내라"는 제3계를 깨면서 일요일에 회의를 할 수 없다고 생각했기 때문이 아니라 비관용론자들의 음모를 경계하자는 뜻에서 반대했다. 그러나 회의는 자연스럽게 일요일로 연기되었다. 종교문제를 논의하려고 일요일에도 쉬지 않고 회의를 한 것은 시대가 변했다는 사실과 함께 제헌의회 의원들이 격무에 시달리면서도 몹시 조급하게 혁명을 끝내려고 서둘렀다는 사실을 보여준다.

8월 23일 루이 16세의 35회 생일이자 일요일, 제6위원회의 안 가운데 제16, 17, 18조의 종교와 양심의 문제를 심의하기 시작했다. 샤르트르 의원이며 로베스피에르의 단짝이 되어 '강직한 사람l'inflexible'이라는 별명을 얻고, 훗날 파리 시장이 된 페티옹 드 빌너브가 말문을 열었다.

"우리가 제16조와 17조를 다룬다면 그것은 헌법에 관한 일입니다. 이 두 개 조항은 권리가 아니라 의무에 관한 것임을 알 수 있기 때문입니다. 우리는 여기서 프랑스만이 아니라 전체 인간의 권리선언문을 만들어야 합니다.

이러한 권리는 법이 아니며 법 이전부터 늘 존재하는 것입니다. 그러므로 나는 이 두 개 조항을 헌법에서 다루자고 요구합니다."

로렌 지방의 변호사 출신 마이요가 페티옹을 반박했다.

"종교는 인권과 관련된 원칙에 속합니다. 우리는 권리선언문에서 그것에 대해 말해야 합니다. 만일 종교가 예배의식만으로 구성되는 것이라면 분명히 우리가 헌법을 기초할 때 말하는 것으로도 충분하겠지요. 그러나 종교는 모든 법 가운데 가장 엄숙하고 가장 존엄하고 가장 신성한 것입니다. 우리는 인권선언문에서 종교에 대해 말해야 합니다. 그리하여 나는 다음과 같이 제안합니다.

종교는 모든 정치적 재산에서 가장 확고한 것이므로 어떤 사람도 종교적 의견 때문에 불안해해서는 안 된다."

엑스 출신인 부슈도 거의 비슷한 말을 했다.

"나는 제16조와 17조를 없애는 데 한 표를 주겠습니다. 현재로서는 18조를 다루어야 합니다. '기존의 종교를 불안하게 만들지 않는 시민은 불안해할 필요가 없다.' (……)

나는 다음과 같이 제안합니다.

'어떤 사회도 종교 없이는 존재할 수 없으므로 모든 사람은 자신의 믿음과 종교적 의견을 자유롭게 지키면서 살 권리가 있다. 믿음과 종교적 의견은 사상과 관련되었으며 그것을 심판할 수 있는 존재는 오직 신이기 때문이다.'"

부슈를 지지하는 의원이 많았지만 실제로 일어나서 발언하는 의원은 없었다. 에마르 신부가 일어났다. 그는 전날 했던 이야기를 다시 한번 강조했다.

"앞서 말씀한 분들은 내가 어제 제안한 안을 새로운 관점에서 볼 수 있게 해주었습니다. 그 관점은 여러 가지 의견을 잘 융화시켜주리라 믿습니다."

그러고 나서 에마르 신부는 전날보다 더 능숙하게 자기 생각을 정리하더니 다음과 같이 제안했다.

"법은 마음속으로 지은 죄를 단속할 수 없으므로, 종교만이 그렇게 할 수 있습니다. 따라서 사회의 질서를 유지하려면 반드시 기본적으로 종교를 지키고 보전하고 존중해야 합니다."

에마르 신부가 전날부터 미라보 백작의 발언을 문제 삼고 말을 꺼냈듯이 이번에는 백작이 반격했다. 미라보는 힘차게 일어나 에마르 신부의 안에 반대했다. 그는 신부의 안은 전혀 새로운 것이며 의사일정에 포함되지 않았기 때문에 심의할 필요도 없다고 주장했다. 그러나 의장은 미라보 백작의 말을 논박하고, 에마르 신부의 안을 심의한다고 선언했다. 그리고 에마르 신부의 안을 상당수 의원이 지지했다.

미라보 백작보다 다섯 살 어린 동생인 미라보 자작이 일어섰다. 그는 종교인들의 주장에 동조하는 말로 시작해 예상과 다른 방향으로 끝맺었다. 웅변의 경우, "형만한 아우 없다"는 말이 통할 만큼 비약이 심했다.

여러분은 수많은 종교를 인정해 각자 상황에 맞는 종교로 만들고 싶으신가요? 그러면 각자 자기 정념에 맞는 종교를 택하겠지요. 터키인의 종교는 젊은이의 종교가 되고, 유대인의 종교는 고리대금업자의 종교가 되고, 브라만교는 아마도 여성의 종교가 되겠지요.
누군가 이렇게 말했지요. 사람은 사회에 종교를 가지고 들어가지 않는다고. 확실히 사회체제는 낯선 것입니다. 자연을 관찰하고, 눈을 들어 하늘을 보다가 자신을 보면서 자기 존재에 대해 명상하는 인간은 무엇을 느낄까요? 고독한 상태에서 동류를 만나는 사람은 맨 처음 무엇을 느낄까요? 그들은 함께 무릎 꿇고 창조주에게 존경의 제물을 올리지 않겠습니까? 나는 어느 날 내 것이라고 선언한 종교의 사도가 될 수 있다고 상상해본 적이 없습니다. 나는 신학적 토론에만 적합하다고 믿어본 적이 없습니다. 나는 경배하고 믿는 것으로 만족했습니다. 따라서 나는 카스텔란이 발의한 안의 첫 부분을 지지합니다.

"어떤 사람도 종교적 의견 때문에 또 종교적 실천 때문에 불안해서는 안 된다."

샤토뇌프 앙 티메레의 카스텔란 백작이 말한 내용을 인용했을 때 비로소 미라보 자작의 장광설의 초점이 살아났다.

아를의 의원인 길렘 클레르몽 로데브 후작은 보수성향이 강한 의견을 발표하면서 종교가 사회적으로 유익한 것임을 강조했다. 그가 말하는 종교가 무엇인지 정확하지 않았기 때문에 우리는 그가 '종교'로 '양심'을 대신했다고 생각할 수 있다.

여러분이 내놓은 인권선언문 초안은 모두 권리를 실천하도록 보장해줄 법에 대해 말했습니다. 그리고 권리를 지켜주려면 힘이 있어야 한다고 말했습니다. 그런데 종교를 아주 신성하고 엄숙하게 지켜주는 장치는 한순간이라도 어찌 잊을 수 있겠습니까?

모든 의원이 각자 유권자의 권리를 안전하게 보호하려고 노력하는 이 국회에서 행정권이 위해를 가할 수 있는 경우에 대응해야 할 때 어찌 종교를 내세우지 않겠습니까? 종교는 그 누구도 넘을 수 없는 장벽이기 때문입니다. 행정권은 종교를 두려워할 필요가 없습니다. 그러나 정념은 두려워해야 합니다. 재산권을 끊임없이 공격하고 뒤집고 침해하는 탐욕은 종교를 두려워해야 합니다. (······)

법은 오직 죄, 그것도 증명할 수 있는 죄만 벌합니다. 윤리만이 다른 사람의 권리를 침해할 수 있는 욕망을 억눌러줍니다. 불평등한 수단을 가진 사람들이 오직 권리의 평등을 유지하려는 목적으로 사회에 모였는데, 그들은 아무도 풀 수 없는 매듭으로 연결되었습니다. 그 매듭이 바로 종교입니다. (······)

종교가 없으면 모든 사회관계는 분리됩니다. 이 점에서 각자는 장 자크 루소가 자신에게 한 말을 되뇔 수 있을 것입니다. "나는 어떤 이유로 내 행위를 규제해야 할 것인가?" 한마디로 종교가 없으면 법과 규칙을 만들 필요가 없습니다. 그러면 단지 그때그때 되는 대로 사는 일만 남습니다.

오툉의 주교 탈레랑 페리고르가 그 뒤를 이었다. 과연 종교인답게 그는 '종교'라는 막연한 개념이 아니라 정확하게 이런저런 구체적인 종교를 생각해야 한다고 강조했다.

제16조와 17조를 인권선언문에 넣어야겠습니까? 지난 회의에서 그 조항을 하나로 모았다가 다시 분리했습니다.

나는 두 조항이 어울리지 않는다는 점에서 분리하는 편이 낫다고 생각합니다.

두 조항을 받아들인다 하더라도 부족한 면을 보충해야 할 것입니다. 제16조는 "법은 마음속으로 짓는 은밀한 죄에 미치지 못하므로 종교와 도덕으로 법을 보충해야 한다"고 했습니다. 따라서 종교와 도덕을 모두 존중해야 합니다.

종교, 그러나 무슨 종교입니까? 아무 종교나 다 괜찮다는 말입니까? 이말은 정확하지 않습니다.

종교와 도덕을 모두 존중해야 합니다. 그러나 그것은 모두 표현해야 하는 것입니다. 원리가 필요합니다. 종교와 도덕을 모두 가르쳐야 합니다. 그리고 널리 알리고 모든 이의 가슴에 새겨야 합니다.

제17조는 "종교를 유지하려면 공공의 예배가 필요하다. 따라서 공공의 예배를 존중해주어야 한다"고 했습니다. 분명히 옳은 말입니다. 그러나 마음속의 죄와 그 결과를 연관시킬 수는 없습니다. 예배는 창조주에게 보내는 외적인 존경의 표시입니다. 그런데 나는 다음과 같은 세 가지 진리가 현안의 핵심이라고 생각합니다. 첫째, 제1원리는 종교입니다. 둘째, 그것은 예배로 나타납니다. 셋째, 우리가 만들 법으로 예배가 무엇인지 정해야 합니다. 인권선언문의 모든 조항은 "이 사회에 사는 사람은 누구나 (……) 권리를 가진다"라는 말로 시작해야 합니다.

그러나 종교의 예배에 관한 조항은 이렇게 시작할 수 없습니다. 그러므로 이 조항은 다른 자리에 넣어야 하며 그 자리를 헌법에서 찾아야 합니다. 헌법에서 신성하고 성스러운 가톨릭교에 대해 말해야 합니다. 그러므로 이 문제는 아직 심의대상이 아닙니다.

이쯤에서 의장이 토론을 끝낼지 계속할지 물었고, 의원들은 제16조와 17조

를 헌법을 다룰 때 논의하기로 하고 제6위원회 안의 제18조로 넘어갔다.

카스텔란 백작은 다시 한번 자신의 안을 주장했다.

"어떤 사람도 종교적 의견 때문에 또 예배 때문에 불안해서는 안 된다."

종교는 마음속에 있는 것이고, 예배는 그 종교를 외적으로 실천하는 행위이기 때문에 두 가지를 구별하려는 의원들이 있었다. 미라보 백작이 카스텔란 백작의 의견을 지지하면서 다시 한번 열변을 토했다. 미라보는 종교와 예배의 자유가 양심·의견·사상의 자유와 같은 뿌리에서 나온 것임을 강조했다.

어제 나는 종교란 의무이지 권리가 아니라고 말씀드렸습니다. 그리고 우리가 만드는 선언문에서는 오로지 종교적 자유를 분명히 천명해야 합니다.

우리는 카스텔란 백작의 안에 거의 반대할 거리가 없었습니다. 이다지도 명백한 공리에 반대한다는 것은 얼마나 모순이란 말입니까! (……)

예배는 공안의 대상이라고 주장하는 분들은 과연 가톨릭교도로서, 아니면 입법가로서 그렇게 주장하는지 묻고 싶습니다. 만일 그들이 가톨릭교도로서 그렇게 주장한다면 그들은 예배가 규제의 대상이며 순전히 시민사회에 속한 문제임을 인정합니다. 그러나 만일 그것이 시민사회의 문제라면 그것은 인간이 만든 제도입니다. 만일 인간이 만든 제도라면 그것은 과오를 범하기 쉬운 것입니다. 사람들은 그것을 바꿀 수 있습니다. 그리하여 가톨릭 예배는 하느님의 제도가 아닌 것이 되는 것입니다. 그러나 내 생각에 그렇게 주장하는 사람이 가톨릭교도일 리 없습니다. 만일 그들이 입법가나 정치가로서 그렇게 주장한다면 나는 그들에게 정치가에게 말하듯이 말하겠습니다. 내가 그들에게 가장 먼저 해주고 싶은 말은 이렇습니다. 네로와 도미티아누스가 기독교도의 예배를 금지하려는 의도로써 예배가 시민사회에 속한 문제라고 말했지만 그 말은 사실이 아닙니다.

예배는 기도, 찬송, 설교로 이루어집니다. 그것은 함께 모인 사람들이 신에게 바치는 다양한 경배행위입니다. 그리하여 치안감독관이 기도와 연도를 늘어놓을 권리를 가진다는 말은 완전히 모순입니다.

그 누구도 공공의 질서와 안녕을 문란하게 하지 못하게 하는 것이 바로 공안의 문제입니다. 그 때문에 치안 당국은 거리와 광장과 여러분의 집 주위와 신전의 주위를 감시합니다. 그러나 여러분이 거기서 하는 일을 규제하려고 개입하는 일은 없습니다. 치안 당국의 권한은 여러분이 거기서 하는 일이 다른 시민들을 방해하지 않도록 하는 데 있습니다.

여러분의 행동이 무질서를 낳을지 모른다고 해서 여러분의 행동을 금지해야 한다고 주장하는 것은 얼마나 어리석은 일입니까! 그렇게 하면 아주 능률적이긴 합니다만, 나로서는 누가 그런 권리를 가졌는지 의심스럽습니다.

우리는 집회, 동아리, 정치클럽, 프리메이슨 집회소, 모든 종류의 단체를 결성할 수 있습니다. 치안 당국은 이러한 모임이 공공질서를 어지럽히지 않도록 만드는 일에 힘써야 합니다. 그러나 이러한 모임이 공공질서를 문란하게 하지 않도록 모임 자체를 금지해야 한다는 것은 상상할 수 없는 일임이 분명합니다.

여러분의 예배라 할지라도 공공질서를 해치지 않게 감시하는 일, 그것이 여러분의 의무입니다. 그러나 거기까지만 해야 합니다.

어떤 이는 끊임없이 지배적인 예배에 대해 말합니다. 지배적인 예배! 여러분, 나는 이 말이 무슨 뜻인지 모르겠습니다. 누군가 내게 이 말을 정의해주시기 바랍니다.

그것은 압제자의 예배를 뜻하나요? 그러나 여러분은 이 낱말을 금지했습니다. 자유의 권리를 확보한 사람들은 압제의 권리를 주장하지 않습니다. 그렇다면 그것은 군주의 예배인가요? 그러나 군주는 사람들의 양심을 지배하거나 의견을 규제할 권리를 갖지 못합니다. 그렇다면 가장 위대한 사람의 예배입니까? 그러나 예배는 의견입니다. 이런저런 예배는 이런저런 의견의 결과이기 때문입니다. 그런데 사람들은 찬성의 결과를 좇아 의견을 갖지 않습니다. 여러분의 생각은 여러분의 것입니다. 그것은 독립한 것이며 여러분이 그것을 속박할 수 있습니다.

끝으로 최대다수의 의견이라 할지라도 지배의 권리를 갖지는 못합니다. 지배라는 압제적인 낱말은 우리의 법체계에서 금지해야 할 말입니다. 어떤 상황에서 그 말을 쓰기 시작한다면 모든 상황에서 쓸 수 있기 때문입니다. 따라서 지배적인 예배, 지배적인 철학, 지배적인 체제를 가지게 되겠지요. 정의만이 지배해야 합니다. 각자의 권리만이 지배적이며 나머지는 거기에 종속하는 것입니다. 더욱이 다른 사람을 방해하지 않는 일이면 무엇이나 할 수 있는 것은 명백한 권리이며 여러분도 이미 그 권리를 신성시했습니다.

카스텔란 백작이 다시 한번 자기 의견을 정리했다.

의견의 자유는 분명히 인간의 권리에 속합니다. 아직 입법단계에 이르지는 못했지만 여러분이 고소하지 않고 체포할 수 없다고 말하는 것도 같은 맥락입니다. 우리가 예배의 방법을 헌법에서 결정하기 전까지 그 누구도 종교적 의견 때문에 또한 예배행위 때문에 불안해할 필요가 없다는 것은 이러한 원리의 당연한 결과입니다. 나는 모든 도덕책에 나오는 아주 신성한 원리를 아직도 지지합니다. 그 원리는 "남이 당신에게 하기를 원치 않는 일을 다른 이에게 하지 말라"는 것입니다.

예배방법이 다양해지면 종교전쟁이 일어난다고 말씀하는 분이 없으시기 바랍니다. (……)

나는 종교적 관용이 몰고 올 무질서를 앞세우는 분께 이렇게 대답하겠습니다. 각자 자기 정념에 맞는 방식으로 예배를 하면 될 것이라고요. 그렇다고 해서 우리의 신성한 종교를 변함없이 고수하는 사람들이 그 종교를 공식적으로 부인하려고 결심할 수 있다고 믿는 사람이 있습니까? 또한 비록 믿음이 약한 사람들이라고 해서 이슬람교로 개종하고 사람들을 피곤하게 만드는 무슬림의 예배방식을 따를 것이라고 믿는 사람이 있습니까?

카스텔란의 안을 놓고 두 가지 방향으로 의견이 갈렸다. 하나는 카스텔란의 안을 둘로 나누어 앞부분만 수용하자는 것이며, 또 하나는 파리 주교가 주장했듯이 심의할 필요가 없다는 것이었다. 카스텔란은 자기 의견의 앞부분만 제안하겠다고 타협해 전체 의원의 지지를 받았다. 인권선언문에 들어갈 기본 정신은 "어떤 사람도 종교적 의견 때문에 또 예배 때문에 불안해해서는 안 된다"가 아니라 "어떤 사람도 종교적 의견 때문에 불안해해서는 안 된다"는 것으로 바뀌었다. 이제 제6위원회의 안 가운데 제18조를 자동 폐기하고 카스텔란의 수정안을 심의했다.

개신교 목사로서 님에서 뽑힌 라보 드 생테티엔은 특히 도피네에서 온 비리외 백작의 의견이 위험한 원리를 포함한다고 반박하면서 말문을 열었다. 그리고 그는 개신교도뿐만 아니라 유대인의 지위를 옹호하면서 오랫동안 연단을 차지했다. 긴 연설 가운데 핵심만 추리면 다음과 같다.

그러므로 나는 여러분이 자신을 위해 요구하는 것을 프랑스의 개신교도에게 또 왕국의 모든 비가톨릭교도에게도 주실 것을 요청합니다. 그것은 자유와 권리의 평등입니다. 아시아에서 억지로 떠나야 했던 그들은 거의 18세기 동안 언제나 한곳에 정착하지 못한 채 늘 금지당하고 아무 때나 박해받았습니다. 나는 그들을 위해 자유와 평등한 권리를 요구합니다. 만일 그들이 우리가 제정한 법으로써 우리와 하나가 된다면 우리의 풍속과 관습을 받아들일 것입니다. 우리는 그들의 도덕을 비난해서는 안 될 것입니다. 그들의 도덕은 결국 우리의 야만성의 결과인 동시에 우리가 그들을 부당하게 모욕한 결과이기 때문입니다.

그러므로 여러분, 나는 여러분이 자신을 위해 요구하는 것을 모두 그들에게 베풀어야 한다고 요구합니다. 프랑스의 모든 비가톨릭교도는 다른 시민들과 모든 면에서 아무런 차별 없이 동화되어야 합니다. 그들도 역시 시민이며 법과 자유는 언제나 공평한 것으로서 정의를 엄격하게 골고루 분배해주어야 하기 때문입니다. (……)

나는 여러분이 자신을 위해 요구하는 것을 모든 비가톨릭교도를 위해 요구합니다. 권리의 평등과 자유를. 그들의 종교의 자유, 예배의 자유, 그러한 목적으로 신성시 여기는 장소에서 종교와 예배를 행할 자유, 여러분이 자신의 종교 때문에 불안해하지 않듯이 그들도 자신의 종교 때문에 불안해하지 않을 확실한 권리, 그들도 법으로써 여러분처럼, 여러분만큼, 여러분과 같은 방식으로 보호를 받을 수 있음을 완전하고 확실하게 보장해줄 것을 요구합니다. (……)

마지막으로 나는 내 원리로 되돌아옵니다. 아니 그 원리는 여러분의 원리이기도 합니다. 여러분은 용기로써 그 원리를 정복했으며 신성하게 만들었기 때문입니다. 여러분은 이상을 향해 "모든 사람은 자유롭고 평등하게 태어나고 살아간다"고 선언했기 때문입니다.

모든 프랑스인은 똑같은 권리를 가지며 평등한 권리를 누립니다.

라보 드 생테티엔은 개신교도가 조국을 위해 태어났음에도 조국은 그들의 공을 인정해주지 않으며 그들이 시민으로서 조국을 섬기는데도 조국은 그들의 권리를 인정해주지 않았음을 지적하면서, 인권선언문은 개신교도를 포함해 모든 비가톨릭교도까지 누려야 할 자유와 권리의 평등을 담아야 한다고 역설했다. 의원들은 결국 카스텔란 백작이 발의한 안을 몇 차례 수정하여 '선언문'의 제10조를 확정했다.

제11~13조 | 8월 24일

8월 24일에 의장은 여느 때와 달리 오전 11시에 회의를 시작했다. 그들은 날마다 야간회의까지 강행하느라 몹시 피로했기 때문이다. 그동안 전국신분회부터 제헌의회까지 계속 참여한 사람이 대부분이었지만 일부 지역의 의원들은 바뀌기도 했다. 스테판 리알은 여러 학자의 연구를 종합해 8월 말일 이전에 의원 20명이 사임하고 네 명이 사망했다고 밝혔다. 그리고 거의 1,200명으로 시작한 국회에서 늘 표결에 참여하는 인원은 8월과 9월에는

900명 이상이었다가 연말 이후에는 600명에서 700명 사이였다고 밝혔다. 간단히 끝날 줄 알았던 전국신분회가 국회로 탈바꿈한 뒤 장기간 회의를 강행하면서 의원들도 많이 지쳤으며 점점 자기 의도와 다른 방향으로 정국이 돌아가는 것을 보고 일찌감치 사임하는 사람도 생겼던 것이다.

이제 제6위원회의 안 제19조를 다룰 차례가 왔다. 그것은 종교와 양심의 자유와 함께 사상의 자유로운 표현과 관련된 중요한 문제였다. 상리스 의원 레비 공작이 첫 발언자로 나섰다. 과연 그는 전날 종교에 대한 결정부터 문제 삼으면서 이렇게 말했다.

"사람이 생각을 표현하는 방법은 세 가지입니다. 글, 말, 행동. 어제 여러분이 내린 결정은 모든 행동을 가장 끔찍한 종교재판에 부치는 것입니다."

여러 의원이 그의 발언을 막으려고 했지만 그는 꿋꿋하게 자기의 안을 발의했다.

"모든 사람은 다른 사람을 방해하지 않는 조건에서만 자신의 생각을 자유롭게 실천할 수 있다."

파리 의원 라 로슈푸코 공작은 출판의 이점을 자세히 꼽았다. 그는 인쇄출판이 전제정뿐만 아니라 광신을 파괴했다고 주장하면서 다음과 같은 조항을 제안했다.

"사상과 의견의 자유로운 소통은 인간의 가장 소중한 권리다. 모든 시민은 법으로 정한 경우 자유를 남용하지 않는 한 자유롭게 말하고 쓰고 인쇄할 수 있다."

라보 드 생테티엔이 앞의 두 사람을 지지한다고 전제한 뒤 좀더 명확하게 규정해야 한다고 주장했다. 그는 무엇보다도 수많은 진정서에서 요구했듯이 우편 통신의 비밀을 규정해야 한다고 말했다. 그리고 누구를 향해 인쇄출판의 이점을 설명하는 것인지 물었다. 인민을 향해서? 그런데 인민은 의원들을 보낼 때 이미 그 사실을 인식하고 진정서에 그 내용을 담아서 보내지 않았던가? 이미 알고 있는 사람에게 굳이 선언할 필요가 있느냐는 것이다. 그럼에도 출판의 자유는 불리한 점도 있으니 한계를 정해야 한다고 하면서 라 로슈푸코가 제안한 내용의 마지막 구절(자유를 남용하지 않는 한)을 레비 공작의 마지막 구절(다른 사람을 방해하지 않는 한)로 바꿔서 제안했다. 타르제가 두 사람의 안을 절충해서 제안하고 종교인들이 앞다투어 일어나 걱정했지만 마침내 라 로슈푸코의 안을 조금 손질해서 제11조로 확정했다.

다음은 제6위원회의 안 제20조를 다룰 차례가 되었다. 그것은 "인간과 시민의 권리를 보장하기 위해 공공의 힘이 필요하다"는 조항이었다. 생도맹그(산토 도밍고) 의원 구이 다르시 후작은 이 안이 너무 퍼져 있는 데다 길고 이해하기도 어렵다고 하면서 자기 안을 내놓았다. 그러나 그의 안도 만만치 않았다. 그는 제20조부터 23조까지 4개 조항을 함께 버무려서 안으로 제시했기 때문이다. 이렇게 해서 자연스럽게 의원들은 재산권, 세금, 회계검사권에 대해 자유롭게 의견을 말했다. 빌뇌브 드 베르그 의원 마디에 드 몽조와 랄리 톨랑달이 이처럼 지지부진한 논의에 마침표를 찍었다. 그들은 제20조의 안이 부족한 면이 있다면 그것은 단지 제6위원회가 마련한 안이기 때문이라고 주장해 그때까지 이러쿵저러쿵 말이 많던 의원들의 허를 찔렀다. 그리하여 의원들은 곧 제20조로 돌아가 문구를 다듬어 '선언문'의 제12조를 확정하고 곧바로 제21조를 심의해 '선언문'의 제13조를 확정했다.

8월 25일 성 루이 축일이었다. 평생 백성을 보살피고 이교도를 물리치느라 헌신하다가 아프리카의 튀니지에서 숨을 거둔 루이 9세는 1297년 성인으로 추대받았다. 교회는 그의 축일을 8월 25일로 정했다. 1789년 8월의 제헌 의회 의원들은 이틀 전 루이 16세의 생일이었던 일요일에는 열심히 토론하고 인권선언문을 다듬었지만 성 루이 축일은 쉬면서 루이 16세에게 대표단을 보냈다. 그리고 26일 수요일에 의장은 왕이 대표단에게 전한 답변을 읽어주었다.

"과인은 여러분이 국회 이름으로 보여주는 충성의 표시를 감사하는 마음으로 받아들였소. 국회는 언제나 과인이 사랑하고 믿는다는 사실을 알아주시오."

의원들은 곧이어 몇 가지 현안을 처리하고 인권선언문의 제14조를 결정하는 일을 시작했다. 제6위원회의 안 제22조를 먼저 심의하면서 그들은 그날이 인권선언문을 완성하는 역사적인 날이 되리라고는 꿈에도 생각하지 못했다.

원안은 세금과 시민의 동의, 세금의 징수방법과 기간, 그리고 세금을 쓴 뒤의 회계검사에 대한 것이었는데 아드리엥 뒤포르가 두 가지 수정안을 제시했다. "시민은 권리를 갖는다"는 말 뒤에 "그 자신에 의해, 또는 대표들에 의해"라는 말을 추가하자는 첫째 안은 만장일치로 통과되었다. 그러나 "공공의 분담금은 모든 시민이 자기 재산에서 일부를 내는 것이므로"라는 말을 삭제하자는 제안에 대해서는 토론이 시작되었다. 리옹의 인쇄업자이자 서적상 출신인 페리스 뒤 뤼크가 일어섰다.

"이 구절은 조세의 성격을 규정하는 데 그릇되고 위험한 관념을 시민에게 불러일으킵니다. 수입이나 생산물의 일부를 공공의 안전을 위해 내는 것은 빚이거나 상환이거나 봉사의 교환입니다. 더욱이 내야 할 것을 내는 일은 자신의 재산을 쪼개는 것이 아닙니다. 그리고 이러한 빚을 내지 않는 사람은 공화국의 물건을 훔치는 좀도둑입니다. 정당한 세금을 피하려고 수입을 감추는 시민이 너무 많은 실정입니다.

그들은 자신의 재산을 쪼개서 낸다는 관념을 제시하면서 세금을 회피하는 수단을 거기서 볼 것입니다. 걸맞지 않은 표현을 써서 우리 시민이 위험한 잘못을 저지르지 않게 합시다. 마땅히 내야 할 것을 내는 것은 정당한 빚을 갚는 일입니다."

페리스는 조세란 공공의 안전을 위해 마땅히 내야 할 빚이며, 조세를 내지 않는 사람은 공화국 물건을 훔치는 좀도둑이라고 말했다. 역사적으로 가혹한 세금을 걷는 세리는 늘 나쁜 사람이었지만, 페리스의 말대로 탈세자가 공화국의 도둑이라는 사실은 만고불변의 진리다. 탈세자 가운데 큰 도둑이 얼마나 많은가! 페리스는 조세의 성격에 대해 얘기한 뒤 이 원리에 맞는 조항을 제안했다. 그 뒤에 여러 의원이 잇달아 일어나서 발언했고, 결국 여러 의원의 제안을 받아들여 제6위원회 안을 수정한 결과로써 인권선언문의 제14조를 결정했다.

다음으로 "사회는 모든 공복에게 (……) 회계보고를 요구"할 수 있다는 제23조를 심의할 차례였다. 페리스 뒤 뤼크는 제6위원회 안이 충분치 못하다고 말하면서 자신의 안을 제시했다.

"사회는 모든 시민에게 세금을 내도록 만들고 모든 공복에게 그가 행한 행정의 보고를 요구할 권리를 갖는다."

페리스 뒤 뤼크가 행정을 얘기한 덕에 여기서 아주 중요한 문제로 논의의 초점이 자연스럽게 옮겨갔다. 알렉상드르 드 라메트가 문제를 지적했다.

"권력분립이 없다면 전제정만 있을 뿐입니다. 이 원칙을 세울 필요가 있습니다. 이 점에서 나는 이렇게 제안합니다.

만일 공권력을 구별하고 분립하지 않는다면, 그리고 행정권의 공복이 행정의 책임을 지지 않는다면, 그 어떤 인민도 자유를 누릴 수 없다."

부슈는 문제를 그렇게 넓게 보지 않고 단지 제22조와 23조를 단 한 조항에 모을 것을 제안한다고 말했다.

"세금을 내는 일은 보호와 안전의 대가이므로 사회는 모든 시민에게 세금을 부과할 권리를 갖는다. 또한 사회는 모든 공복에게 행정보고를 하도록 할 권리를 갖는다."

알렉상드르 드 라메트의 안은 제6위원회 안의 제24조를 예상하는 것이었고 부슈의 안은 이미 결정하고 지나간 제22조를 다시 한번 건드리는 것이었다.

뒤포르가 인권선언문에 들어갈 조항을 두 개 추가하자고 제안했으나 의원들은 일단 제6위원회 안을 모두 심의한 뒤에 논의할 사안이라고 하면서 거절했다. 뒤포르는 다시 일어나 이번에는 현안에 대해 다음과 같이 제안했다.

"행정권의 모든 공복은 자기가 맡은 행정의 책임을 지며 국민은 그에게 보고받을 권리를 갖는다."

어떤 의원은 인권선언에 대한 논의를 여기서 끝내자면서 제23조와 24조는 헌법에서 다룰 문제라고 주장했다. 몽포르 라망리에서 뽑힌 몽모랑시 백작이 그 주장에 반대하면서 이렇게 말했다.

"이것은 인간의 권리에 관한 문제가 아니다, 또한 사회 속의 인간인 시민의 권리에 관한 문제가 아니다, 라고 하는데, 나는 이 의견에 반대합니다. 더욱이 우리가 지금까지 동의한 모든 조항에는 시민의 권리와 좀더 직결된 조항이 없었습니다. 모든 시민은 책임감을 요구할 권리를 가집니다. 모든 시민은 자신의 재산·자유··생명의 보장을 요구할 권리를 가집니다."

타르제는 다시 한번 권력의 구별에 대해 발의했다.

"권력이 분리되어야 그만큼 자유가 존재합니다. 권력이 모이는 만큼 인민은 전제주의의 멍에를 지게 됩니다. 그래서 나는 다음과 같이 발의합니다.

'공권력이 분명히 구별되고 슬기롭게 분배될 때 인간의 권리는 비로소 확실해진다.'"

리옴 출신으로 5인 위원회에 속한 레동이 입을 열었다.

"확실히 권력분립에 대해 말할 때 행정권이 국고에 미치는 영향이 무엇인지 정의하려는 의도는 없겠지요. 또한 입법권과 행정권 사이에 장벽을 세워야 한다고 주장하지도 않겠지요.

시민은 입법권과 행정권이 하나로 모여야 하는 목적이 무엇이고, 또 그들이 분립해야 하는 목적이 무엇인지 각자 마음속으로 느낍니다. 사람들이 권력을 나누는 선을 정할 수 있는 것은 슬기롭게 책략을 세운 뒤, 충분히 계산한 뒤에야 가능할 것입니다. 그러나 현재로서는 아직 그렇게 할 시간이 아닙니다. 나는 심사숙고한 끝에 여러분에게 다음과 같은 조항을 제안합니다.

'시민들의 권리를 보장하려면 다양한 권력을 슬기롭고 종합적으로 분배해야 하며, 그것이 헌법의 목적이다.'

나는 국회가 당장 헌법에 대해 전념하도록 이러한 주제를 제안합니다."

수많은 의원이 박수를 치며 레동의 의견을 지지했다. 그러나 잠시 후 후속조치가 나오기는커녕 반박하는 사람이 나타났다. 엑스의 대주교 부아즐랭이 레동의 의견을 반박했다.

만일 우리가 인간과 시민의 권리선언을 고려한다면 그것은 오직 헌법의 원리만 제시합니다. 따라서 헌법의 원칙에 속한 것은 물론 이 원칙을 확실하게 보장하려면 반드시 필요한 수단을 구별해야 합니다. 앞의 것은 권리선언문에 들어가야 하며 뒤의 것은 헌법에 속합니다.

행정권을 행사하는 공복들의 책임은 시민이 얻은 권리임이 분명합니다. 시민은 그들에게 보고를 받을 권리를 가집니다. 따라서 우리는 선언문에 이 권리를 천명해야 합니다. 그러나 이 책임감은 어느 수준까지, 어떤 형식으로, 어떻게 이행되는 것일까요? 우리는 지금 이러한 문제를 검토해야 할 필요는 없습니다. 헌법에서 다루면 됩니다. 그러나 무엇보다도 원리를 확립해야 합니다.

우리가 심의하는 두 번째 문제는 권력분립에 대한 것입니다. 행정권과 입법권 사이의 경계선을 찾는 일만큼 고통스러운 일은 없었습니다. 모든 나라, 모든 시대의 입법가들은 그것을 깊이 생각했고 모두 크고 작은 잘못을 저질렀습니다. 확실히 행정부의 손에 입법권을 주지 않는 일은 중요합니다. 그렇게 하다가는 전제주의로 빠질 것이기 때문입니다. 행정권의 공복은 그 자신을 위해서만 법을 만들 것이며 자신에게 해로운 법을 시행하지 않을 것입니다.

따라서 우리는 사전에 어떻게 권력을 구별해야 하는지 밝혀야 합니다. 그것은 헌법을 기초하는 작업에서도 검토할 문제입니다.

그러므로 나는 우리가 인권선언에서 권력분립의 원칙을 천명해야 하며 그 원칙을 실행하는 일은 헌법에서 고려해야 한다고 주장합니다.

콜마르에서 온 뢰프벨은 이렇게 제안했다.

"권력을 분립하는 만큼, 공복이 행정의 책임을 지는 만큼, 사회 속의 인간의 권리는 확실해진다."

다른 의원이 같은 취지의 안을 내놓은 뒤 무니에의 차례가 되었다.

"공공의 자유는 권력을 확실히 분리하기를 요구하며 행정권의 공복들은 행정의 책임을 질 것을 요구한다."

엑스의 귀족 앙드레가 어서 빨리 헌법을 논의하자고 재촉했고 아를의 귀족 클레르몽 로데브는 "모든 사람은 공복들이 책임을 지지 않는 사회, 권력이 분립하지 않은 사회에 속하지 않을 권리를 가진다"고 주장했다. 무니에는 알렉상드르 드 라메트의 안을 지지하고 인권선언은 장차 법을 제정하는 작업을 이끌 원칙을 모두 포함해야 한다고 주장했다. 그 뒤에도 여러 의원이 다양하게 의견을 제시했고 마침내 원안 제23조를 손질해 인권선언문의 제15조를 결정했다.

이제 제6위원회의 마지막 안인 제24조를 심의할 차례가 되었다. 먼저 랄리 톨랑달이 "권력의 분립은 아주 건전한 원칙이지만, 수많은 토론을 거쳐서도 이렇다 할 결론을 끌어내지 못했거나 제6위원회 안으로 되돌아갈 것 같다"고 전제하고 "이 조항에는 우리의 의견을 모두 담아야 한다"고 주장했다. 샤플리에는 그 조항이 원칙을 담기보다는 교훈적인 문체로 작성한 것이라면서 다음과 같이 제안했다.

"시민들의 자유는 여러 가지 다른 권력을 정확히 규정하라고 요구한다."

로베스피에르는 이 원칙이 인권선언과 어울리지 않기 때문에 사전에 올바른 질문부터 해야 옳다고 주장했다. 로데크의 주교 콜베르 드 세뉼레가 일어나 자기가 마련한 안을 내놓았다.

"시민들의 권리는 오직 권력을 슬기롭게 분배해야만 보장할 수 있다."

그 뒤 계속 원안 제24조로 돌아가 토론하고 심의한 뒤 결국 '선언문'의 제16조를 확정했다. 몽모랑시 백작은 제6위원회의 안을 모두 심의했지만 인권선언문에 한 가지 조항을 추가하자고 제안했다.

"세월이 흐르면서 온갖 폐단이 생기고 세대가 바뀌고 이해관계도 바뀌면서 인간이 구축한 모든 법을 수정할 필요가 생기기 때문에 한 나라의 인민은 언제나 헌법을 다시 보고 개정할 권리를 가진다. 이러한 권리를 행사하는 평화롭고 합헌적인 수단을 지정해두는 것이 옳다."

데뫼니에 의원이 이 안에 찬성했지만 다른 사람들은 대체로 냉담했다. 의장이 이제 더는 심의할 거리가 없다고 하자 여기저기서 항의하는 사람이 나타났다. 의장은 모든 발의에 대해 심의할 것인지 말 것인지 물을 수 있는 규칙을 읽었다. 그리고 물어본 결과, 의원 절대다수가 헌법으로 넘어가기를 원했다. 일부는 재산권에 관한 조항을 넣지 않고서는 인권선언문을 마치지 못한다고 주장했다. 뒤포르가 안을 내놓았고 즉시 다수의 지지를 이끌어냈다. 다른 사람들도 관련 있는 안을 여럿 내놓았고, 마침내 인권선언문의 제17조를 확정했다. 그 뒤 몽모랑시 백작이 다시 한번 자기 안을 발의했고, 의장이 심의할지 말지 물어본 결과, 다수 의원이 거부했다. 의장은 네케르가 그날 국회에 나오겠다고 한 약속을 지키지 못해서 미안하다는 편지를 의원들에게 읽어준 뒤 회의를 끝마쳤다.

「인간과 시민의 권리선언」과 그 반응

이제 우리가 아는 프랑스 혁명사의 중요한 문서가 탄생했다. 인간과 시민의 권리를 다루는 선언문이기 때문에 그 권리를 지키는 원칙이라 할 헌법을 만들기 전이라서 의원들은 주로 입법부와 행정부의 관계만 따지고 사법부에 대해서는 아무 말도 하지 않았다. 결국 그들이 만든 인권선언문은 인간과 시민만 나올 뿐 왕은 한 번도 언급하지 않고, 신이라는 말 대신 최고존재라는 말을 썼다. 마침내 1789년 8월 26일에 공표된 프랑스 인권선언! 이제 그 전문을 읽을 차례다.

국회를 구성한 프랑스 인민의 대표는 인간의 권리를 모르거나 잊거나 무시하는 것은 공공의 불행과 정부의 부패를 가져오는 유일한 원인이라고 생각하면서 인간의 양도할 수 없고 신성한 자연권을 엄숙한 선언문에서 설명하기로 결심했다. 이 선언문의 목적은 사회의 모든 구성원에게 그들의 권리와 의무를 끊임없이 상기시키고, 입법권의 행위와 행정부의 행위를 매 순간 모든 정치제도의 목적과 비교해 더욱 존중하게 만들며, 이제부터 시민들이 단순하고 이론의 여지가 없는 원칙을 바탕으로 요구하는 내용으로써 헌법을 유지하고 모든 이가 행복을 추구할 수 있도록 이바지하게 만드는 데 있다. 그리하여 국회는 최고존재가 보는 앞에서 또 그의 보호를 받아 다음과 같이 인간과 시민의 권리를 인정하고 선언한다.

제1조. 인간은 자유롭게 태어나고 평등한 권리를 누리면서 살아간다. 공공의 이익만이 사회적 차별의 근거가 될 수 있다.

제2조. 모든 정치적 연합의 목적은 인간의 절대적인 자연권을 보전하는 데 있다. 이러한 권리는 자유, 재산, 안전, 압제에 대한 저항이다.

1789년 8월 20일부터 26일 사이에 제헌의회가 통과시킨 「인간과 시민의 권리선언」.

'하느님의 눈(섭리의 눈)'이 인류를 보살피고, 혁명을 상징하는 3색 옷을 입은 프랑스(왼쪽 여성)가
사슬을 끊고 있다. 천사는 오른손에 왕홀을 들고 왼손으로 '인권선언'을 가리킨다.
그것은 왕과 인권선언 위에 프랑스의 새로운 제도가 탄생했다는 뜻이다.
게다가 왕홀로 '섭리의 눈'을 가리켜 어떤 형식으로든 '하느님'이나 '최고존재'의 보살핌을
갈구하는 뜻을 표명한다. 창끝에 씌운 붉은 모자는 자유의 상징이며,
창을 둘러싼 회초리 다발은 고대 로마에서 법관을 호위하던 관리들을 뜻하는데,
혁명기에는 법을 지키는 인민의 단결과 우애를 뜻한다.

교회 재산은 굉장했다.
사실상 토지의 20퍼센트 정도가 교회 소유였다는 과장된 주장이 나오기도 했다.
어쨌거나 풍자 작가들은 교회의 풍요로움에서 영감을 얻었다.

새로운 화폐는 "종교인의 재산을 담보로 발행한 것이다."
아시냐는 '담보로 발행한assigné' 것이라는 뜻이다.

베르사유 궁에서 프랑스 수비대가 플랑드르 연대에게 베푼 잔치.
이때 플랑드르 연대 장교들이 혁명의 상징을 짓밟고 왕비의 표식을 단 사건이 일어났다.

무기를 들고 대포를 이끌며 베르사유 궁으로 행진하는 여성들.

제3조. 모든 주권의 원리는 근본적으로 국민에게 있다. 어떤 단체, 어떤 개인도 분명히 거기서 나오지 않는 권위를 행사할 수 없다.

제4조. 자유는 다른 이를 방해하지 않는 것을 할 수 있는 능력이다. 따라서 개인이 자연권을 행사할 때 사회의 다른 구성원에게 똑같은 권리를 누리도록 보장해주는 한계만 뒤따른다. 이 한계는 오직 법으로 정할 수 있다.

제5조. 법은 사회에 해로운 행위만 금지하는 권리를 가진다. 법으로 금지하지 않은 것은 방해받지 않을 수 있으며, 그 누구도 법이 명령하지 않은 것을 하는 데 제약을 받을 수 없다.

제6조. 법은 일반의지의 표현이므로 모든 시민은 법을 만드는 일에 직접 또는 대표를 통해 참여해야 한다. 법은 모든 사람을 보호할 때나 벌할 때나 똑같이 대해야 한다. 모든 시민은 법 앞에 평등하므로 능력에 따라 모든 공직과 자리에 취임할 수 있다.

제7조. 법이 정한 경우가 아니면, 그리고 법이 정한 형식에 따르지 않으면, 그 누구도 고소, 체포 또는 구금할 수 없다. 멋대로 명령을 내려달라거나 집행하거나 집행시키는 사람은 벌을 받아야 한다. 그러나 법으로써 시민을 소환하거나 검거할 때 그 시민은 즉시 복종해야 한다. 만일 그가 저항하면 유죄다.

제8조. 법은 엄밀하고 명백한 형벌만을 규정해야 한다. 오직 죄를 짓기 이전에 제정하고 반포하고 합법적으로 적용한 법으로써만 벌할 수 있다.

제9조. 모든 사람은 유죄선고를 받을 때까지 무죄이므로 그를 체포해야 한다고 판단하는 경우라 할지라도 그의 신체를 안전하게 보장해주는 데 필요하지 않은 가혹행위는 법으로써 엄격히 억제해야 한다.

제10조. 그 누구도 자신의 의견, 심지어 종교적 의견의 표시가 법이 정한 공공질서를 해치지 않는 경우, 그 의견 때문에 불안해해서는 안 된다.

제11조. 사상과 의견의 자유로운 소통은 인간에게 가장 소중한 권리에 속한다. 모든 시민은 법이 정한 경우에서 이러한 자유를 남용하지 않는 한 자유롭게 말하고 쓰고 인쇄할 수 있다.

제12조. 인간과 시민의 권리를 보장하려면 공권력이 필요하다. 이 힘은 모든 이의 이익을 위해 수립해야 하며, 그 힘을 맡은 사람은 개인적인 이익을 위해 사용할 수 없다.

제13조. 모든 사람은 공권력을 유지하고 행정의 경비를 마련하는 일을 분담해야 한다. 모든 시민은 능력에 맞게 그 비용을 분담해야 한다.

제14조. 모든 시민은 직접 또는 대표를 통해 공공분담금의 필요성을 확인하고 자유롭게 동의하고 그 쓰임새를 추적하고 할당량, 기초, 징수, 기간을 정하는 권리를 가진다.

제15조. 사회는 모든 공복에게 행정의 보고를 요구할 권리를 가진다.

제16조. 권리를 보장해주지 않거나 권력분립을 하지 못하는 사회는 헌법을 가지지 못한다.

제17조. 재산권은 침해할 수 없고 신성한 권리이므로 합법적으로 확인된 공공의 필요성이 정당하게 사전에 배상한다는 조건을 걸고 분명히 요구하지 않는 한 그 누구의 재산도 빼앗을 수 없다.

인권선언문 전문에서 우리는 신분사회와 절대군주정의 흔적을 지우려는 의도와 가톨릭교의 영향력을 완화하려는 의도를 볼 수 있다. 가톨릭이라는 말이 보편성을 뜻하는 말이었음에도 다른 '학설'을 '이단'이라고 부르면서 가치체계의 독재자로 군림했던 시절의 기억을 지우기라도 하려는 듯 최고존재라는 말을 썼다. 그리고 제1조는 보편적 인간의 권리, 다음의 모든 조항은 정치적 연합을 구성하는 시민의 권리와 의무를 규정한다.

17개 조항에는 고전고대 시대(고대 그리스 로마 시대)에 뿌리를 두고 17세기에 자연법 사상가들과 함께 유행하던 개념, 사회계약론자 로크와 루소의 사상, 그리고 특히 제7, 8, 9조의 3개 조항에서는 이탈리아 법학자 베카리아의 사상을 반영했음을 알 수 있다. 제10조의 종교적 자유는 로크의『관용론 A Letter Concerning Toleration』(1689), 피에르 벨의『사적·비판적 사전Dictionnaire historique et critique』(1697), 볼테르의『관용론』, 계몽사상가들의 이신론 Déisme, 돌바크 남작 같은 사람들의 유물론의 영향을 반영했다. 제11조는 비록 혁명 직전에 무력해졌지만 앙시앵레짐 시대에 늘 악명 높았던 검열제도의 사망선고였다. 재산권이 신성하다고 정의한 제17조는 제2조와 연결해 이해해야 하며, 정치체의 목적은 이러한 권리를 보호하는 데 있음을 규정함으로써 로크의 영향을 보여주는 동시에 제헌의원들의 뿌리가 사회적 약자가 아니었음을 보여준다. 제12, 13, 14조에서 국가는 납세자의 재산권을 보호하는 공권력이며 그 힘을 유지하기 위해 구성원의 동의를 얻어 그의 능력에 맞는 만큼 과세해야 한다고 못을 박았다. 이처럼 앙시앵레짐 시대, 가장 힘없는 자가 가장 무거운 세금을 내던 시대의 기억을 지우는 한편 제15조에서는 회계검사권을 규정해 납세자가 행정을 맡은 공복들의 지출을 감시할 수 있도록 했다. 이렇게 해서 국가 구성원은 자발적으로 동의하여 연합하고, 공동으로 능력껏 경비를 마련하고, 그 쓰임새를 감시·감독하는 진정한 사회적 자유를 얻게 되었다. 회계검사권은 앙시앵레짐 말기에 명사회를 소집했을 때 왕이 전례 없이 명사들에게 재정보고서를 검토할 권한을 주었음을 상기시키는 조항이다.

7월 12일 첫 호를 발행한 『파리의 혁명』이 8월 29일에 쓴 내용을 보면, 편집인 엘리제 루스탈로가 인권선언문에 실망했음을 느낄 수 있다. 카미유 데물랭이 이 일간지의 독자를 20만 명으로 말할 정도로 성공을 거둔 신문이었으므로 편집인 루스탈로의 실망감을 수많은 독자가 어떻게 받아들였을까 상상해본다.

"우리는 노예상태에서 자유로 아주 빨리 넘어왔다. 그런데 우리는 자유에서 노예상태로 더 빨리 걸어간다."

루스탈로는 프랑스인들이 그리스와 로마 사람들보다 더 높은 지위에 올랐다고 말하는 사람들이 있지만 사실상 그것은 거짓이라고 비판한다. 귀족정에 고용된 사람들이 일찌감치 인기의 가면을 쓰고 새로운 귀족정을 만들어내고 있다고 고발한다.

이 야심 찬 무리는 주로 법조계 인사, 재계 인사, 왕의 비서와 검열관으로 이루어졌다. 우리는 그들이 발소리를 죽이며 걷는 모습을 지켜본다. 우리는 그들의 계획을 면밀히 검토한다. 그러나 프랑스인이여, 우리는 때가 오면 용기를 내서 그들의 가면을 벗기리라고 맹세한다.

우리를 노예로 만들고 싶어 안달인 자들이 맨 처음 하려는 일은 언론의 자유를 억압하거나 질식시켜 죽이는 것이다. 유감스럽게도 국회 안에서 사생아 같은 원칙이 태어났다. "그 누구도 자신의 의견, 심지어 종교적 의견의 표시가 법이 정한 공공질서를 해치지 않는 경우, 그 의견 때문에 불안해서는 안 된다."

이 조건은 마치 가죽끈 같다. 그것은 마음대로 늘리고 조일 수 있다. 여론은 그러한 조건을 거부했지만 허사가 되었다. 사람들은 의원 대다수가 그것을 큰 소리로 반대한다고 확신하지만 실제로 그 믿음은 허사가 되었다. 그래도 어떤 지위에 오르게 될 모사꾼은 그 지위를 유지하려는 수단으로 그것을 이용할 것이다. 그렇게 되면 우리는 모사꾼이 과거에 어떤 사람이었고 무슨 짓을 했는지 또 무슨 짓을 하고 싶어하는지 시민들에게 제대로 알려주지 못하게 된다. 그렇게 말하면 공공질서를 해치게 되기 때문이다. 만일 모사꾼이 심판을 받거나 소송의 당사자가 되는 일을 피하고 자기 손에 들어온 힘을 복수에 활용하지 않을 만큼 현명하다 할지라도 그는 또 다른 모사꾼의 권위로 쉽게 무장하는 방법을 찾을 수 있다. 그는 새로운 모사꾼과 은밀히 이해관계를 공유하면서 자유인과 그들이 새로 만드는 귀족정에 저항하고, 권력의 새로운 남용에 반대하는 대범한 작가를 억압할 수 있을 것이다.

루스탈로는 권력의 속성을 꿰뚫어보면서 앞으로 『파리의 혁명』이 용기를 갖고 이 흥미로운 시대의 역사를 써내려가겠다고 밝혔다. 「인간과 시민의 권리선언」이 제아무리 훌륭한 내용을 담고 있다 할지라도 거기서 이미 가진 자들의 이해관계가 나타나고 있음을 루스탈로는 간파했다. 과연 현실세계에서 권력투쟁과 경제·사회·문화·국제관계의 모든 면이 인권선언문의 이상을 실천하는 데 걸림돌이 되었다. 수많은 방해꾼 가운데 왕의 거부권은 혁명의 흐름에 큰 영향을 끼친 중요한 요소다. 왕은 8월 4일부터 11일 사이에 국회가 결정한 내용을 재가하지 않으면서 시간을 끌었다. 그는 8월 4일의 결과를 보고 곧바로 아를 대주교인 장 마리 뒤 로 달르망에게 편지를 써서 의원들의 결정을 인정하지 않겠다는 의지를 분명히 밝혔다.

"나는 나의 종교인과 나의 귀족의 재산을 빼앗는 일에 결코 동의하지 않을 것이오. 나는 그들을 벗겨내는 법령을 재가하지 않겠소. 프랑스 인민은 어느 날 나를 부당하다거나 유약했다고 비난하게 되겠지요. 대주교님, 당신은 하느님의 명령에 복종하시오. 모든 신분이 열광하고 내 영혼에도 잠시 그 메아리가 울리더라도 나 자신 거기에 조금도 휩쓸리지 않으면서 오직 하느님의 명령에 복종하겠소. 만일 힘으로 나를 밀어붙이면서 재가하라고 한다면 어쩔 수 없겠지요. 그러면 프랑스에 더는 군주정이나 군주가 없을 것이오."

루이 16세는 절대군주에서 입헌군주의 지위로 낮아진 현실에서 국회의원들이 인정해준 거부권veto을 가지고 구체제의 유물을 어떻게든 지켜나가야 한다고 믿었다. 그러나 그는 점점 과격해지는 시위대의 의지에 밀리게 되면서 그 자신을 더욱 옥죄고 불행하게 만드는 결과를 낳았다. 인권선언문이 나오고 헌법을 제정하고 있음에도 대중의 생활은 거의 나아지지 않았다. 그래서 시위는 더욱 과격해졌고 언론인은 더욱 선동적인 말로 대중을 동원했다. 사람들이 한층 과격해지면서 국회에서도 주도권의 방향이 바뀌었고 왕과 그 지지자들의 처지는 더더욱 불안해졌다. 이제부터는 루이 16세가 어떻게 거부권을 행사하게 되는지 살펴보자.

5
왕의 거부권

인권선언문을 확정했다고 해서 모든 것이 끝났다고 말할 수는 없다. 오히려 그것은 헌법을 제정하는 머나먼 길의 출발이었다. 제헌의원들은 인권선언문을 확정한 이튿날 하루 종일 네케르가 요청한 국채와 조세 문제를 다루었고, 8월 28일부터 헌법을 제정하는 일을 의사일정에 올렸다. 여기서 이 일을 자세히 논의할 필요는 없겠지만 왕의 거부권 문제를 중심으로 간략히 살펴보겠다. 왜냐하면 8월 4일부터 11일 사이에 국회의원들이 봉건적 특권을 포기한다는 결정을 내린 데 대해 루이 16세는 재가하지 않았으며, 따라서 국회가 앙시앵레짐을 뿌리 뽑는 결정을 할 때마다 왕이 재가하지 않는다면 모든 개혁이 허사가 될 것이기 때문이다.

아직까지 국회는 왕을 윽박지르고 강제할 만한 용기를 갖지 못한 상태였다. 그렇다고 해서 7월 14일 파리나 그 뒤 지방 도시와 농촌에서 일어난 봉기가 왕의 의지를 꺾는 계기를 마련했듯이 그러한 일이 일어나기만 바랄 수도 없는 노릇이었다. 국회는 제 할 일을 해야 했고 거기에 지지하든 반대하든 전국에서 일어나는 사건이 변수가 될 것임이 분명했다. 아무튼 절대권을 쥐었던 왕과 새로 생긴 입법부의 세력균형은 조금씩 무너지고 있었다. 하지만 아직 국민의 대표들 쪽으로 무게추가 완전히 이동하지는 않았다. 이 같은 상황에서 왕의 재가, 거부권의 문제는 반드시 넘어야 할 산이었다.

제일 먼저 거부권을 거론한 사람은 크리용 백작이었다. 그는 보베에서 전국신분회 의원이 된 사람으로서 5월 6일 거부권에 대해 분명히 반대의사를 표시했다.

"나는 우리가 헌법을 만들려고 여기 모인 것이지 헌법을 유지하려고 모이지 않았다고 확신합니다. 국민의 자유는 국가의 번영을 이끌어주는 질서를 창조하는 데 필요하고 국민을 수세기 동안 짓누른 모든 종류의 폐단을 폐지하는 데 필요합니다만, 거부권은 국민의 자유와 근본적으로 반대되는 것이라고 생각합니다."

크리용 백작은 5월 28일에도 다시 한번 똑같은 내용을 강조했다. 그러나 헌법위원회가 활동하기 시작한 뒤 8월 14일이 되어서야 바르 르 뒤크 앙 바루아에서 온 뒤케누아가 본격적으로 절대적 거부권veto absolu과 한시적 거부권veto suspensif에 대해 문제를 제기했다.

"왕권은 입법부에 어떤 영향을 끼칠까요? 왕은 거부권을 가질까요? 그 권리는 제한적일까요, 아닐까요?"

이처럼 뒤케누아는 헌법에서 절대군주정이 아니라 입헌군주정을 예상하면서 삼권분립의 정신으로 왕에게 거부권을 주는 문제를 처음으로 거론했다. 그러고 나서 국회가 거부권을 본격적으로 논의하기 시작하는 시점은 8월 28일이었다. 헌법위원회의 무니에는 헌법에 포함시킬 내용을 크게 "인간과 시민의 권리선언, 군주정의 원리, 입법부의 조직, 행정부의 조직, 군사권의 조직, 사법권의 조직"으로 요약했다.

그리고 무니에는 군주정의 원리를 6개 항으로 나눠 발표했다. 프랑스 정부는 군주정이지만 법의 이름으로 다스리는 입헌군주정이다, 국민의 대표만이 법을 만들고 왕의 재가를 받아야만 법이 실효성을 갖는다, 전적으로 왕이 행정권을 쥐며 왕은 절대로 사법권을 행사할 수 없다, 법이 임기를 정한 법관만이 합법적인 방법으로 사법권을 행사한다, 왕위는 장자상속의 원칙으로 남성에게 세습한다, 왕은 신성한 존재지만 그의 권위를 대신 행사하는 공복들은 권한을 행사하는 책임을 진다는 것이다. 보르도 주교 샹피옹 드 시세의 안을 참고해 만든 이 조항을 놓고 의원들은 토론을 벌였다. 여러 의원이 잇달아 의견을 발표했는데 마르수알에서 보낸 루시에 의원의 발언이 눈에 띈다.

"프랑스는 군주국가다. 국민이 법을 만들고 왕은 법을 시행한다. 프랑스 정부는 근본적으로 권력을 분립한다."

당시 의정활동을 기록한 『의회의 역사』는 이날 이후 중요한 관행이 생겼다고 전한다. 역사적으로 새로운 정치적 뜻을 가진 낱말, 좌파와 우파가 생겼다는 것이다. 1,000명이나 되는 의원이 표결할 때 일일이 수를 세는 일이 힘들기 때문에 좌우로 나누어 한꺼번에 세는 방법을 찾았던 것이다. 그리하여 거부권을 지지하는 사람은 의장의 오른쪽에 앉고, 반대자들은 의장의 왼쪽에 앉기 시작했다. 이렇게 앉은 뒤 일어나고 앉는 표결방식에서 표를 세는 일이 더 쉬워졌다. 좌파와 우파의 뿌리는 실제로 더 오래되었다. 전국신분회가 모이기 전부터 극좌파와 극우파는 각각 양측 성향의 의원들이 모이는 구심점 역할을 했다. 각 집단은 토론이 가열될수록 수가 늘었다.

의장의 오른쪽에 앉는 사람들은 나중에 왼쪽 사람들을 '팔레 루아얄의 구석coin du Palais-Royal'이라 부르게 된다. 그들은 오를레앙 공작의 지지자들이기도 하지만, 특히 팔레 루아얄에 모인 파리 시민들의 의견을 의회에 전달하는 사람들이었기 때문이다. 의원들을 팔레 루아얄의 하수인으로 취급하는 별명이 좋은 것일 리 없다. 또 그들의 발의안을 '브르타뉴 명령arrêtés bretons'이라고 했다. 국회가 나중에 파리에 자리 잡은 뒤 자코뱅 수도원에서 활동할 사람들이 베르사유에서 자주 모일 때 그들을 '브르타뉴 클럽'이라고 부른 데서 나온 이름이다. 이처럼 좌파와 우파가 생겼다고는 해도 국회의원을 단순히 좌파와 우파로 나눌 수는 없었다. 다수가 심의안 별로 의견을 바꾸었기 때문이다.

8월 29일 노아유 자작은 왕의 재가문제를 거론했다.

"어떤 의원은 입법부가 만든 법을 왕이 재가해야 한다고 말하고, 또 어떤 의원은 재가를 받지 않아도 된다고 말합니다. 이렇게 의견이 충돌하기 때문에 우리는 쉽사리 결정할 수 없습니다. 그러므로 나는 다음의 문제를 우선 다루어야 한다고 생각합니다.

1. 왕의 재가란 무엇인지

2. 그것이 입법행위에 필요한지

3. 어떤 경우, 어떤 식으로 적용할 것인지

나는 이 문제와 관련해 의회를 단원제로 구성할지 양원제로 구성할지도 함께 의논하자고 발의합니다."

알렉상드르 드 라메트는 "우리의 작업이 어려울수록 방법이 더욱 중요합니다. 입법권을 행정권보다 먼저 논의합시다"라고 제안했다. 무니에는 인권선언이 헌법의 첫 장이라는 사실을 기억해야 하며 입법부 문제로 넘어가야 한다고 주장하면서 라메트의 발언을 지지했다. 그러나 비리외 백작은 왕권부터 정의해야 한다고 맞받았다.

"왕은 입법부의 한 부분을 차지하므로 우리는 그 무엇보다도 그에 대해 전념해야 합니다. 그것이 심의의 자연스러운 순서가 아니겠습니까?"

파리 의사 기요탱이 노아유의 안에 대해 발언했다.

"노아유 자작의 발의를 나누는 것은 위험하다고 생각합니다. 그 안에 담긴 모든 문제를 한꺼번에 판단해야 합니다. 예를 들어 의회를 양원제로 구성한다면 왕의 거부권은 필요하지 않을 것입니다. 거기에 왕의 거부권이 이미 존재하기 때문입니다. 반대로 단원제 의회를 구성한다면 왕의 거부권은 입법부의 권력남용을 막는 장치가 될 것입니다. 따라서 우리는 의회조직에 대해 연구하는 위원회가 작업을 시작하기 전에 왕의 재가가 어떤 영향을 미칠지 알아야 합니다. 그리고 이 문제를 모레 월요일에 다시 상정해 그동안 위원회가 좋은 안을 마련할 시간을 줍시다. 나는 다음과 같이 문제를 제기하면서 마치겠습니다.

1. 위원회는 권력의 조직에 대한 연구 결과를 월요일에 보고한다.

2. 이 계획을 인쇄하고 모든 분과위원회에서 토론한다."

상원이 왕의 거부권을 대신 행사하리라는 예측은 과연 옳다고 할 수 있는 가? 귀족과 종교인 가운데 진보성향을 보여주는 사람도 많았는데 그처럼 간 단히 판단할 수 있겠는가? 그럼에도 생장당젤리 의원 레뇨가 노아유 자작의 안을 강력히 지지하고 기요탱의 수정안을 덧붙여서 심의하자고 제안했다. 사방에서 반대의 목소리가 터져 나왔다. 어떤 이는 심의를 하자고 주장하고, 또 다른 이는 먼저 심의에 부칠지 말지 물어보라고 의장을 다그쳤다. 왕의 재 가문제는 의원들을 분열시키는 중요한 의제였다.

한동안 의원들이 저마다 고함을 치고 떠들었다. 그러나 차츰 질서를 회복 하자 뒤포르가 왕의 재가에 대한 몇 가지 원칙을 제시하고 노아유 자작의 안 을 더욱 발전시켰다. 이어서 앙드레가 일어났다.

"왕의 재가문제는 아주 중요합니다. 나로서는 그것이 필요하다고 봅니 다. 내가 가져온 진정서에서 그 문제를 거론했고 내 양심 속에도 그것이 들어 있으니까요."

의장은 노아유 자작의 안을 받아들일지 말지 표결에 부쳤고 다수가 받아 들였다. 여러 의원이 안을 쪼개서 심의하자고 요구했으나 레뇨가 자신이 말 한 내용을 반복하면서 거기에 반대했다. 미라보 백작은 노아유 자작의 안을 쪼개기보다 한꺼번에 다루어야 한다고 주장했다. 레동이 일어나 왕의 재가 문제는 유권자들의 뜻이기 때문에 새삼스럽지 않다고 주장했다.

우리는 권리를 가지고 있습니다. 우리는 권리를 선언할 뿐이지 창조할 필요는 없습니다. 우리 중 그 누구도 권리를 확립해줄 권리를 가진 사람은 없습니다. 아무도 그 권리가 프랑스를 군주국가로 조직해준다고 말할 수 없습니다. 그러나 우리는 모두 프랑스는 군주국가라고 말해야 합니다. 그것이 우리를 뽑은 유권자들의 의지이기 때문입니다. 우리가 만들어야 하는 것은 새로운 국가가 아닙니다. 그것은 단순한 선언일 뿐입니다. 왕의 재가도 같은 문제입니다. 그것은 우리가 창조할 권리가 아니라 우리가 인정할 권리입니다. 여기서 우리는 모든 진정서의 의지가 무엇인지 참조하고 자신의 양심으로 들어가야 합니다. 그런데 우리의 진정서는 무엇을 말합니까? 모두 한결같이 법은 국민이 만들어 왕의 재가를 받을 때 실효성을 가진다고 말합니다.

따라서 그것이 전체의 바람입니다. 만일 우리의 진정서가 모두, 아니면 대부분이 이러한 재가에 대해 말한다면 우리의 의견을 물을 필요는 없습니다. 유권자들이 우리에게 내린 명령이 우리 대신 말하기 때문에 우리는 입을 다물어야 합니다. 그러나 그와 반대로 진정서의 다수가 왕의 재가는 필요 없다고 한다면 우리도 역시 그것을 거부해야 합니다. 우리는 우리의 진정서와 우리의 권한 이외에는 아무런 힘도 없는 존재이기 때문입니다. 또한 대다수가 왕의 재가를 받아들이기를 바라고 그렇게 하라고 명령한다면 우리는 의심하거나 불신해서는 안 되며 찬반을 물어야 할 필요도 없습니다.

페티옹 드 빌뇌브는 레동이 국회의 한계를 너무 좁게 설정했다고 비판하면서 진정서를 거론했다.

우리가 진정서를 따라야 합니까? 물론입니다. 진정서가 우리에게 명령할 때마다 따라야 합니다. 우리의 유권자들은 우리에게 헌법을 만들라고 명령했습니다. 그러나 왕의 재가에 대해 말하는 진정서는 겨우 여섯 개입니다. 그리고 여섯 개는 제각기 왕의 권위가 행사하는 영향을 다른 수준으로 말합니다. 재가가 필요하긴 합니다만 어느 수준까지 왕이 영향을 끼칠 수 있을까요? 우리의 유권자들이 오직 재가만을 강요했다면 우리는 재가의 범위를 마음대로 정할 수 있습니다. 우리는 이러한 종류의 재가를 해석해야 합니다. 만일 영향력의 수준을 진정서에서 미리 정하지 않았다면 재가는 우리 각자의 손에서 결정날 수 있습니다. 그러므로 입법권의 조직을 결정하기 전에 재가를 논하지 말아야 한다는 말은 일리가 있습니다.

이제 이 문제를 표결에 부치려 했지만 수많은 사람이 잇달아 심의방법에 대해 발의했고 미라보 백작은 호명하여 찬반을 묻자고 제안했다. 그러나 카스텔란이 "지금 어떤 결정을 내려야 한다는 데" 반대한다고 했다. "만일 양원제를 채택한다면 왕의 거부권은 절대로 필요하지 않기 때문"이라는 게 그 이유였다.

의원들이 베르사유에서 입법부의 구성과 왕의 재가문제를 논의할 때 파리의 팔레 루아얄에 모인 사람들이 의원들을 압박했다. 8월 31일 의장인 랑그르 주교 라 뤼제른은 편지 두 통을 읽었다. 파리 코뮌 대표자 회의의 의장이 보낸 편지였다. 하나는 30일 밤 10시에 쓴 것으로 파리 시민들이 베르사유로 행진하겠다고 말한다는 내용이었다. 또 하나는 새벽 2시에 쓴 것으로 다행히 국민방위군 사령관이 팔레 루아얄에 모인 시민들을 설득해 평온을 되찾았다고 했다. 말이 설득이지 국민방위군을 파리 외곽까지 배치해 모든 길을 차단하고 시민 1,500여 명을 밀어붙여 강제로 해산했다. 랄리 톨랑달 백작은 생테티엔 뒤 몽 선거구의 대표단을 맞이했는데 그들은 팔레 루아얄에서 결정한 안을 그에게 전하고 나머지 선거구에도 돌리겠다고 말했다. 그들은 제헌의회에서 귀족주의자들을 소환하는 대신 새로운 의원을 뽑아 보내기로 결의했다고 전했다. 그들은 배신자들이 상당히 많으며 왕의 절대거부권을 통과시키기를 바라기 때문에 소환하여 면책특권을 빼앗은 뒤 재판하겠다면서 배신자들의 이름을 거론했다. 랄리 톨랑달은 그들에게 자신이 왕의 거부권을 옹호한다고 분명히 말했지만 그들은 랄리 톨랑달에게 다음과 같은 결의문을 주면서 국회에서 읽으라고 했다.

"거부권은 단 한 사람에게 속하지 않는다. 그것은 2,500만 명에게 속하는 것이다. 팔레 루아얄에 모인 시민들은 무지하고 부패하고 의심스러운 의원들을 소환해야 한다고 생각한다."

그때 의장에게 익명의 편지가 전달되었다. 그 편지에는 무시무시한 협박이 담겨 있었다.

"팔레 루아얄의 애국자 회의는 여러분에게 다음과 같은 사실을 알린다. 만일 성직자와 귀족으로 구성된 귀족주의자들과 무지하거나 부패한 평민 대표 120명이 계속해서 조화로운 분위기를 망치고 왕의 절대적 재가권을 원한다면 1만 5,000명이 그들의 성관과 저택에 불을 지르고, 특히 의장 당신의 저택과 성관에도 불을 지를 준비를 갖추었다."

의원들은 개인적으로 협박편지를 받기도 했다. 어떤 성직자는 익명으로 복수를 다짐하는 편지를 보냈다. 보졸레 의원 샤세가 편지를 읽었다.

"나는 지금 이름을 밝히지 않지만, 내가 당신에게 복수할 때 내가 누구인지 자연히 알게 될 것이다."

의장은 왕의 재가문제를 논의하겠다고 말하면서 랄리 톨랑달과 무니에에게 헌법위원회를 대표해 발언하도록 기회를 주었다. 이들은 영국의 의회제도를 모방해 프랑스의 입법부를 왕, 상원, 하원으로 구성하는 안을 발표했다. 프랑스 정부는 군주정이며 왕은 오직 법으로 다스리는 나라라고 규정했다. 행정부의 최고권력은 왕이 쥐고 법은 국민의 대표가 만들며 왕이 재가해야 효력을 발휘한다고 규정했다. 이후 이 안에 찬성하는 사람들을 '모나르시앵Mornarchiens'이라 부르게 되었다.

9월 1일 전날에 이어 파리의 모든 선거구에서는 거부권 문제를 다루었다. 파리 코뮌의 구성원들이 인준을 해주지 않았지만 팔레 루아얄의 푸아 카페에 모인 사람들도 역시 그 문제를 가지고 열띤 토론을 벌였다. 행상인들이 거리에서 소리치면서 수많은 소책자를 팔았다. 그 결과 파리 시청에 모인 대표자 회의는 두 가지 명령을 반포해 곧 벽마다 붙였다. 하나는 공공장소에서 가두행상인의 활동을 규제하는 것으로서 공식기관이 발행한 문서가 아니면 판매하지 못하게 했다. 또 하나는 다음과 같다.

"파리 주민 대표자 의회(대표자 회의)는 팔레 루아얄에서 일어난 일에 심한 분노를 느끼며 다음과 같이 결정한다.

국민이 존경하고 명예롭게 여기는 왕족의 가치를 가증스러운 중상비방과 피비린내 나는 발언으로 계속 더럽히는 사람들이 있고, 이 같은 폭동에서 국가의 적들이 질서를 완전히 뒤집어엎어 우리로 하여금 전제정의 끔찍한 평화를 후회하게 만들려고 힘쓰는 모습을 보면서 (……) 의회는 팔레 루아얄의 모임과 선동을 인정하지 않는 명령을 내렸으며 그것은 계속 유효하다는 사실을 밝힌다."

파리 주민들은 이 결정을 읽고 웅성거렸으며 『파리의 혁명』에서 루스탈
로는 그 같은 명령을 듣지 말라고 했지만 시 당국은 국민방위군으로 하여금
질서를 지키게 만들었다. 사람들이 푸아 카페에 모여 헌법 초안을 읽고 토론
할 때 병력이 들이닥쳐 그들을 잡으려 하자 놀란 사람들은 창문을 깨고 탈출
했다. 잡힌 사람들은 감옥에 끌려갔다. 감옥은 이미 사람들로 꽉 차 있었다.

9월 10일부터 왕의 재가 또는 거부권 문제가 국회에서 하나씩 가닥이 잡
혔다. 먼저 양원제일 경우 왕의 재가문제는 심의할 필요가 없다는 의견을 표
결에 부쳐야 했다. 의장은 카뮈가 발의한 대로 "단원제입니까, 양원제입니
까?"를 표결에 부쳤다. 단원제를 찬성하는 사람이 490명, 양원제 찬성자가
89명, 기권이 122명으로 단원제 입법의회를 구성할 것임을 의결했다. 9월
11일, 마침내 왕의 거부권 문제가 국회에서 가닥이 잡혔다. 거부권에 대해
가장 말을 많이 한 미라보 백작은 "재가를 인정하느냐 묻는 것은 법을 반포
하거나 실행하는지 묻는 일"이며 "법을 반포하는 것을 왕이 거부할 수 있느
냐, 없느냐 하는 것만이 의원들이 다루어야 할 문제"라고 주장하면서 토론에
부칠 새로운 안으로 "왕의 재가는 법의 반포에 필요한 것인가?"를 제시했다.

"그리고 나는 잇달아 다음의 문제를 심의하자고 제안합니다.

1. 입법부가 제정한 법이 효력을 가지려면 왕의 재가가 필요한가?

2. 법이 왕의 재가를 받아야만 할 때 왕은 자유롭게 재가를 거부할 수 있
는가?

3. 왕이 재가를 거부할 때 다른 법을 제정하여 재가하도록 강요할 수 있
는가?

4. 왕은 두 번째, 세 번째, 네 번째의 법 가운데 어떤 법에 재가를 해야 하는가?"

이번에는 '재가sanction'의 뜻이 문제였다. 어떤 이는 재가가 도장을 찍는 행위인가, 아니면 서명하는 행위인가를 물었다. 도장을 찍는 문제라면 별로 어렵지 않겠지만 서명하는 행위일 때 '거부권'의 문제가 발생하기 때문이다.

미라보 백작이 다시 말했다.

"왕의 재가가 법을 반포하는 데 필요한가라고 묻는 것은 적절하지 못한 것 같습니다. 이 말에서 모순을 찾을 수 있으니까요. 법loi은 이미 법입니다. 그렇다면 어떤 재가도 필요하지 않습니다. 나는 법lois을 입법부의 결정les actes du pouvoir législatif이라는 말로 바꾸고 싶습니다. 그렇게 하면 큰 문제를 해결할 수 있을 것 같습니다. 그것은 헌법과 입법을 구분하는 선을 그어줄 테니까요. 조세에 대해서도 마찬가지입니다. 조세는 법이 아니니까요."

파리 의원인 트롱셰는 '재가' 대신 '왕의 동의'라고 하자고 제안했다. 토론이 거의 끝나지 않을 것 같았지만, 마침내 보졸레 의원 샤세가 개입하여 끝냈다.

"국회가 거부권과 그 성격에 대한 문제를 결판내지 않는 한 정회하지 맙시다."

의원들은 샤세의 안을 박수로 통과시켰다. 그러고 나서 첫 번째 문제인 거부권에 대해 대다수가 기립투표 방식으로 표결에 부치기로 했다. 그러나 수많은 사람이 항의했다. 오후 4시가 되어서야 토론이 끝났고 다시 한번 첫 번째 문제에 대해 호명 투표를 실시했다. 왕에게 거부권을 인정하는 안은 절대다수의 지지를 얻었다. 이번에는 왕의 거부권은 한시적인가라는 거부권의 성격을 놓고 투표를 했다. 표결한 결과 673표 대 325표, 기권 11표로 거부권이 한시적이라는 안이 통과되었다. 표결이 끝났을 때는 저녁 8시 30분이었다. 의장은 다음 날 왕의 거부권이 얼마나 효력을 지속하는지, 다시 말해 입법의회의 회기 한 번 동안인지, 두 번 이상인지 심의하겠다고 예고한 뒤 정회를 선포했다.

파리의 귀족 르 펠티에 드 생파르조는 9월 12일에 거부권 문제는 입법의회의 회기를 먼저 정하면 자연히 해결될 것이라고 말했다. 생트의 귀족 리시예는 국회의원들을 한꺼번에 뽑을지, 일부씩 돌려가면서 뽑을지도 고려해야 한다고 말했다. 의원들은 두 사람의 안을 함께 다루기로 했다. 르 펠티에 드 생파르조는 자신이 발의한 안의 취지를 설명했다. 그는 의원의 임기는 1년으로 하고 한꺼번에 선거로 뽑는 안을 지지했다. 로베스피에르는 르 펠티에를 지지하면서 이렇게 말했다.

"큰 군주국가에서 인민은 대표를 임명할 때만 완전한 권한을 행사할 수 있습니다. 인민이 대표를 자주 바꾸는 것은 정당합니다. 그들이 권리를 행사하고 감정을 인식시키고 바라는 바를 자주 권고하려는 욕망보다 더 자연스러운 것은 없습니다. 그것이 바로 그들의 자유를 뒷받침해주기 때문입니다."

에브뢰의 뷔조 의원이 반대하는 사람의 이야기도 들어보자고 제안했고 리용의 수도원장 모리 신부가 입을 열었다. 그는 영국 의회의 임기가 7년이라는 사실을 지적하면서 여러 가지 이유를 앞세워 입법의회의 임기를 4년으로 하자고 강조했다. 왕의 거부권을 최대한 연장시키려는 사람과 그 영향을 최소화시키려는 사람의 이해관계가 이렇게 갈리는 것을 볼 수 있다. 뷔조는 2년을, 비리외 백작은 3년을 제안했다. 이제 국회의원의 임기를 1년, 2년,

3년 가운데 어떻게 결정하느냐 하는 문제가 남았다. 모리 신부가 다시 한번 제안했다.

"입법부의 임기는 1년인가, 아니면 2년 이상인가? 2년 이상이라면 2년인가, 3년인가?"

데뫼니에가 모리 신부의 안에 반대했으나 의원들은 결국 모리의 안으로 표결했다. 첫 질문에 대해 2년 이상이라는 쪽이 다수의 지지를 받았다. 이제 2년과 3년 가운데 무엇을 택할지 물었다. 그 결과 입법부의 임기는 2년으로 정해졌다.

국회는 9월 14일에 두 가지 문제를 안으로 상정했다.

"1. 입법부의 의원은 전부 또는 일부만 새로 뽑는가?

2. 왕이 제한적 거부권을 행사하는 경우, 그 효력은 얼마나 지속할 수 있는가? 입법부의 한 번 임기 동안인가, 두 번 임기 이상인가?"

1번의 질문은 기립투표로 의사표현을 하도록 하여 거의 전체 의원이 입법부 의원을 완전히 새로 뽑자는 데 찬성했다. 2번의 질문으로 넘어갈 때 바르나브가 발언권을 신청했다.

우리가 지난 8월 4일에 결정한 것과 관련해서 우리는 그것이 어떤 상태에 있는지 알아야 합니다. 지난 토요일에 그것을 왕에게 보내 재가를 요청할 것이라고 말했습니다만, 어떤 형식으로 왕에게 보낼지 아무런 결정도 하지 않았습니다. 그리고 우리의 결정이 마치 입법부가 만들 법률처럼 제한적 거부권의 대상인지도 결정하지 않았습니다.

우리는 8월 4일의 결정을 앞으로 제정할 법과 구분해야 합니다. 그 이유는 첫째 제헌권과 헌법이 정한 권력을 함께 가진 의회가 결정한 것이며,

둘째 헌법과 관련된 결정이기 때문입니다.

만일 그 결정에 대해 왕이 제한적 거부권을 행사한다면 유감스러운 일이라 하겠습니다. 이미 대중이 그 결정에 대해 공공연히 알고 있으며 인민은 한결같이 크게 환영했기 때문입니다. 따라서 나는 우리가 8월 4일의 결정에 대해 일정한 규칙을 정할 때까지 왕에게 재가를 받는 일을 미루어야 한다고 믿습니다. 우리는 그것을 왕의 제한적 거부권의 대상으로 할 것인지 아닌지부터 결정해야 합니다.

미라보가 반대했다.

"8월 4일의 결정을 재가받아야 하는지 문제 삼을 필요는 없습니다. 확실히 그 점은 이미 판결이 났습니다. 우리는 그것을 다시 거론하려 해서는 안 됩니다. 확실히 그것을 좀더 일찍 반포해야 했을 테지요. 그것은 헌법을 만드는 일을 모호하게 만들기보다는 더욱 쉽게 만드는 일이었겠지요. 그런데도 지금 그것을 반포하지 않고 좀더 오랫동안 가지고 있기란 불가능합니다. 모든 사람이 폭발 직전입니다. 8월 4일의 결정은 제헌의회가 이룩한 것입니다. 그때부터 그것은 재가의 대상이 될 수 없습니다."

바르나브가 제기한 문제는 토론을 불러일으켜 그날의 의사일정을 제대로 소화할 수 없게 만들었다. 저녁 회의에서 의장은 의사일정으로 돌아가기 전에 8월의 결정을 어떻게 실행할 것인지 물었다. 그리하여 기립투표로 다음과 같이 결정했다.

"국회는 지난 8월 4일, 6일, 7일, 8일, 11일에 결정한 사항을 의장이 왕에게 제출하도록 의결한다. 그와 함께 식량에 관한 결정도 함께 가져가 모두 왕의 재가를 받도록 한다."

그러나 그날 저녁의 회의에도 의사일정을 제대로 상정하지 못했다. 9월 15일에 의장이 전날 바르나브가 발의한 안을 상정하여 심의하자고 했다. 르 샤플리에는 그 안을 다른 관점에서 정리했다.

"1. 국회의 의원수를 몇 명으로 할 것인가?

2. 회기는 얼마로 정할 것인가?

3. 국회는 언제 모일 것인가?

4. 선거권과 피선거권을 얻으려면 무슨 자격이 필요한가?"

르 샤플리에의 안을 심의하느니 마느니 하는 논란을 기립투표에 부치기로 결정했지만 기요탱이 왕의 재가를 정의하는 문제를 심의해야 하지 않겠느냐고 문제를 제기했다. 기요탱은 왕의 재가란 서명이 아니라 옥새를 찍는 일이라고 규정했다. 또다시 의사일정이 묻히고 여러 사람이 잇달아 의견을 발표했다. 갑자기 쿠탕스에서 온 쥐네 남작은 왕위계승권과 찬탈 문제를 거론했고 그가 제기한 문제는 여러 의원의 입을 통해 에스파냐 왕실의 후손이 프랑스 왕위를 계승하지 못하게 하자는 안으로 발전했다. 부르봉 가문이라고 해서 모두 프랑스 왕위의 계승권을 노릴 수 없음을 분명히 하자는 취지였다.

여기저기서 의원들이 주제에서 벗어나는 이야기를 해대는 것을 참지 못한 비리외 백작은 어깃장을 놓았다. 그가 빈정거리듯이 "이 문제를 3세기 뒤로 미루자"고 제안했지만 국회는 결국 다음과 같이 결의했다.

국회는 만장일치로 다음과 같이 결의하고 선언한다. 프랑스의 왕은 신성불가침의 존재이며, 왕위는 분할할 수 없고, 왕족의 남성에서 남성으로 장자상속의 원칙에 맞게 세습하며, 여성과 여성의 후손은 영구히 완전히 상속에서 제외한다는 것을 프랑스 군주정의 기본법으로 삼는다.

왕의 재가와 거부권 문제는 다른 현안이 나타나면서 계속 해결되지 않았다. 의원들은 한 달이 지나도록 왕이 8월 초순의 결의사항을 재가하지 않는 것에 집착하고, 또 날마다 저녁 회의에서는 식량수급 문제를 다루느라고 거부권의 기한을 정하지 못한 채 9월 21일을 맞았다. 이날도 회의를 시작하자마자 왕의 재가문제로 시작했다. 의장은 9월 20일에 왕이 보낸 편지를 읽었다.

당신은 지난 8월 4일과 그 뒤에 국회가 의결한 것을 재가해달라고 과인에게 요청했지요. (⋯⋯)

또한 이 결정사항을 널리 반포하도록 해달라고 요청했습니다. 반포라는 것은 모든 형식을 지켜 작성한 뒤 즉시 시행해야 하는 법에 해당하는 것입니다. 그러나 오래전부터 과인은 국회의 명령과 대부분의 조항에 나타나는 정신을 승인했고, 그러한 조항을 뒷받침하는 너그럽고 애국심이 넘치는 감정도 정당하게 평가했음을 잘 아실 겁니다. 그리하여 과인은 그러한 조항들을 출판해 왕국 전체에 널리 알리도록 명령합니다. 국민은 과인의 지난 편지에서 보듯이 거기서도 과인이 국민의 이익과 국가의 이익을 생각하는 마음을 볼 것입니다. 그리고 당신이 보여준 여러 가지 조치를 고려해본 결과, 과인은 국회의 결정에 담긴 다양한 내용을 바탕으로 만들 모든 법을 재가할 수 있다는 사실과 그것이 정당한 일이라는 사실을 의심치 않습니다.

루이(서명)

과인은 국회가 18일 곡식에 관해 새로 의결한 법령을 재가합니다.

루이(서명)

의원들은 이 편지를 크게 환영하면서 왕에게 감사했다. 의장은 여느 때처럼 사방에서 들어온 기부금 내역과 지지 편지를 읽어주었다. 그 뒤 여러 의원이 발언신청을 했고 절차를 따지기도 했다. 의장은 마침내 "왕에게 제한적 거부권을 줄 때, 그 효력은 얼마나 지속하는가? 해당 입법부 임기인가, 다음 입법부 임기인가?"를 심의하자고 했다. 무니에는 이미 왕의 재가에 대해 충분히 논의했으므로, 그때부터 다시 심의할 이유는 없어졌다고 말했다. 대다수 의원이 표결에 부치자고 요구했다. 기요탱이 전날 발의한 내용을 수정했다. 또다시 논란이 일었지만 마침내 최종적인 안건을 표결에 부치게 되었다.

"왕의 제한적 거부권은 법안을 제출한 입법부의 다음 입법부의 임기까지인가, 아니면 다음 다음 입법부의 임기까지인가?"

이 질문에 호명투표를 한 결과, 10명 기권, 224명 첫 입법부 임기와 함께 끝남, 728명이 다음 입법부 임기와 함께 끝남을 지지했다. 이렇게 해서 왕에게 제한적 거부권을 주고 입법의회의 임기를 2년으로 결정하며, 왕의 거부권은 4년간 유효하다고 확정했다.

왕이 거부권을 행사하는 것을 어떻게 이해해야 할 것인가? 1년 전만 하더라도 왕이 법을 만들면 고등법원이 등기권과 상주권을 이용해 법을 시행하는 데 저항했다. 그런데 이제 국민의 대표들이 법을 만들면 왕이 거부권을 행사하면서 저항하게 되었다. 왕이 입법부가 제출한 법안에 거부권을 행사하면서 앙시앵레짐의 뿌리를 지키려고 노력한 것은 진정한 혁명의 시작이었다고 볼 수 있다. 왕이 계속 거부권을 행사해 새로운 법을 인정하지 않는다 할지라도 왕도 그 행위로써 자신이 이제는 절대군주가 아니라 입헌군주임을 돌이킬 수 없는 사실로 인정하게 되었던 것이다. 더욱이 파리의 팔레 루아얄에 모이는 사람들은 불만이 생길 때마다 베르사유로 행진하는 계획을 세우고 국회와 왕을 압박했으니 비록 국민방위군의 힘으로 그 계획을 한두 번은 무산시킬 수 있다 할지라도 왕의 권위와 운명이 점점 초라해지고 위험해지는 과정을 틀어막기란 불가능한 현실이 되었다. 그리고 실제로 그같이 위험한 일이 그로부터 보름 뒤에 일어났다.

6
파리 아낙들의
베르사유 행진

루이 16세가 전국신분회를 소집한 이유는 무엇보다도 재정문제를 해결하려는 데 있었다. 그러나 그 뒤 계속해서 왕은 정국을 주도하지 못한 채 국회가 결정하는 법령을 재가하지 않는 정도로만 저항하는 처지로 떨어졌다. 모든 정치적 행위에서 주도권을 행사하는 일에는 논리적으로 설명하기 어려운 부분이 많다. 절대 강자가 어느 순간 밀리기 시작하거나 절대 약자가 주도권을 쥐는 과정을 추적할 수 있다 해도 역사의 매 순간은 사람들의 선택과 결심의 연속이므로 합리적인 설명을 해도 납득하기 어려운 부분은 늘 남게 마련이다. 루이 16세는 군대를 베르사유와 파리에 집결시켜놓고서도 전략이나 전술도 모르는 시위대를 제대로 진압하지 못하고 한 걸음씩 물러서다 보니 절대군주의 옥좌에서 밀려난 꼴이 되었다.

루이 16세는 국회가 절대군주정을 부정하고 입헌군주정을 채택하는 과정을 못마땅해하면서도 적절히 대응할 길을 찾지 못했다. 네케르를 해임했다가 파리 시민들의 저항에 부딪혀 그를 다시 부르고 주위에서 충성하던 대귀족들이 생명의 위협을 느껴 망명길에 오르는 현실에서 측근의 대신들마저 다른 인물로 바꾸면서 타협할 수밖에 없었다. 그럼에도 국회는 앙시앵레짐의 사회적 뿌리마저 건드려 전통사회를 법적으로 근대화하려고 노력하면서 먼저 봉건적 특권을 폐지하더니 새로운 사회를 건설하는 신호로써 인간과 시민의 권리선언문을 채택했다. 그러나 국회가 그동안 오직 이 일에만 매달리지는 않았다. 의원들은 헌법위원회 말고도 분야별로 여러 가지 위원회를 만들어 활동했다.

우리는 앞에서 7월 6일부터 헌법위원회를 구성해 헌법을 제정하는 과정을 살펴보았다. 제일 먼저 생긴 위원회부터 차례로 알아보면, 먼저 회의록 작성위원회Comité de rédaction를 들 수 있다. 라보르드 드 메레빌은 5월 20일 전국신분회의 회의록을 작성할 위원회를 구성하자고 발의했고 전국신분회가 국회를 선포하고 이틀 뒤인 6월 19일에 구성했다. 이 위원회와 함께 규정위원회Comité de règlement, 식량위원회Comité des subsistances, 의원자격심사위원회Comité de vérification도 같은 날 생겼다. 그리고 7월 초 헌법위원회를 구성한 국회는 7월 10일 재정위원회Comité des finances를 구성했다. 7월 28일에는 볼네의 발의를 심의해 탄원서와 각종 보고서, 국회에 보내는 글을 검토할 보고위원회Comité des rapports를 구성하고, 또 뒤포르가 발의한 대로 조사위원회Comité des recherches도 구성했다. 8월 12일에는 사법위원회Comité de judicature, 종교문제위원회Comité des affaires ecclésiastiques, 봉건위원회Comité féodal를 구성하고 이튿날은 노아유 자작의 발의로 군사위원회Comité militaire를 구성했다. 그리고 9월 2일에는 마르그리트 남작의 발의로 농상위원회Comité d'agriculture et de commerce, 재무대신과 긴밀히 연락할 필요성 때문에 12인 위원회Comité des douze를 구성하고 9월 14일에는 형사법위원회Comité de législation criminelle를 구성했다.

293

루이 16세는 7월 11일 네케르를 갑자기 해임했다가 파리인들의 반발에 호된 교훈을 얻고 7월 16일 네케르를 다시 불러들였다. 네케르는 바젤을 거쳐 7월 22일 베르사유로 되돌아가 텅 빈 국고를 채우는 길을 찾아 헤맸다. 그는 8월 7일 국회에 나아가 3,000만 리브르를 4.5퍼센트 이자로 빌리도록 해달라고 부탁했다. 파리 출신 카뮈는 재정위원회에서 검토하도록 하자고 제안했다. 8월 8일 에기용 공작은 재정위원회를 대표해 국가의 재정상태를 보고했다. 8월과 9월의 총수입은 3,720만 리브르인데 지출은 6,000만 리브르이기 때문에 네케르가 제출한 안을 심의에 부쳐달라고 요청했다. 의원들은 결국 3,000만 리브르를 빌리는 안을 통과시켰다. 그러나 실제로 돈을 잘 모으기 어려웠기 때문에 재정을 흑자로 돌릴 방법은 전혀 없었다. 8월 27일 네케르는 국회에 건의서를 보내 지난번에 기채한 돈 가운데 그때까지 겨우 260만 리브르가 들어왔기 때문에 재정문제를 해결하지 못했다고 하면서 이번에는 이자 5퍼센트로 8,000만 리브르를 빌리게 해달라고 호소했다. 국회는 그 안을 통과시켰다.

"국회는 왕의 이름으로 재무대신이 접수한 안을 심의한 결과 8,000만 리브르를 빌리기로 결의했다. 이 금액의 절반은 현금으로, 절반은 공채를 발행해 마련한다."

국고가 텅 비었기 때문에 식량·일자리·봉급 문제도 해결하기 어려웠다. 경제적으로 어려운 사람들은 인권선언이나 특권의 폐지 같은 반가운 결정에서도 당장 희망을 찾지 못했다. 그동안 단순한 모임이 아니라 자발적인 집회에 참여하면서 정치생활을 체화한 사람들은 정치적 구호를 외치면서 행정당국의 근심거리가 되었다. 예를 들어 이미 수많은 귀족이 돈과 재산을 가지고 외국으로 망명한 뒤 돈을 구경하기도 힘들어졌으며, 사치품을 만드는 일과 상업에 종사하는 사람들이 직접 타격을 받았다. 8월 18일 파리의 노동자들이 거리로 나선 사건이 좋은 보기다.

재단사들이 루브르 앞 풀밭 위에 3,000명이나 모였다. 그들은 먼저 파리 시청으로 대표 20명을 보내 두 가지 조건을 내놓았다. 첫째는 하루 임금을 40수(2리브르)로 맞춰줄 것, 둘째는 헌옷장수가 새 옷을 짓지 못하게 금지해줄 것. 시청의 코뮌 당국은 둘째 요구조건만 즉시 들어주기로 약속하고, 첫째 조건은 되도록 빨리 해결해주도록 노력하겠다고 약속했다.

가발제조공들도 같은 날 샹젤리제에서 모였다. 그들은 새 가발공이 조합 사무실에 내는 회비를 낮춰달라고 요구했다. 그들은 먼저 가장 가까운 선거구에 자기네 모임을 허락해달라고 요구했다. 순찰대를 이끄는 부르주아 장교는 그들을 해산시키려 했고, 한 사람을 칼로 때렸다. 그러자 그의 부하들이 장교를 무장해제시키고 가발공들에게 넘겼다. 가발공들은 장교를 끌고 시청으로 갔다. 그들은 오텔 디외 병원에 자신들을 위한 병상을 늘려달라고 코뮌 당국에 요구했고, 코뮌 당국은 그들의 요구를 들어주었다. 노동자들은 일자리를 달라거나 임금을 올려달라고 계속 아우성쳤다. 구두장이들도 샹젤리제에 모여 임금을 올려달라고 요구했다.

아직 추수도 완전히 끝나지 않은 상태에서 빵값은 반 킬로그램에 3수를 넘었다. 2킬로그램짜리 한 덩어리가 13.5수에 팔렸다. 일자리를 잃은 노동자가 늘고 돈이 있어도 빵을 구하기조차 어려웠기 때문에 9월부터 빵가게 앞에 줄이 더욱 길어지기 시작했다. 파리 코뮌은 날마다 식량문제를 논의했고 날마다 명령을 내렸다. 하지만 60개 선거구가 코뮌의 명령을 제대로 따르지 않았기 때문에 마치 60개 공화국이 파리에 존재하는 듯했다. 중앙도매시장에서 날마다 크고 작은 소동이 일어나지 않는 날이 없었다. 그래서 특별수비대를 배치해야 했다. 수비대 병력이 날마다 늘었다. 9월 10일에 이르러 그 숫자는 600명이 되었다.

빵집 문을 부수는 사람들도 있었다. 그럴수록 파리 시민은 식량위원회가 일을 제대로 하지 못한다고 불평을 늘어놓았다. 시청의 하급관리들이 식량을 훔쳐가기도 했다. 실제로 그 소문이 돈 지 며칠 뒤 하급관리인 갈레는 밀가루를 빼돌리고 곡식에 투기했다는 혐의로 붙잡혔다. 곧이어 그 사건을 다룬 소책자가 나왔는데 그 제목은 "식량위원회의 음모, 갈레의 유죄판결, 그리고 그를 재판한 판사들과 그의 아내가 저지른 사랑의 범죄"였다. 코뮌 의회는 식량위원회에 구매장부를 제출하라고 명령했다. 식량위원회는 계속 버티다가 마침내 자신들은 장부를 기록하지 않았다고 답하면서도 결국 장부 몇 쪽을 제출했다. 파리 시장은 시민들의 불안을 잠재우려고 60개 선거구 회의 의장을 소집해 만일 빵이 부족하다 할지라도 하루만 지나면 빵을 공급할 수 있다고 하면서 밀가루가 없으면 쌀이라도 공급하겠다고 했다.

8월 말 파리 사람들이 베르사유로 행진하겠다고 결정했고, 라파예트는 국민방위군에 명령을 내려 행진을 막았다. 9월 18일에도 파리 사람들이 베르사유를 위협했다. 국민방위군이 파리의 치안을 유지해 겉보기에는 평온한 상태에 놓였다 할지라도 생활이 조금도 나아지지 않은 사람들은 속을 부글부글 끓이며 언제라도 울분을 터뜨릴 태세였다. 라파예트는 베르사유 궁부 대신 생프리에 백작에게 편지를 써서 '책동가들'이 베르사유를 공격하려고 하지만 국민방위군이 철통같이 지키고 있다고 보고했다.

이 '책동가들'은 누구인가? 그들은 파리 서민층이었다. 그들은 '헌법'이라는 말이 약속한 것의 혜택이 나타나지 않고 기근이 계속되는 것은 궁정의 음모 때문이라고 확신했다. 왕은 음모가 일어나는 줄 모르지만 그도 음모를 꾸민 자들의 영향을 받고 있다고 믿었다. 서민들은 왕에게 직접 호소해 자신들이 겪는 불행을 끝내야겠다고 생각했다. 서민층에서 국민방위군이 된 사람들도 베르사유로 가서 궁정수비대를 물리쳐야겠다고 생각했다. 일자리를 잃거나 빠듯한 임금에 허덕이는 노동자들이 병사들과 뜻을 같이했던 것이다. 다행히 이번에도 그들의 행진을 억지로 막을 수 있었다.

9월 22일 베르사유의 국회에서는 의원들이 또다시 파리의 소란스러운 소식을 듣고 놀랐다. 파리 시청과 모든 선거구의 부르주아 계층도 놀라기는 마찬가지였다. 팔레 루아얄은 불만을 품은 사람들이 모여드는 중심지였고, 그렇게 해서 파리 코뮌과 국회에 늘 골칫거리였다. 21일에는 마치 7월 달에 일어난 일(파리와 지방에서 일어난 피비린내 나는 사건)을 상기시키는 소문이 돌아서 사람들이 흥분했다. 평소 온갖 특권을 누리는 사람들이 드나드는 어떤 귀족 여성의 집에서 비밀회의가 열렸는데, 그들이 왕을 메스로 호위해 갈 병력 1,000명을 불러 모은다는 소문이었다. 그 소문은 『모니퇴르』 신문에 "왕의 도피 계획"이라는 제목으로 실리기도 했다. 메스는 왕에게 충성스러운 장군 부이예 후작이 지키는 곳이었기 때문에, 거기서 왕은 반혁명세력과 함께 혁명을 저지할 것이라는 의구심을 불러일으켰던 것이다. 팔레 루아얄에 모인 군중은 베르사유로 행진하자고 논의했다. 파리 코뮌은 민심이 흉흉해지자 전쟁대신 라 투르 뒤 팽 폴랭 백작에게 공식 문의했다. 전쟁대신은 베르사유 시 당국이 요청해 두애에 주둔하던 플랑드르 연대가 오고 있다고 확인해주었다. 궁부대신 생프리에는 파리 시장에게 편지를 써서 플랑드르 연대가 도착하지 못하게 방해하려고 사람들이 베르사유로 행진한다는 소문이 도는데, 왕은 그 소문을 듣고 몇 가지 군사적 조치를 하기로 결정했다고 알려주었다. 그날, 과연 플랑드르 연대가 베르사유에 도착하고, 베르사유 행정 당국 앞에서 국민방위군의 주요 장교들과 함께 맹세를 했다.

팔레 루아얄에 사람들이 모여들었고 새로 베르사유에 도착한 병력 때문에 웅성거렸다. 국민방위군의 순찰대가 출동해 그들을 해산시키려 하면서 여러 사람을 체포했다. 파리 시장은 15리외(60킬로미터)의 원 안에 왕의 병력이 겨우 3,670명 주둔하고 있을 뿐이니 동요하지 말라고 방을 붙였다. 그러면서 시 당국은 파리 시민들에게 오락거리를 제공할 준비를 했다. 여러 가지 행사와 함께 왕실의 가구창고를 개방하는 계획도 포함되었다. 포세 신부가 국민방위군 각 부대의 깃발을 축원하는 행사를 맡기로 했다. 애국파의 신문은 행사의 준비과정을 다루면서 포세 신부가 연설할 모임을 어떻게 부를지를 놓고 토론이 벌어진다고 보도했다. 나아가 애국파의 신문은 신부가 간단히 "시민들 또는 우리 형제들이여"라고 하면 좋을 것을 "시장님 그리고 여러분"이라고 연설을 시작할 것이 뻔하다는 논평을 내기까지 했다.

깃발을 축원하는 행사는 9월 27일 노트르담 대성당에서 열렸다. 파리 대주교가 미사를 집전했다. 국민방위군은 열광적인 마음을 표현하려고 교회 안에서 일제사격을 하려는 계획을 세우기도 했다. 이러한 행사를 계획대로 다 치렀다 할지라도 주민들을 충분히 위로해주지는 못했다. 이틀 전 불만에 찬 빵가게 주인들은 더는 빵을 굽지 않겠다고 위협했다. 밀가루가 귀해 빵을 구워내기도 어렵고 수지도 맞지 않았기 때문이다. 시장 바이이가 겨우 그들을 달랬다. 그들이 진짜로 빵을 굽지 않았다면 사람들이 봉기할 뻔했다. 그래서 각 선거구는 실제로 빵을 굽는지 감독하고 강제로 빵을 굽게 만들었다. 식량위원회가 농가와 농촌에는 곡식이 없다고 말했지만 파리의 선거구에서는 직접 곡식을 찾아내는 경우도 있었다. 그래서 선거구는 자신들이 위원을 직접 임명해 곡식을 사고 싶어했다. 농민에게 좀더 적당한 값을 주면 밀을 구할 수 있을 터였다.

국회에서는 볼네 의원이 차라리 현 국회를 해산하자고 제안했다. 그는 귀족 의원과 종교인 의원들이 저마다 일종의 계급의식만 반영한다고 하면서 진정한 프랑스인의 대표로 새로운 국회를 구성해야 한다고 말했다. 의원들이 좌파와 우파로 갈리고 다수가 특별한 소신도 없이 사안별로 지지하는 상황에서 혁명을 끝내야겠다고 생각하는 사람들(우파)이 아직은 의회를 지배하는 경향이 강했기 때문에 볼네는 그런 식으로 불만을 드러냈던 것이다. 예를 들어 9월 28일 국회의장이 된 무니에는 영국식 입헌군주정만 도입할 수 있다면 만족할 만큼 혁명을 수행했다고 믿는 사람이었다. 그는 양원제 의회를 지지하고 왕에게 절대적 거부권을 주고자 했기 때문에 파리 사람들은 그를 '거부권 선생Monsieur Veto'이라 불렀다.

『파리의 혁명』을 발행하는 루스탈로는 볼네의 말을 인용해 널리 알렸다. 파리 시민들 가운데에도 국회와 왕의 정치적 결정에 불만인 사람들이 날마다 팔레 루아얄의 푸아 카페에 모여 토론했다. 파리 코뮌은 치안에 힘쓰느라고 순찰을 강화했고, 그리하여 9월 말에는 "팔레 루아얄의 애국심을 쫓아내는 순찰대Le patrouillotisme chassant le patriotisme du Palais-Royal"라는 희화가 나돌았다. 이 모든 것이 무엇보다도 국고가 비었기 때문에 생기는 일이었다. 국회는 9월 29일 밤, 교회 재산에 손을 대는 명령을 통과시켰다.

"국회의원의 발의와 수많은 종교인의 재청으로 국회는 주교, 사제, 성당 참사회, 남녀 수도원 책임자들, 교회재산관리위원회, 신도회는 미사에 반드시 필요하지 않은 금은제품을 가장 가까운 조폐국으로 가져가도록 명령한다."

이러한 상황에서 서민을 더욱 비참하게 만들고 화나게 만드는 사건 소식이 파리에 퍼졌다. 베르사유 궁전에서 있었던 일이다. 플랑드르 연대가 도착한 시점부터 베르사유와 파리의 애국자들은 왕의 의도를 더욱 경계했다. 플랑드르 연대의 장교들은 베르사유 궁의 여기저기를 누비고 다녔다. 사람들은 이전보다 훨씬 많은 생루이 훈장과 제복을 보았다. 그들뿐만 아니라 베르사유 궁전 수비대의 수도 전보다 두 배나 늘었다. 3개월 단위로 교체하는 병력을 새 병력과 함께 머물게 했기 때문이다. 대체로 모든 부대는 일정한 관행을 지켰다. 새로 임무를 맡은 부대는 하루를 택해 그곳에 주둔한 부대와 형제애를 다지면서 잔치를 벌였다. 그러나 베르사유 수비대는 그러한 관행을 따르지 않았다. 여느 수비대의 식대는 부대 지휘관이 내는 것이 관례지만 새로 부임한 수비대는 왕의 호의를 듬뿍 받았다. 평소 왕이 잔치를 벌일 때만 쓰던 공연장을 그들에게 빌려주었기 때문이다. 평소의 관행을 잘 아는 사람은 새로운 수비대가 받는 호의가 평소보다 더 진지한 임무의 대가가 아닌지 의심할 수 있었다. 수비대는 자신들이 벌이는 연회에 플랑드르 연대의 장교, 몽모랑시 용기병 장교, 스위스 수비대 장교, 파리 자작령과 기마순찰대의 장교, 베르사유 국민방위군의 참모와 장교들을 특별히 초청했다. 그들은 헤라클레스의 방에서 모인 뒤 호화판 잔칫상을 차려놓은 오페라 공연장으로 갔다.

그들은 마음껏 먹고 마시고 떠들었다. 수비대의 군악과 플랑드르 연대의 군악이 더욱 흥을 돋우었다. 그들은 네 번이나 건배를 했다. 축배를 들 때마다 차례로 왕의 건강, 왕비의 건강, 왕세자의 건강, 그리고 왕 일가의 건강을 빌었다. 일부러 국민의 건강을 빌지 않았음이 분명하다. 누군지 국민의 건강을 위해 축배를 들자고 제안했지만 수비대가 분명히 거절했다고 수많은 목격자가 전했기 때문이다. 시녀가 왕비를 찾아가 연회가 무척 즐겁다고 전하면서 왕세자를 모셔 오란다고 했다. 왕비가 시무룩하니까 시녀가 연회에 가서 함께 즐기라고 권했다. 왕비가 머뭇거리는데 왕이 사냥을 마치고 돌아왔다. 왕비는 왕에게 함께 가보자고 했다. 그렇게 해서 왕의 가족 세 명이 연회장을 찾았다. 한 상을 물리고 난 뒤 새로 상을 차려놓고 모든 병사가 참석할수 있도록 배려했기 때문에 연회장은 플랑드르 연대와 스위스 수비대 병사들, 그리고 3주교구의 엽보병(헌병의 일종인 추격병)들로 가득 차 있었다. 왕비가 세자의 손을 잡고 연회장에 들어서자 병사들은 뜻하지 않은 귀빈을 보고환호했다. 왕비는 세자를 안고 무대 위에 차려놓은 상으로 다가갔다. 수비대병사, 척탄병을 비롯한 모든 병사가 칼을 빼들고 왕, 왕비, 왕세자에게 존경을 표했다. 왕 일가는 인사를 받고 연회장을 나갔다.

연회장의 분위기는 더 자유분방해졌다. 모든 병사가 포도주를 진탕 마시고 흥청망청 대고, 음악이 분위기를 더 높이 띄워주었다. "오 리처드, 오 나의 왕이여, 이 세상이 그대를 버렸도다!" 플랑드르 병사들이 소리 높여 합창을 했다. 악대는 공격나팔을 불었다. 칸막이 좌석에는 사람들이 마치 연극이나 오페라를 보듯이 무대에서 병사들이 노는 모습을 지켜보고 있었는데, 취한 병사들이 칸막이 좌석으로 기어올라가서 행패를 부렸다. 왕의 색깔인 흰색 표식을 달게 하면서 삼색 표식을 금지하자 마음 약한 국민방위군의 몇몇 부대장들은 흰색 표식을 달았다. 취한 군인들은 연회장 밖으로 나가 왕의 침실 창 아래에 모여 고래고래 소리를 지르면서 놀았다. 궁전 밖 사람들은 폭동이 일어난 줄 알고 멀리 떨어진 곳에 있는 국민방위군을 부르러 사람을 보내기도 했다. 그렇게 밤새도록 놀고 난 뒤 베르사유 수비대는 왕비에게 대표단을 보내 왕비가 수비대의 깃발을 만들 돈을 준 데 대해 감사하고 존경심을 표했다. 왕비는 "국민과 군대는 왕에게 충성해야 하지요. 그리고 나는 목요일

하루 아주 즐거웠답니다"라고 대답했다. 왕비가 이렇게 광란의 밤을 인정해준 뒤 수비대나 플랑드르 연대의 장교와 병사들은 고개를 빳빳이 들고 다녔다. 베르사유 궁전에서는 삼색 표식을 거부하고 흰색 표식을 달고 다니는 사람이 늘었다. 그들이 보기에 곧 삼색 표식은 땅에 떨어지고 왕은 옛날처럼 절대군주가 될 것 같았다.

파리에서는 10월 2일에도 베르사유 궁에서 일어난 일을 거의 모르고 있었다. 그러나 예민한 사람들은 파리에 다양한 복장의 군인들이 돌아다니는 모습, 일부는 검은색 표식을 달고 다니는 모습을 보고 이상하다고 생각했다. 목요일의 연회를 목격한 사람 중에는 흰색 표식과 함께 검은색 표식도 등장했다고 말하는 사람도 있었다. 마침내 10월 4일 일요일, 카미유 데물랭이 이 문제를 폭로했다.

"왕의 부인은 지난 목요일의 형제애 넘치는 회식에 너무 만족했기 때문에 다시 한번 회식자리를 마련하지 않을 수 없었다. 그리하여 모든 상황이 악화되는 현실을 무시하고 토요일에도 회식이 있었다. 우리의 인내심은 바닥났다. 그날 베르사유에서 일어난 일을 목격한 애국자들이 파리에 이러한 소식을 전해주었다. 그날(토요일 저녁) 파리 전체가 술렁거렸다. 어떤 이가 선거구에 말을 전했지만 별로 반응이 없자 그와 함께 간 그의 아내가 푸아 카페에 나타나 반국가적 표식을 처음 고발했다. 마라 선생이 베르사유로 달려갔다가 번갯불처럼 되돌아와 최후의 심판을 알리는 나팔소리처럼 우리에게 소리쳤다. '오, 죽은 자들이여, 일어나라!'(마라는 이튿날 『인민의 친구』에서 반란을 촉구했다.)

(코르들리에 선거구 의장인) 당통은 그 나름대로 자기 선거구에서 경종을 울렸다. 일요일에 이 불후의 선거구는 성명서를 붙였다. 만일 (이 선거구 국민방

위군) 지휘관 크레브쾨르가 열정을 억누르지 않았다면 파리 군대의 선봉에 서서 베르사유로 행진했을 것이다. 그들은 무기를 잡고 거리에 흩어져서 검은색이나 흰색으로 만든 표식을 찾으러 다녔다. 그들은 단색의 표식을 빼앗고 발로 짓밟은 뒤 다시 한번 그런 표식을 달면 가로등에 목을 매달겠다고 위협했다. 그리고 단색 표식을 달겠다고 고집하는 군인을 몽둥이로 흠씬 두들겨 팼다."

일요일에 파리의 애국자들은 베르사유 궁의 반혁명세력이 자신들을 다시 한번 군대로 진압할 것이라고 예상하고, 만일 코르베이에서 이틀에 한 번씩 곡식을 실어 나르는 배가 한 번이라도 파리에 도착하지 않으면 48시간을 굶어야 한다는 사실에 몸서리를 치면서 방어의지와 공격의지 또는 처벌의지를 품었다.

『파리의 혁명』에서 루스탈로는 이렇게 썼다.

정오쯤 뤽상부르와 팔레 루아얄에서 단색 표식을 5개 압수했다. 그것을 단 사람 가운데 어떤 이는 그것을 주워들고 존경심을 담아 입을 맞췄다. 그는 다시 모자에 그 표식을 달려고 했다. 그러자 몽둥이찜질을 당했다. 사람들은 단색 표식은 내전의 신호라고 말했다. 그 표식을 다는 사람이 늘어나는 것을 보고도 못 본 체한다면 곧 군대 장교, 귀족, 종교인, 그들에게 매수된 서민이 앞다투어 그것을 달고 다닐 것이다. 그러면 내전이 불가피해진다. 네덜란드에서는 애국파가 여성 한 명과 표식 하나 때문에 패배했다. 그러므로 이처럼 끔찍한 일을 교훈 삼아 이러한 봉기를 막아야 한다. 법은 우리의 생명을 위험하게 만드는 사람을 죽여도 좋다고 했다. 더욱이 검은색 표식을 다는 사람은 국민의 정치생활과 모든 시민의 생명을 위험하게 만든다. 따라서 누구든 반애국적 표식을 처음으로 다는 사람을 가장 가까운 가로등에 목매달아야 한다.

흰색 표식이 루이 16세의 색이라면 검은색 표식은 왕비의 색으로서 둘 다 반혁명의 색이었다. 그리고 네덜란드 이야기는 그곳을 지배하던 윌리엄 5세의 배우자로서 프로이센 왕 프레데리크의 누이인 빌헬르미나가 반란을 일으킨 애국파에게 1787년에 붙잡히면서 프로이센 군대가 개입해 애국파를 몰아낸 과정을 압축한 것이다. 이렇게 실패한 혁명이 마침내 성공해서 1795년 바타비아 공화국이 서는 것은 프랑스 혁명의 지원을 받은 덕택이다.

일요일 저녁, 팔레 루아얄에 여성들이 모여 빵을 달라고 외치다가 결국 베르사유로 가서 왕을 만나자고 떠들었다. 프랑스 수비대와 국민방위군이 행진을 막지 않겠다는 태도를 보여주었고, 베르사유 행진 계획은 조금씩 구체화했다. 오를레앙 공작이 하수인들을 동원해 그 계획을 도와주고 있었음이 분명하다. 이튿날인 10월 5일 이른 아침, 중앙시장이 있는 생퇴스타슈 구역에 사는 아가씨가 수비대 막사로 들어가 병사들이 아직 깨어나지 않은 틈을 타서 북을 가지고 나왔다. 그는 근처 거리를 뛰어다니며 북을 치고 소리를 질러 사람들을 모았다. 중앙시장에서 장사하는 여성들이 금세 그 주위로 몰려들었다. 그들이 시청으로 한 걸음씩 옮길 때마다 꼬리가 더 길어졌다.

또 그들과 반대편의 생탕투안 문쪽에서도 아낙네가 떼 지어 시청으로 향했다. 그들은 "빵을 달라!"고 외치면서 걸어가 파리 코뮌의 대표들과 만나자고 했다. 그때가 겨우 아침 7시였고 코뮌 의회가 밤늦게 회의를 마치고 돌아간 뒤라서 시청에는 의원들이 아주 조금 남아 있었다. 여성들이 시청에 도착하기 직전, 국민방위군 분견대는 1킬로그램짜리 빵이라면서 거의 300그램이나 모자라는 빵을 판 제빵사를 잡아다 치안위원회에 넘겼다. 여성 시위대는 그레브 광장에 도착해 제빵사를 처단하라고 외쳤다. 국민방위군 분견대장은 간신히 제빵사를 구해준 뒤 참모부의 모든 장교에게 병력을 끌고 지원해달라고 요청했다.

그동안 여성 400~500명이 시청 근처 세관 울타리를 지키던 기마수비대를 공격해 뒤로 물리치고, 시청문을 부수려고 다시 몰려들었다. 보병대는 전투대형을 취하면서 그들을 막았다. 보병대는 총검으로 울타리를 쳤다. 그러나 여성들은 공격신호와 함께 돌을 소나기처럼 퍼부었다. 보병들은 할 수 없이 여성들에게 길을 터주었다. 여성 시위대는 시청의 방마다 몰려다녔다. 여성 시위대 가운데는 점잖은 사람도 있었지만 대부분 거칠었다. 옷과 말씨만 가지고도 그들이 억척스럽게 생활하는 사람임을 알 수 있을 정도였다.

여성들은 남성이 복수할 힘이 없기 때문에 자신들이 나서서 용기를 보여주겠노라고 말했다. 그들은 서류뭉치를 불에 태웠다. 코뮌의 대표들은 나쁜 시민인데 그들이 작성한 문서는 마땅히 태워버려야 한다면서 불을 질렀다. 나쁜 시민은 무엇보다도 시장 바이이와 국민방위군 사령관 라파예트였으며 여성들은 이 두 사람을 목매달아야 한다고 말했다. 일부 여성은 무기고로 들어가려고 노력했다. 그동안 남성들이 쇠몽둥이, 도끼, 창을 들고 여성들과 합세했다. 그들은 총기와 함께 대포 2문을 빼앗았다. 혼란을 틈타 돈 자루를 훔치는 사람도 있었다. 저울을 넣어둔 창고에 돈이 세 자루 있었는데 다행히 두 자루를 빼앗기지 않고 지킬 수 있었다.

파리 시청에서 불을 지르고도 분을 가라앉히지 못한 여성들은 베르사유로 발길을 돌렸다. 그들은 국회와 왕에게 빵을 요구하려고 길을 떠났다. 그들은 국회가 이미 모든 결정을 내렸다는 사실, 그러나 왕이 재가하지 않았다는 사실을 알고 있었다. 바스티유 정복자의 한 사람인 마이야르가 여성 시위대의 참모로 따라갔다. 마이야르는 여성들이 분노와 복수의 욕망을 억누르지 못한 나머지 무슨 불행한 일을 저지를지 모르기 때문에 그들을 따라가기로 했다. 여성들은 마이야르를 대장으로 인정해주었다. 여성들은 몹시 화가 난 채로 길을 떠나기 시작했지만 때로는 소풍이나 가는 듯이 유쾌하게 떠들기도 했다. 그들은 모두 손에 무기를 들었다. 어떤 이는 탄약에 불을 붙일 심지를 들고, 또 어떤 이는 대포를 끌거나 거기에 올라타기도 했다. 말을 탄 사람도 있었다. 그들은 모두 6,000명이 넘었다. 삼색 리본을 달고 저마다 긴 막대기, 삼지창, 창, 심지어 소총이나 권총도 들었다. 그러나 그들에게 화약이나 실탄은 없었다. 마이야르는 무기고로 인도해달라는 요청에 무기고가 비었다고 말했다. 더욱이 그는 그들에게 무기도 내려놓으라고 설득했다. 국회와 왕에게 빵을 요구하러 가는 사람들이 무기를 들고 나타나면 왕이 어떻게 생각하겠느냐는 이유를 들어 그들을 진정시키려고 노력했다. 여성 시위대는 마침내 북을 열 개 앞세우고 무장한 남성들과 함께 출발했다. 그들의 뒤에는 바스티유 의용대가 따라갔다. 그들은 가을비가 추적추적 내리는 흙탕길을 북소리를 앞세워 행진했다.

여성 시위대가 모여 길을 떠날 때까지 파리 전역에 경종이 울리고 시민들은 자기 소속 선거구 의회에 모였다. 국민방위군은 자기 위치를 지키고 몇 개 부대는 전투대형을 갖추고 시청 광장으로 다가갔다. 거기서 그들은 오히려 시위대에 합류하라는 권유를 들었다. 모든 선거구 소속 병력도 그들의 뒤를 따라갔다. 시청에서 시위대가 빠져나가자 코뮌 대표들이 다시 들어갔다. 모든 위원회가 모였다. 라파예트 장군은 치안위원회에서 국회와 왕에게 보내는 편지를 서기에게 불러주고 있었다. 척탄병 부대가 거기에 나타났고 그중한 명이 라파예트에게 말했다.

"장군, 우리는 척탄병 6개 부대의 대표입니다. 우리는 장군이 반역자가 아니며 오히려 정부가 장군을 배반했다고 믿습니다. 이 모든 일을 끝낼 때가 왔습니다. 우리는 빵을 요구하는 아낙네에게 총칼을 들이대지 못하겠습니다. 식량위원회는 공금을 횡령했거나 일을 제대로 할 능력이 없습니다. 두 경우 가운데 하나라면 무조건 그들을 바꿔야 합니다. 인민은 불행합니다. 그리고 불행의 근원은 베르사유에 있습니다. 왕을 찾아가 파리로 모셔 와야 합니다. 국민의 표식을 발로 짓밟은 플랑드르 연대와 수비대를 처단해야 합니다. 왕이 너무 약해서 왕관을 힘겹게 여긴다면 왕관을 내려놓게 해야 합니다. 우리는 그의 아들에게 왕관을 씌울 것입니다. 그리고 섭정을 임명하면 모든 상황이 지금보다 나아지겠지요."

라파예트가 깜짝 놀라 "아니, 왕과 전쟁을 하겠다는 거요? 그를 강제로 쫓아내겠다는 거요?"라고 물었다. 라파예트는 반대했지만 척탄병은 거듭해서 그를 압박했다. 라파예트는 직접 척탄병 부대 앞에 서서 그들이 국민과 법과 왕에게 충성하겠다는 맹세를 했음을 상기시켰다. 그러나 그들은 그의 말을 들으려 하지 않고 계속 외쳤다.

"베르사유로 갑시다! 베르사유로!"

라파예트는 말에 올라타고 코뮌의 결정을 기다렸다. 이윽고 그는 쪽지를 받았고 자기 명령을 기다리는 병력 2만 명을 둘러보았다. 시 당국은 라파예트가 무장한 병력을 끌고 베르사유로 출발하라고 결정했다. 그리고 특별위원 네 명을 동행하게 했다. 장군의 얼굴이 하얗게 변했고 고통스러운 눈길로 병사들을 둘러보더니 결국 출발명령을 내렸다. 서민들과 의식을 공유하던 국민방위군 병사들은 환호성으로 답했다. 여성 시위대가 베르사유에 도착할 오후 5시 무렵, 마지못해 출발한 길임에도 연도에 늘어선 사람들은 라파예트를 마치 개선장군처럼 대해주었다. 시민들은 그에게 국민의 위엄을 되찾아 복수를 해달라는 뜻을 담아 계속 박수를 쳐주었다. 그러나 그들은 라파예트 뒤를 따르는 병사들의 깃발을 보고 북소리를 들으면서 한편으로는 불안하고 슬픈 느낌도 들었다.

그때 루이 16세와 마리 앙투아네트는 베르사유 궁전에 없었다. 왕은 뫼동의 숲속에서 부르봉 왕가의 '큰 즐거움'인 사냥을 즐기고 있었다. 캉팡 부인의 말을 그대로 믿는다면 마리 앙투아네트는 "혼자서 (……) 생애 마지막으로" 트리아농의 정원을 산책하고 있었다. 옛날부터 주인이 노예나 하인을 데리고 다녀도 혼자 다닌다고 했으니 마리 앙투아네트가 시녀를 거느리지 않고 진짜 혼자 거기에 갔을 리는 없다. 아무튼 베르사유 궁전의 주인 부부가 밖에 나간 사이, 파리에서 여성이 주축이 된 시위대가 온다는 소식을 들은 궁부대신은 두 곳으로 파발마를 보냈다. 왕은 말을 타고 아주 천천히 궁으로 돌아갔다. 왕보다 가까이 있던 왕비도 환궁했다.

조금 뒤 마이야르가 인솔하는 시위대가 '파리 거리(아브뉘 드 파리)' 입구인 샤빌에 나타났다. 마이야르는 베르사유에 다다르자 일행을 멈추게 하고 세 줄로 세워놓은 뒤 주의를 주었다. 베르사유 주민들은 그들이 무슨 목적으로 무기를 들고 나타났는지 모르기 때문에 두려워할지 모르니까 평화로운 모습으로 조용히 들어가야 한다고 말했다. 파리 여성들은 그 말을 따랐다. 맨 앞에서 끌고 간 대포를 맨 뒤로 돌리고 〈앙리 4세 만세〉라는 노래를 부르면서 평화롭게 행진했다. "왕 만세!"를 외치는 사람도 있었다. "왕 만세!"가 왕의 몽진계획을 틀어지게 만들었을 수도 있다. 캉팡 부인은 궁부대신 생프리에가 랑부이예 궁으로 왕을 피신시키려고 준비했다가 시위대의 "왕 만세!" 소리를 듣고 안심했다고 전한다. 시위대는 아직 왕에게 존경을 표시했지만 왕비에 대해서는 온갖 욕설을 퍼부었다. 심지어 마리 앙투아네트의 창자를 꺼내 삼색 표식을 만들어 달고 다니겠다는 말도 서슴지 않았다. 빵이 없어서 굶주리다 못해 가을비를 맞으면서 하루 종일 걸어 베르사유로 간 사람들은 악마가 되어 있었다. 그중에는 플랑드르 연대와 수비대가 한 사람당 26리브르짜리 호화판 연회를 벌이고 진탕 먹고 마셨다는 소문을 들은 사람도 있었으리라. 26리브르면 2킬로그램짜리 빵 38덩어리를 사고도 남는 돈이었다!

베르사유 주민들이 몰려나와 "파리 여성들 만세!"라고 외치면서 길을 안내하듯 마이야르 일행 앞에서 걸어갔다. 베르사유 시 당국은 북소리를 듣고 회의를 소집했으며 궁전 수비대 320명이 말을 타고 궁전 철책 앞 광장(플라스 다름Place d'armes)에서 철책을 등지고 늘어섰다. 네케르 사무실로 법무대신인 보르도 대주교 샹피옹 드 시세, 궁부대신인 생프리에, 외무대신인 몽모랭, 전쟁대신인 라 투르 뒤 팽, 해군대신인 라 뤼제른이 모였다. 그들은 모든 부대의 지휘관을 불러 모았다. 베르사유 국민방위군 사령관 샤를 앙리 데스탱도 거기에 참석했는데, 그는 이미 시 당국으로부터 왕이 몽진할 일이 생기면 동행하고 난이 끝나면 되도록 빨리 왕을 안전하게 환궁하도록 도우라는 명령을 받았다.

그곳에 모인 사람들은 온갖 협상안을 찾아야 했고 필요하다면 무력으로 시위대를 물리쳐야 한다고 생각했다. 이미 플랑드르 연대와 용기병 부대가 무기를 들었다. 플랑드르 연대는 수비대의 오른쪽에서 왕궁의 마구간까지 맡고, 소Sceaux(국새) 거리를 마주 보면서 기다렸다. 용기병 부대는 플랑드르 연대의 옆, 그러나 조금 뒤로 빠져서 기다렸다. 스위스 수비대의 일부는 궁전

앞마당에, 또 일부는 평소의 수비 위치보다 조금 앞으로 나가 기다렸다. 데스탱이 그들 앞에 나타나 시 당국의 명령서를 읽었다.

"플랑드르 연대는 베르사유 국민방위군과 협력해 파리에서 오는 군중이 일으킬지 모르는 무질서 상태를 진압하라!"

마이야르 일행은 국회 앞에 도착했다. 모든 여성이 안으로 들어가고 싶어했지만, 그곳을 지키는 장교가 몇 명씩만 인솔해 들어갈 수 있다고 설득했다. 마이야르는 국회에서 연설했다. 국회는 대표단을 뽑아 마이야르를 왕에게 소개해 파리의 비통한 현실을 알릴 수 있도록 하자고 결정했다. 의장인 무니에가 대표단과 마이야르를 이끌고 왕궁으로 들어갔다. 무니에는 회고록에서 그때의 상황을 다음과 같이 정리했다.

우리는 비가 많이 오는 진흙탕 길을 걸어갔다. 베르사유 주민이 상당히 많이 나와 길 양쪽에 늘어섰다. 파리의 여성들은 몇 개 무리를 짓고 있었는데 그들 속에는 남성도 섞여 있었다. 남자들은 대부분 누더기를 뒤집어쓰고 잡아먹을 듯한 눈길로 쏘아보면서 괴성을 지르고 있었다. 몹시 위협적이었다. 그들은 소총, 창, 도끼, 쇠몽둥이, 또는 끝에 도검을 묶은 장대를 들고 있었다. 소규모 수비대가 순찰을 도는데 야유와 함성에 겁이 나는지 잰걸음으로 지나갔다.
창, 도끼, 몽둥이를 든 사내들이 우리 일행을 안전하게 호위하겠다고 다가왔다. 대표단을 에워싼 사람들을 보고 수비대가 달려왔고, 우리는 진흙탕 속에서 혼비백산한 채 흩어졌다. 우리를 호위하겠다던 사람들은 자신들도 왕을 알현할 권리를 가졌다고 생각했다. 우리는 다시 열 지어 궁전을 향해 걸어갔다. 우리는 왕궁을 지키는 수비대, 용기병, 플랑드르 연대를 보았다. 게다가 스위스 수비대, 베르사유 부르주아 민병대, 상이군인도 광장에 늘어서 있었다. 그들은 우리를 알아보고 정중히 맞이했다. 대표단은 그들을 지나쳤지만 우리를 따라온 사람들을 떼어내느라 무척 힘들었다. 나는 여성 여섯 명만 함께 들어갈 수 있다고 약속했지만 결국 열두 명을 데리고 들어갔다.

왕은 2층 침실 창문으로 밖에 몰려든 여성 시위대를 보고 있었다. 여성 시위대는 철책까지 뚫고 들어가려고 무진 애를 쓰고 있었다. 궁부대신 생프리에는 그들이 무슨 일로 왔는지 물어보게 했다. 그들은 한결같이 "빵을 달라, 왕을 만나서 얘기하고 싶다"고 말했다. 그들은 무니에를 따라 들어갈 여성을 뽑았다. 무니에 일행은 그들을 데리고 왕궁으로 들어갔다. 무니에는 데리고 간 여성 가운데 다섯 명만 왕에게 인사를 시켰다. 왕은 그들에게 모든 상황이 안타깝다고 한탄했다. 왕을 직접 보고 왕이 친절한 말로 불행한 상황을 위로하자 여성 대표들은 감동했다. 그중 열일곱 살짜리 조각공 루이종 샤브리가 파리 여성의 고통을 왕에게 전하는 임무를 맡았지만 왕 앞에서 너무 긴장한 탓인지 기절해버렸다. 잠시 후 정신을 차리고 물러나면서 그는 왕의 손에 입을 맞추려고 했다. 왕은 그를 안아주면서 그가 겪은 고통에 보상을 해줄 것이라고 다정하게 말했다. 파리 여성 대표단은 "왕과 왕실 만세!"를 외치면서 밖으로 나갔다. 왕 접견실 밖에서 기다리던 다른 여성들과 함께 밖으로 나간 그들을 광장에서 기다리던 군중이 에워쌌다. 대표들이 왕을 만난 이야기를 하자 군중은 좀처럼 믿으려 들지 않았다. 더욱이 돈 몇 푼에 팔려 거짓말을 한다고 비난하기도 했다. 대표들은 자신들이 뒤집어쓴 혐의를 완강

히 부인했다. 시위대 여성 몇 명이 대표 두 명의 목에 밧줄을 걸고 근처 가로
등으로 끌고 갔다. 수비대 병사 두 명과 바베 레로, 르클레르 부인이 말리지
않았다면 그 두 명은 목숨을 잃었을 것이다.

왕은 국새경을 불러 상리스와 라니에 쌓아둔 밀을 실어오고 파리에 식량
을 공급하는 데 방해가 되는 요인을 모두 제거하라고 명령했다. 국새경이 작
성한 명령서 내용을 시위대 여성들이 전해 듣고 몹시 기뻐했다. 밤 8시쯤 왕
궁에 국회의장을 따라 들어간 대표 한 명이 왕의 명령서를 들고 나왔다.

"과인은 파리의 식량이 부족하다는 사실에 몹시 충격을 받았소. 과인은
모든 권한이 허락하는 수단과 재원을 동원해 파리 시 당국의 노력과 열의를
계속 뒷받침해줄 것이오. 과인은 파리로 가는 모든 길에서 곡식을 자유롭게
통행하도록 하라고 명령했소."

국회도 파리 주민들을 도울 수 있다면 무슨 일이라도 할 태세였다. 그들
은 시장의 치안을 확보하고 밀을 쉽게 운송하게 만들고 왕국 내에서 물품의
유통을 방해하는 요인을 제거하는 동시에, 파리 주위 지역이 파리에 빵을 공
급하는 일에 적극 참여하라는 명령을 통과시켰다. 시위대는 이러한 결정을
듣고 몹시 기뻐했지만 일부는 내친김에 빵은 4리브르(2킬로그램)에 8수, 고기
는 1리브르에 6수로 결정해달라고 요구했다.

시위대의 수가 많은 데다 여러 무리로 나뉘어 떠들었기 때문에 제대로 의
사소통을 할 수 없었다. 파리 여성 한 무리가 파리 수비대 병사 브뤼누를 억
지로 앞장세워 궁전으로 다가갔다. 궁정 수비대는 그들이 다가서지 못하게
막고 물리칠 의무를 이행했다. 브뤼누는 곧 자기가 이끌던 무리에서 벗어나
제 살길을 찾아 도망쳤다. 수비대 소위 사보니에르가 다른 장교 두 명과 함께

칼을 빼들고 브뤼누를 쫓아갔다. 브뤼누는 더는 도망치기 어려워지자 칼을 빼들고 맞섰다. 그러나 계속 수세에 몰리자 "이들이 사람 잡는다!"고 외쳐댔다. 그가 칼을 맞기 직전 베르사유 국민방위군 소속 병사가 소총을 발사해 사보니에르 소위의 팔을 맞혔다. 이 틈에 브뤼누는 목숨을 건졌다. 이 사건이 전투로 나아가는 불꽃을 튀겼다. 왕궁을 수비하는 측과 시위대가 서로 욕설을 퍼붓고 곧 총탄이 날아다녔다. 왕궁을 수비하는 병사들은 함부로 총을 쏘지 말라는 명령을 받았음에도 무분별하게 총을 쏴서 시위대 여성 두세 명을 쓰러뜨렸다. 시위대 측에서도 총을 쏴서 기병 둘을 땅에 떨어뜨렸다. 시위대는 대포를 앞으로 끌어냈다. 생탕투안 문밖의 사내들과 프랑스 수비대 병사들이 왕궁 쪽으로 대포를 겨누었지만 비가 오는 날이라서 심지에 불을 붙이지 못했다. 누군가 외쳤다.

"멈춰라, 아직 때가 이르다."

이렇게 비와 어둠 덕택에 양측은 대학살을 피할 수 있었다. 밤이 되자 르쿠앵트르는 장군들이 없는 틈에 베르사유 국민방위군을 지휘하게 되었는데 부관과 참모 한 명씩 데리고 왕궁을 수비하는 병력을 만나러 다녔다. 수비병력의 장교들은 아무런 적대행위를 할 의사가 없음을 르쿠앵트르에게 확신시켜주었다. 병사들도 일제히 장교들처럼 맹세하고 믿음의 표시로 베르사유 국민방위군에게 탄약을 많이 나눠주었다. 사람들이 왕궁 수비병력 주위를 자유롭게 오가면서 평화와 우애의 감정을 공유했다. 르쿠앵트르 일행은 국회를 지키는 무장 시위대를 찾아갔다. 그는 부관과 참모를 데리고 갔지만 혼자서 시위대를 만나겠다고 했다. 총을 든 남자 열두 명이 나와서 르쿠앵트르를 대포 앞에 세우고 말을 시켰다.

"베르사유 궁을 지키는 여러분의 형제들은 이렇게 무기를 갖고 나타난 여러분을 보고 놀라서 나를 여러분께 보냈습니다. 여러분은 무엇을 원하십니까?"

무장한 사내들은 일제히 "빵과 사태의 수습"이라고 대답했다. 이 말을 들은 르쿠앵트르는 약속했다.

"우리는 여러분의 가장 급한 문제를 해결하도록 돕겠습니다. 그러나 여러분이 무기를 들고 베르사유의 거리로 들어가는 것을 허락할 수는 없습니다. 만일 불행한 사태라도 발생하면 우리 모두가 존경해 마지않는 전하의 안위에 심각한 영향을 끼칠 테니까요. 그러니 내게 약속하십시오. 지금 계신 곳에서 더는 앞으로 나아가지 않겠다고. 그러면 나는 여러분에게 빵을 충분히 공급하도록 애쓰겠습니다. 여러분은 모두 몇 명이지요?"

"600명이요."

"그렇다면 빵 600리브르(약 300킬로그램)면 충분하겠지요?"

"네."

르쿠앵트르는 시위대 사내 두 명을 데리고 시 당국으로 가서 빵을 요구했다. 그러나 시 당국은 요구를 거절하는 대신 잠시 회의를 열어 9대 7로 쌀 2톤을 공급하겠다는 대안을 제시했다. 르쿠앵트르는 시위대에게 생쌀이나 익힌 쌀 가운데 무엇을 원하는지 알아오라는 명령을 받았다. 그러나 그는 다른 일이 생겼기 때문에 부관에게 시위대 대표들을 이끌고 자기 집으로 가서 빵을 모두 긁어모아 시위대에게 가져다주면서 사정을 잘 얘기하라고 명령했다. 부관 푸아베는 이 어려운 임무를 그럭저럭 무사히 마치고 익힌 쌀을 달라는 무장 시위대의 대답을 들은 뒤 시청으로 돌아갔다. 그러나 시 당국자들은 문지기에게 르쿠앵트르가 오면 다음과 같이 명령을 전하라는 지시를 내리고 이미 집으로 돌아간 뒤였다.

"시 의회는 르쿠앵트르 선생에게 질서를 지키는 데 필요하다고 판단하는 모든 일을 결정할 권한을 준다. 1789년 10월 5일, 의장 루스토노."

푸아베는 시위대에게 자신의 지휘관과 함께 오겠다고 약속하고 시청으로 갔지만 시 의회로부터 권한을 받은 르쿠앵트르는 자기 일 때문에 다른 곳에 있었다. 파리의 시위대는 르쿠앵트르나 그의 부관이 아무런 약속도 지키지 않는 사실에 화가 나서 자신들도 그곳에 머무르겠다고 했던 맹세를 깨도 좋다고 생각했다. 이렇게 해서 그들은 베르사유의 거리를 누비고 다녔다.

파리에서 늦게 떠난 라파예트가 보낸 선발대가 9시경 베르사유에 도착했다. 베르사유 주민들은 이들이 파리의 질서를 회복했다는 소식을 전하리라 기대했다. 또한 이들이 왔다는 소식을 들은 왕과 가족은 어려운 상황에서 벗어날 수 있다는 희망을 보았다. 왕은 라파예트 장군이 파리의 시위대와 병력을 파리로 되돌아가게 해주리라고 생각했다. 베르사유 국민방위군 사령관 데스탱이 처음으로 자기 부대를 둘러보는데 측근들로부터 부대를 퇴각시키라는 명령을 전해 들었다. 몇몇 부대는 당장 명령을 들었지만 다수는 왕궁 수비대가 꼼짝도 하지 않는 이상 뒤로 물러날 수 없다고 버텼다. 왕궁 수비대는 곧 뒤로 빠지라는 명령을 받고 움직였다.

그러나 마지막 전투부대는 칼을 빼들고 어두워 누가 누구인지 모르는 상태에서 사람들을 공격했다. 사나운 개보다는 겁 많은 개가 더 많이 짖어대듯 그들은 그만큼 두려워서 신경이 날카로워졌던 것이다. 그렇게 해서 왕궁 수비대 편에서 쏜 총알이 베르사유 국민방위군 쪽으로 날아가 세 사람의 모자, 옷, 뺨을 맞혔다. 이들 편에서도 총을 쐈다. 다행히 쌍방이 크게 다치지도 않았고 큰 전투로 번지지도 않았다. 흐리고 비가 내리는 밤 덕택이었다. 라파예트가 본대를 이끌고 베르사유로 들어올 때까지 이처럼 아슬아슬한 고비를 여러 번이나 넘겼다. 시위대가 일사불란하게 움직이지 않고 쌍방이 제대로 의사소통을 하지 못하는 상태에서 병사들마저 두 편으로 갈린 데다 밤이 되면서 서로의 행동을 분명히 파악하기 어려웠기 때문에 그처럼 크고 작은 사건이 일어나기 쉬웠다.

밤 10시쯤 마차 다섯 대가 왕궁을 빠져나가려 했다. 말 여섯 필에서 여덟 필이 끄는 호화마차에는 왕비와 그 측근들이 나눠 타고 있었다. 그들은 용기병이 지키는 철책에 나타났다. 부르주아 복장의 기병 여럿이 마차를 호위했다. 마부들도 정복을 입지 않았다. 문지기가 문을 열려 하자 왕궁 수비대가 놀라서 지휘관에게 보고했고 즉각 수비대가 출동했다. 마차를 수행하던 하인이 왕비의 마차이며 트리아농으로 행차하는 중이라고 말했다. 지휘관이 말했다.

"이렇게 혼란스러운 순간 왕비마마께서 왕궁을 떠나시면 위험합니다. 저희가 안으로 다시 모시겠습니다. 왕비마마를 보내드릴 수 없음을 널리 굽어살피소서."

하인은 계속 보내달라고 우기고 지휘관은 계속 거절했다. 마차는 할 수 없이 마구간을 향해 되돌아갔다. 왕비는 다른 마차에 시녀들, 가방과 송아지 한 마리를 나눠 태우고 트리아농으로 가려 했다. 프티 트리아농은 마리 앙투아네트가 왕비가 된 뒤 측근들과 함께 자주 가던 곳이었다. 프랑스 왕실 법도를 잘 익히지 못한 왕비가 베르사유 궁전의 일상에서 벗어나 자기만의 시간을 즐기던 곳이었다. 왕비는 그날 밤도 왕궁 밖에 몰려든 시위대를 보고 겁에 질려서 자신에게 익숙한 공간으로 도피하고 싶었으리라.

무니에가 자리를 비운 사이에 의장직을 대행하던 랑그르 주교 라 뤼제른은 회의장 질서를 되찾기 어렵다고 생각해 서둘러 폐회를 선언했다. 그동안 마이야르와 몇몇 아낙네는 왕의 대답과 국회의 명령을 전해 들은 뒤 왕이 내준 왕실마차를 타고 파리로 돌아갔다. 무니에는 밤 11시에 국회로 되돌아갔다. 회의장에는 여성 투사와 파리 소속 창기병이 잔뜩 있었다. 무니에는 밖에 있던 사람들도 북을 쳐서 불러들인 뒤 왕이 헌법의 여러 조항을 받아들였다고 알려주었다.

"과인은 국회가 제출한 헌법의 조항과 「인간과 시민의 권리선언」을 완전히 받아들인다."

파리 여성이 주축이 되어 베르사유로 행진한 목적이 왕에게 고통을 호소하고 빵을 달라고 요구하며 더 나아가 그를 음모자들의 손에서 구해 파리로 데려가는 데 있었지만, 그 부수적인 효과가 이렇게 나타났다. 왕은 그동안 이러저러한 핑계를 대면서 승인하지 않던 헌법을 한꺼번에 승인하면서 혁명세력과 타협했다. 이렇게 해서 혁명의 지도자들은 왕의 의지를 꺾는 방법을 또하나 배웠다.

그러나 시위대가 기뻐하는 일도 잠시였다. 그들은 하루 종일 굶었기 때문에 불만이 되살아났다. 국회의장은 사람들을 빵집과 식료품 가게로 보내 빵, 포도주, 순대를 구해오게 했고 국회 회의실은 잠시 동안 파리 시위대의 연회장이 되었다. 거의 자정이 되어 거리는 고요한데 북소리를 앞세우고 라파예트 장군이 파리의 국민방위군을 이끌고 베르사유로 들어섰다. 그들은 파리 거리Avenue de Paris로 들어와 왕궁으로 다가갔다. 전위부대는 오몽 공작의 지휘를 받아 파리 거리가 끝나는 왕궁 앞 광장에 전투대형을 갖추었다. 그 뒤로 본대가 도착했다.

파리에서 온 병사들은 오직 복수만 생각하면서 거기까지 왔다. 그러나 라파예트 장군은 그들에게 다른 감정을 불러일으키고 마음을 누그러뜨리도록 훈시했다. 그는 병사들에게 복종과 충성의 맹세를 다시 한번 시켰다. 자정 무렵의 어둠 속에서 하는 맹세는 종교적이고 신성하게 들렸다. 장군은 국회에 들렀다. 무니에가 그를 맞아들이고 그동안 왕이 헌법의 19개 조항과 인권선언에 서명했음을 알려주면서 부디 파리에서 온 국민방위군에게 그 사실을 알려주라고 부탁했다. 라파예트는 파리에서 온 병사들이 왕과 국회에게 충성 맹세를 했으며 아무런 문제를 일으키지 않고 오히려 질서를 회복시켜줄 것이라고 거듭해서 말했다. 의장 무니에가 물었다.

"그렇다면 굳이 이렇게 여기까지 온 이유는 무엇입니까? 그들은 무엇을 원합니까?"

"그들이 처음에 무슨 마음을 먹고 출발했든 스스로 왕과 국회에 복종하리라고 맹세했기 때문에 어떤 부담도 끼치지 않을 것이라고 장담합니다. 오히려 그들은 인민의 불만을 잠재우고 플랑드르 연대를 원래 자리로 되돌려 보내며 애국자들이 다는 삼색 표식에 왕이 호감을 가지게 만들 것입니다."

라파예트는 파리 코뮌이 동행하도록 뽑은 대표 두 명을 데리고 왕을 알현했다. 왕은 고통과 수심을 감추지 못한 채 그들을 맞이했다. 라파예트는 파리의 상황을 왕에게 보고했다.

"전하, 저는 전하의 생명을 구하는 대신 제 목숨을 바치려고 여기 왔습니다. 만일 제 피를 흘려야 한다면 파리 시청 앞 그레브 광장의 어스름한 횃불 아래서보다는 차라리 전하에게 봉사하다 흘리는 편이 낫다고 생각했습니다."

루이 16세는 왕궁을 지키던 모든 부대의 자리를 라파예트가 데려온 국민방위군이 지키라고 명령했다. 라파예트 접견이 끝났을 때 무니에가 국회의원들을 데리고 나타났다. 왕은 무니에에게 라파예트 장군이 올 테니 국회의원들도 많이 궁으로 들어와 자기와 함께 맞이하자고 했다. 그런데 이미 라파예트 장군을 만나서 명령까지 내린 마당에 무니에가 나타났으니 난감하다면서 이제는 국회의원들이 궁에 있든 집으로 돌아가든 마음대로 하라고 말했다. 국회의원들은 회의실로 돌아가 그 뒤에 일어나는 일을 지켜보기로 했다.

의원들이 가만히 있기도 힘들어 형법에 대한 토론을 시작했을 때 밖에서 "더는 말만 늘어놓지 말고 빵을 내놓아라!" 하는 고함소리가 들렸다. 미라보 백작이 "누가 무슨 일로 우리에게 이렇게 명령하는지 알고 싶다"고 말하자 거기에 있던 방청객들이 박수를 쳤다. 의장이 국회의 권위를 존중하는 한에서만 참관할 수 있다고 하자 회의장은 곧 질서를 되찾았다. 그동안 베르사유의 주민들은 파리에서 온 형제자매들을 따뜻하게 맞았다. 그들은 기꺼이 잠자리를 내주었지만 모두를 수용할 수는 없었다. 수많은 손님이 교회나 공공건물로 들어가 하룻밤을 보내야 했다. 이제 왕궁은 안전해지고 거리도 조용해졌다. 국회는 새벽 4시에 해산했다. 그들은 라파예트 장군이 질서를 잘 지켜주리라고 안심하고 숙소로 돌아갔다.

10월 6일 먼동이 틀 때 사람들이 거리로 나섰다. 사람들은 왕궁 가까이 다가갔다. 그들은 왕궁의 오른쪽 날개의 창문으로 수비대 병사 한 명을 보고 서로 몸짓과 말로 인사를 했다. 수비대가 소총을 겨누더니 한 발 쐈고 파리 국민방위군 소속인 마구공의 아들을 죽였다. 그 순간 다른 사람들이 수비대 병사에게 달려갔다. 그들은 궁전으로 들어가 제일 먼저 눈에 띄는 수비대 병사를 범인으로 지목한 뒤 밖으로 끌어냈다. 그러고는 금세 머리를 잘라 창끝에 꿰고 간밤에 살해한 수비대 병사의 머리와 함께 파리로 가져갔다. 사람들이 점점 왕궁 쪽으로 더 많이 모였다. 그들은 단 한 사람이 저지른 잘못을 모든 수비대에게 덮어씌울 태세로 수비대를 찾아다녔다. 그래서 또 한 명을 잡아 창으로 찔러 죽였고 또 다른 사람의 머리를 잘랐다. 여러 명을 포로로 잡기도 했다. 국민방위군도 합세했다. 군중이 궁전으로 들어가 왕비의 침전을 찾아다녔다. 2시에 겨우 누웠던 왕비는 자다 깨어나 놀라서 왕의 침전으로 도망쳤다. 곧 시위대가 거기까지 들이닥쳤다. 수비대는 왕의 집무실까지 도망쳤다. 시위대 앞을 왕 침전 문지기가 가로막았다. 문지기는 시위대에게 전하에게 예의를 갖추라고 하면서 당장 나가라고 명령했다. 새벽에 깜박 잠들었다가 화들짝 놀라서 깬 라파예트가 그제야 국민방위군을 데리고 나타나 시위대를 왕궁 밖으로 내보냈다.

시위대는 밖으로 나갔지만 멀리 가지는 않았다. 그들은 '대리석 마당cour de marbre'에 모였다. 대리석 마당은 베르사유 궁전의 한가운데 2층 왕의 침실 바로 아래에 있는 마당이다. 시위대는 거기서 위를 향해 소리쳤다. 그들은 창문으로 삼색 표식을 모자에 단 국민방위군의 모습을 보았다. 이윽고 왕이 발코니로 나왔다. 혼자 먼저 나왔다가 잠시 후 왕비와 세자를 데리고 나왔다. 왕비는 잠시 후 라파예트의 안내를 받으면서 혼자 발코니에 나왔다. 장군은 왕비의 손에 입을 맞추었다. 사람들이 외쳤다.

"왕은 파리로! 왕 만세! 국민 만세! 왕은 파리로!"

왕이 다시 발코니로 나와서 말했다.

"여러분은 과인에게 파리로 가자고 합니다. 나는 가겠소. 그리고 왕비와 아이들도 함께 갈 것이오."

그 말을 들은 시위대는 기뻐하면서 외쳤다.

"왕비 만세!"

죽일 듯이 달려들던 때가 언제였던가 싶게 그들은 처음으로 "왕비 만세!"를 외쳤던 것이다. 거기 모인 모든 사람이 이 순간만이라도 잔치 기분에 들떴다. 그들은 서로 얼싸안았다. 수비대는 국민에게 충성하겠다는 맹세를 했다. 국민방위군은 얼마 전 성난 군중이 쳐들어가 수비대를 공격하고 난장판을 만들어놓은 수비대 숙소에서 사람들을 내보냈다. 시위대는 여기저기서 파리로 돌아갈 채비를 했다.

7
파리로 가는 길

10월 6일 새벽에 왕은 파리의 시위대에게 가족과 함께 파리로 가겠다고 약속했다. 오전 11시에 국회의장 무니에가 개회를 선언했다. 그는 간밤에 일어난 일을 간단히 보고하고 나서 의원 두 명을 뽑아 왕에게 보내 의중을 알아오라고 했다. 이렇게 해서 블라콩 후작과 스랑 백작이 왕을 찾아갔고, 의회는 왕의 파리 행차에 어떻게 행동해야 좋을지 논의했다. 미라보 백작은 왕과 의회가 계속 연락하도록 위원을 임명하자고 제안했다. 데뫼니에는 현 상황에서 국회가 회의하던 장소를 지키는 원칙을 적용하기 어렵고 왕은 국회에 자문을 구하니 그의 요구를 만족시키는 일이야말로 의원들이 해야 할 일이라고 말했다. 생장당젤리 의원 레뇨가 "우리는 애국심의 불을 보존하고, 또 국가 안보를 위해 프랑스의 자유를 회복해준 분과 협력해야 한다"고 말했다. 이어서 그는 의회의 일부는 회의를 계속하고 일부는 왕과 즉각 연락할 수 있도록 노력해야 한다고 말했다. 이 제안을 받아들여 국회는 곧바로 36명으로 대표단을 구성해 왕에게 파견하는 결의안을 채택했다. 밖에서는 총소리가 들리고 한 사람이 들어와 왕이 곧 국회를 방문한다고 알렸다. 의장은 타르제를 보내 왕의 의중을 파악하게 했다.

그때 미라보 백작이 일어섰다.

"나는 우리가 우리의 작업을 더 빨리 진행하려면 언제나 왕과 가까이 지내야 한다고 생각합니다. 나는 왕과 국회는 뗄 수 없는 관계임을 의결하자고 제안합니다. 또 나는 건전한 정치는 아주 중대한 결정을 자유롭게 내릴 수 있어야 한다고 생각합니다."

바르나브가 미라보를 지지했고 의원들은 다음과 같이 결정했다.

"국회는 다음과 같이 공포한다.

왕과 국회는 현재 회기 중에는 뗄 수 없는 관계다."

그리고 왕의 의중을 알려고 갔던 위원들이 돌아와 왕이 국회에 대표단을 보내주어 크게 감사한다고 전했다.*

오후 1시에 왕과 왕비는 베르사유 궁을 떠났다. 그들은 다시는 돌아오지 못하는 길을 떠났다. 1682년부터 왕국의 정치적 중심지가 된 베르사유 궁전은 파리 어물전 아낙네들이 주축이 된 시위대에게 주인을 빼앗겼다. 왕, 왕비, 세자, 공주, 왕의 여동생 엘리자베트 공주, 프로방스 백작부부, 세자의 가정교사 투르젤 부인이 마차에 함께 탔다. 아르투아 백작부부는 일찍이 망명길에 올랐기 때문에 왕의 일가는 딱 그만큼이었다. 그 뒤를 따르는 마차에는

---

* 대표단 36명은 다음과 같다. 아장의 르노, 바르나브, 타르제, 미라보 자작, 콩동 주교 앙트로슈, 마르그리트 남작, 뤼지냥 후작, 빌라르무아 백작, 퀴스틴 백작, 르 세르장 디스베르그, 부슈, 릴리아드 크로즈, 뒤플라켈 신부, 베르니에, 로라 후작, 브라사르, 마르티노, 바레르 드 비외작, 디용 신부, 드 부알랑드리, 에네, 카뮈, 에이마르 신부, 라보 드 생테티엔, 가라, 레네, 오브리 뒤 부세, 트롱세, 발리아르 로슈퐁텐, 라 빌 루루, 페티옹, 포퓔뤼스 슈벤트, 오세르 주교 샹피옹 드 시세, 랑드로 신부, 카롱들레 남작, 르 텔리에 신부.

322

시메 공작부인, 왕궁의 시녀들과 하인들이 탔다. 국회의원들이 탄 마차가 행렬의 맨 뒤에 따라갔다. 모두 100여 대나 파리로 향했다. 그 곁을 호위하듯이 둘러싼 생선장수 아낙네들은 신나게 떠들어댔다.

"이제 우리는 빵 걱정을 하지 않겠지. 제빵사, 마누라, 심부름꾼을 데려가니까."

예나 지금이나 정부는 국민의 식량을 마련하는 일을 최우선으로 삼아야 한다. 부르봉 왕가의 첫 왕 앙리 4세는 일요일에 한 끼 정도는 백성의 밥상에 닭고기를 올리게 만들고 싶다고 했는데 200년 뒤의 루이 16세는 '제빵사' 노릇을 하러 파리로 끌려갔다.

『파리의 혁명』에서 루스탈로는 "혁명이 다시 한번 폭발seconde accès de révolution해야 한다"고 말했다. 루이 16세와 수구세력이 혁명을 방해하는 현실을 보면서 안타까운 마음을 표현한 것이다. 과연 그가 바라듯이 10월 5일과 6일에 혁명이 다시 한번 폭발했다. 그리고 파리가 100여 년 전에 잃었던 정치의 중심지 역할을 되찾았다. 파리 아낙네들이 베르사유로 행진해 가지 않았다면 왕은 헌법과 인권선언을 승인하지 않았을 것이다. 10월 5일 밤까지 거부권으로 버티던 왕은 마침내 국민의 의지에 굴복했다. 이로써 왕과 국민 또는 왕과 국회 사이의 무게중심이 국민 편으로 더 많이 이동했다. 국회 안에서도 좌파가 점점 두드러진 세력으로 나타나기 시작했다. 양원제 의회, 절대적 거부권을 주장하는 파는 혁명을 세 달 만에 끝내고 싶어했지만 혁명이 다시 한번 폭발해 누구 하나 앞날을 계획대로 만들어가기 어렵게 되었다. 그럼에도 한 가지 분명한 일이 있다. 앙시앵레짐이 죽어가면서 이제 더는 회생하기 어렵게 되었다는 것이다.

〈3권에 계속〉

1월 11일	유럽 여러 나라에서 곡식과 밀가루를 높은 금액으로 수입
1월 24일	선거법에 따른 다단계 선거 시작
4월 13일	파리의 전국신분회 대표 선거를 위한 왕령 반포, 파리의 옛 16개 지역을 쪼개 60개 선거구를 만듦
4월 18일	파리 문밖 선거 시작
4월 20일	수입 곡식 가격의 두 배 상승
4월 21일	파리 문안 선거 시작 파리 선거인단의 파리 대표 선출(5월 19일까지)과 진정서 작성
4월 23일	곡식 투기꾼을 단속하는 왕령 반포
5월 1일	전국신분회 대표 1,200명이 베르사유에 모임
5월 2일	전국신분회 대표 루이 16세 알현
5월 5일	전국신분회 개최
5월 6일	제3신분 대표들 의원자격심사 문제로 갈등 시작 제3신분 대표들은 지정된 회의실을 거부하고 대회의장에서 제1신분과 제2신분 대표들에게 의원자격심사를 함께하자고 제안
5월 11일	귀족은 독자적으로 회의 시작, 개인별 투표 원칙 거부 종교인은 분열하여 일부가 제3신분과 합류
5월 20~22일	종교인과 귀족은 차례로 세제상의 특권을 포기하고 조세 평등 원칙을 받아들임
5월 23~30일	3신분 합동회의 가능성을 찾는 세 차례 회의 무산
6월 3일	장 실뱅 바이이가 제3신분의 대표로 선출됨
6월 4일	뫼동에서 일곱 살의 왕세자(루이 제제프 사비에 프랑수아)가 사망하고

	네 살짜리 동생이 왕세자가 됨(훗날 루이 17세)
	네케르가 3신분의 화합을 촉구하는 안을 내놓고 종교인이 수락함
6월 5일	네케르의 안을 귀족이 거부함
6월 10일	시에예스는 제3신분이 독자적으로 의원자격심사를 하자고 제안
6월 12일	제3신분의 독자적 의원자격심사
6월 13일	종교인 대표 세 명이 제3신분에 합류
6월 14일	종교인 대표 여섯 명(그레구아르 신부 포함)이 제3신분에 합류
6월 17일	제3신분이 '국민의회' 선포
6월 19일	종교인이 제3신분에 합류하는 문제를 투표로 결정(찬성 149표, 반대 137표)
6월 20일	'죄드폼의 맹세'
6월 23일	제3신분 대표들 왕의 명령에 불복, 정치적 구체제(절대군주정)가 막을 내림
6월 23~26일	왕 병력을 베르사유에 소집하여 민중의 전국신분회 회의실 진입을 막음
6월 25일	국민의회에 필리프 오를레앙을 포함한 귀족 대표 47명 합류 전국신분회 선거인단이 모여 국민의회에 보내는 글을 채택
6월 26일	전국신분회 선거인단과 3,000명의 서명을 받은 팔레 루아얄의 카페 드 푸아에서 국민의회에 글을 보냄
6월 29일	시청에서 파리 선거인단 407명이 총회를 열어 파리의 부르주아 민병대 조직을 결의
6월 30일	파리 주민들이 아베 감옥에 갇힌 프랑스 수비대 병사들을 구출
7월 1일	헌법준비위원회 구성
7월 2일	팔레 루아얄에서 파리 주위 병력 집중에 대한 항의 시위
7월 6~7일	국회에 헌법위원회 설치, 위원 30인 선출
7월 8일	미라보 백작이 파리에서 병력 철수와 부르주아 수비대 창설 요청
7월 9일	국회가 제헌의회 선포

7월 11일	네케르 해임 소식에 분노한 민중이 밤부터 파리 외곽의 입시세관 울타리를 부수며 징세청부업자들에 대한 증오를 표출
7월 12일	네케르 해임 소식에 파리에서 소요 발생, 파리 주민이 베르사유로 행진할 것을 우려해 파리와 베르사유 사이의 길에 포병과 보병 배치, 랑베스크 공의 용기병이 튈르리 정원의 시위대 진압
7월 13일	파리 주민 세관 울타리 방화, 선거인단은 공공질서를 위해 파리 민병대와 상임위원회 구성을 포고
7월 14일	파리 주민들 네케르 재임용 요구, 바스티유 정복, 국회는 헌법위원회를 8인으로 재구성
7월 15일	왕이 국회에 수도에서 병력을 철수하라고 통보
	파리 시정부 구성(초대 민선시장 바이이), 부르주아 민병대 창설(사령관 라파예트 장군)
7월 16일	전쟁대신(육군대신) 브로이 원수가 국회의장에게 17일에 베르사유와 파리에 배치한 병력을 철수하고 18일까지 모든 부대를 원위치로 복귀시키겠다는 왕령을 전함, 이에 국회가 왕에게 감사의 뜻을 전하는 대표단을 파견하기 직전에 왕이 직접 파리로 올 것이라는 전갈과 함께 네케르의 복직을 알림
7월 17일	라 살 후작과 새 임시시장 바이이를 위시한 파리 시정부 대표단이 왕을 영접함, 왕은 바이이가 건넨 삼색 표식을 모자에 닮
7월 중순~8월 초순	지방의 혁명, 농촌의 '대공포' 확산
7월 22일	네케르 복직
7월 23일	바이이 시장은 합법적인 행정부를 구성하기 위해 모든 선거구에 편지를 보냄
7월 25일	61개 선거구 대표 122명이 파리 시청에 모여 훗날 '파리 코뮌'으로 의미가 확대·발전할 새로운 시정부를 구성함
7월 29일	'국회의 관습에 대한 규칙' 제정
8월 4일	귀족의 특권 포기 선언
8월 5~11일	특권 폐지에 관한 법 제정·결의, 봉건적 잔재 폐지와 함께

	사회적 구체제가 막을 내림
8월 12일	국회에 종교위원회 설치
8월 13일	왕의 국회 방문, "프랑스 자유의 회복자" 칭호, 테 데움 미사 거행
8월 18일	식량·일자리·봉급 문제의 해결을 요구하는 파리 노동자들의 시위
8월 20~26일	「인간과 시민의 권리선언」 작성
8월 27일	네케르가 8,000만 리브르의 국채 발행 요구(8월 7일의 3,000만 리브르 국채 발행은 실패)
8월 28일	국회에서 왕의 거부권에 대한 토론 시작
8월 30일	왕에게 8월 4일의 법 승인을 촉구하고, 왕에게 거부권을 주지 말며, 국회와 왕이 파리에 정착하게 만들자는 시위대를 조직해 베르사유로 행진하자는 카미유 데물랭의 제안 실패
9월 11일	왕의 거부권 효력을 국회의원 임기 2회 동안으로 정함
9월 15일	카미유 데물랭의 「가로등이 파리인들에게 드리는 말씀」
9월 16일	마라의 『인민의 친구』
9월 18일	왕이 국회에 8월 4일의 법령 재검토 요구
10월 1일	수비대 장교들이 플랑드르 연대 장교들을 위해 잔치 마련, 왕비 앞에서 삼색 표식을 발로 짓밟고 왕의 상징인 흰색 표식과 왕비의 상징인 검은색 표식을 착용
10월 2일	국회는 왕에게 8월 4일 법과 인권선언의 승인을 요청
10월 4일	파리에서 10월 1일의 베르사유 잔치 소식을 들은 군중이 흥분함
10월 5일	『인민의 친구』가 반란 촉구, 파리 아낙들 베르사유로 행진, 라파예트가 이끄는 국민방위군이 밤에 베르사유 도착
10월 6일	군중이 베르사유 궁전을 침입해 왕과 가족에게 파리로 가자고 강요하면서 그들을 파리의 튈르리 궁으로 데려감, 국회도 파리에 정착한다고 결의